愛與數學

從童年夢想到解密宇宙，一場穿越理性與情感的心靈旅程

Edward Frenkel
愛德華‧弗倫克爾──著‧方偉達──譯

The Heart of Hidden Reality
LOVE and MATH

佳評如潮

我不知道我是否曾經把「愛」和「數學」這兩個詞放在一起使用，但這本書改變了我的看法。弗倫克爾揭示了數字的客觀之美。這些數字，如同音符一般，獨立於我們的心靈而存在，並且邀請我們勇敢地探索其深度，以神祕的方式將其組合起來，敘述我們的故事。讀完這本書後，讓人忍不住想要放下一切，再次嘗試數學，參與這終極的奧祕。

——克里斯・卡特（Chris Carter）

美國科幻電視劇《X檔案》（*X-Files*）編劇

這本書非常易讀，充滿了激情，描述了一些最令人興奮的想法。我強烈推薦這本書給所有對美充滿好奇的數學愛好者。

——大衛・葛羅斯（David Gross）

諾貝爾物理學獎得主

《愛與數學》＝快節奏的冒險故事＋親密的回憶錄＋內部人士的敘述。探索破解現代數學核心的「羅塞塔石碑」。這一切加起來是一場令人興奮的智力之旅，以及令人驚訝的激情故事。

——史蒂文・斯特羅加茨（Steven Strogatz）

康乃爾大學舒爾曼應用數學教授

《x的奇幻之旅》（*The Joy of x*）作者

對一位數學家的奮鬥、歡樂和激情的精彩描述，引人入勝。在這本激動人心的書中，弗倫克爾講述了他早期如何克服嚴重的反猶太主義。在莫斯科接受教育，為他的學科的宏大目標做出貢獻，他以生動的筆觸描繪了數學思想。他透過各種事物來解釋，就像他母親的羅宋湯食譜（解釋量子二元性的味道），以及想像的劇本（暗示了朗蘭茲綱領）。

——巴利・馬祖爾（Barry Mazur）

哈佛大學教授

《想像數字》（*Imagining numbers*）作者

雖然您可能認為弗倫克爾是製作那部愛情電影短片《愛與數學之祭》（*Rites of Love and Math*）的數學家。其實您應該知道，他是一位能協助您看穿數學焦慮，更深入感知世界的數學家。《愛與數學》是一本自傳，讓您理解以前令人畏懼的數學入門，同時介紹了朗蘭茲綱領，這是人類目前對時間核心創意範疇的研究。這本書涉及各個層面，旨在從根本上了解現實的本質。

——杰倫・拉尼爾（Jaron Lanier）

《您不是一個小玩意》（*You Are Not a Gadget*）和

《誰擁有未來？》（*Who Owns the Future?*）的作者

譯者序
弗倫克爾的故事：不要放棄你的夢想，用挑戰作為推動成長和成就的動力

> 如果您不是數學家，這本書可能會讓您想成為數學家。
> ——納西姆・尼可拉斯・塔勒布
> （Nassim Nicholas Taleb）
> 《黑天鵝效應》（*The Black Swan*）作者

數學總是讓許多人自小感到畏懼，誤以為脫離學生生活後便無需再接觸。然而，數學無處不在，尤其是在當前的量子物理時代，數學的應用更是無可替代。許多數學家因此投身於量子物理學的研究。天文學家伽利略（Galileo Galilei）曾說過：「自然界的法則是用數學語言寫成的。」而數學家康托爾（George Cantor）則提到：「數學的精髓在於蘊藏其中的自由。」這些觀點無不彰顯了數學在自然界和研究領域中的核心地位與無限可能。

哈佛大學畢業的數學教授愛德華・弗拉基米羅維奇・弗倫克爾（Edward Vladimirovich Frenkel）曾在2008年於巴黎自導自演了一部數學主題實驗電影。這部電影靈感來自日本作家三島由紀夫的短篇小說〈憂國〉。實驗電影歌頌的不僅僅是數學，更是愛情，成為人類面對死亡與愛情的刻骨銘心的紀事。

弗倫克爾出生於1968年5月2日，父親是猶太裔，母親是俄羅斯裔。他專長代數幾何和數學物理，目前是加州大學柏克萊分校的數學教授。1989年，弗倫克爾在俄羅斯大學畢業後受邀到哈佛大學訪問一年，隨後在哈佛大學攻讀博士學位，在費金（Boris Feigin）和伯恩斯坦（Joseph Bernstein）的指導之下，並於1991年取得學位。他曾在哈佛任教，並於1997年起轉至加州大學柏克萊分校。弗倫克爾在2002年獲得了首屆赫爾曼‧韋爾（Hermann Weyl）數學物理學獎。韋爾獎旨在表彰在物理領域具有原創性的年輕科學家，通過群論發展描述物理現象的數學工具，實踐對稱性定律研究。弗倫克爾在三十四歲時獲得了這項物理數學獎的國際殊榮。我們知道，這是量子物理在數學研究中最好的典範。其他得獎獎項包括帕卡德科學與工程獎學金、巴黎科學數學基金會的傑出主席獎。2013年，他因為「表示論、共形場論、仿射李代數和量子場論的貢獻」而成為美國數學會會士。2014年，弗倫克爾被選為美國藝術與科學學院（American Academy of Arts & Sciences）院士。

弗倫克爾撰寫了三本書，包含了暢銷書《愛與數學》，本書探討了數學的美感與奇蹟。弗倫克爾在學術期刊上發表了超過一百四十五篇文章，並在世界各地就他的工作進行演講。他在Numberphile頻道上製作了一些極為精彩的YouTube影片，獲得了數百萬次的觀看。《愛與數學》是他努力讓每個人都能接觸到現代數學之美和奇蹟的最新例證。對於外行人來說，這是一本相當有趣的讀物。就連《根本錯了：弦論的失敗與尋求物理法

則中的統一》（*Not Even Wrong: The Failure of String Theory and the Search for Unity in Physical Law*）一書的作者沃伊特（Peter Woit），這一位經常挖苦學界的科學家，也對這本書給予了相當高的評價。

　　許多數學家不會考慮撰寫科普書，但撰寫科普書籍對於社會大眾來說非常重要。《愛與數學》既是一部自傳，也是一部數學教學，講述了弗倫克爾因反猶太政策被莫斯科國立大學拒絕入學的經歷。弗倫克爾在入學考試中遭到考官刁難，故意不及格的情節曾發表在2012年秋天的《新標準》（*The New Criterion*），其俄文翻譯出現在一個廣受矚目的俄羅斯網站上，引發了俄羅斯人的許多反猶太主義的評論。

　　反猶太主義讓弗倫克爾意識到自己的身分。首先，他遭到同學嘲笑，然後在入學考試中被刁難，這幾乎摧毀了他追求夢想的機會。這對他來說是一個很大的震撼，也促使他開始探索自己的身分。本書中談到他對探索猶太教和猶太文化一直抱有濃厚興趣。這段經歷最終讓他成為哈佛大學和加州大學柏克萊分校的成功數學教授。

　　在描述他生活的章節中，弗倫克爾巧妙地穿插了對數學概念的引人入勝的解釋，這些概念引導他走向「朗蘭茲綱領」的研究。弗倫克爾專注的研究領域，被稱為朗蘭茲綱領，如今極為熱門。這不僅僅是個單一領域，而是一系列連結不同數學領域的思想體系。朗蘭茲綱領被認為是數學的大一統理論，能夠讓研究人員在不同數學領域之間找到聯繫，並進一步將數學與量子物理學

結合起來。弗倫克爾研究了幾何朗蘭茲對應與量子場論中的對偶性之間的聯繫。他解析了朗蘭茲對應，這是一種新穎的函數理論架構，適用於黎曼曲面情況下的朗蘭茲綱領。在美國，朗蘭茲綱領的研究得到了美國國防高等研究計劃署（DARPA）的資助，總資金高達數百萬美元，這是迄今為止對理論數學研究的最高補助款。

此外，弗倫克爾的研究不僅僅侷限於理論數學，他還致力於探索數學與物理之間的聯繫，特別是在對稱性和量子場論領域。他的工作已經在多個領域取得了突破。

弗倫克爾認為，要發現數學的熱情，唯有透過理解數學的基礎和表徵，才能讓數學變得令人著迷。即使不能完全理解數學，欣賞它的美也能激發人們的興趣。數學作為通用語言，可以幫助人類在當今分裂的世界中建立客觀現實的聯繫。數學使我們能夠發現物質和精神世界的模式和美麗，雖然這只是實現平衡生活的一部分。雖然數學有助於解釋自然現象，但可能存在超出我們視野的隱藏維度或艱深理論。例如，愛因斯坦的廣義相對論中的重力公式涉及空間的曲率，而現代數學理論則挑戰了我們對時間感知的作用。因此，我們的主觀真理由記憶塑造，而發現數學真理需要勇於嘗試和犯錯。數學不僅是精密的計算和公式，更是一門藝術，需要我們擁有探索未知的勇氣與智慧。

此外，隨著量子物理學和弦理論（string theory）的發展，我們對宇宙的理解變得更加複雜和深奧。這些理論不僅需要高深的數學工具來描述，而且還揭示了我們可能無法直接觀察到的多維

宇宙和時空的結構。這些新穎的發現讓數學家和物理學家能夠從未曾想像的角度來探索自然界的奧祕。

一般人看到數學論述時，會感到枯燥乏味，甚至心生畏懼。弗倫克爾認為，如果一般人看到物理學或生物學等其他科學，這些學科中的概念也相當複雜。無論是量子論、愛因斯坦的相對論還是DNA，要充分理解這些概念確實需要學習，但它們已經融入我們的文化論述中。如果它們出現在流行文化中，沒有人會感到驚訝，因為我們大多數人對這些概念有初步的了解。然而，如果提到朗蘭茲綱領，大多數人只會一臉茫然。因此，推動數學科普並非一朝一夕之事，這將是一條漫長而蜿蜒的道路，但弗倫克爾認為我們必須下定決心走這條路。作為數學家，他善於運用邏輯規則，並精進數學判斷能力。他認為撰寫《愛與數學》是提高這種意識的第一步。專業數學家必須積極參與社會大眾和教育系統的交流，這樣才能打破對數學家的刻板印象，並吸引更多學生進入數學領域。他強調，透過弘揚數學之美和打破刻板印象，能夠為創新和新發現鋪平道路，同時鼓勵學術多樣性，並消除學術上的孤立現象。

弗倫克爾認為，數學定理是固定不變的，而物理理論則會隨著新的發現而更新，這是數學與物理的根本差異。20世紀出現了新的物理理論，如愛因斯坦的相對論和量子力學，這些理論在某些情況下提供了更準確的描述，但它們之間也存在不相容的問題。物理理論始終是近似的，這意味著每個理論在特定範圍內有效，但並不適用於所有情況，顯示出物理學是一個不斷進步的

過程。

那麼，數學和物理之間還有什麼差異呢。

數學家對於平面概念的定義，強調其在所有方向的延伸性。數學中的抽象幾何概念與我們的思維之間的關聯，強調這些理想化的幾何形狀並不真實存在於物理世界中，而是在我們的心智中形成的。數學家質疑某些公理，因為這些公理需要信仰而非實證支持。數學對象的存在被認為是在一個名為「柏拉圖現實」的抽象領域中，而非物理世界。數學概念的客觀現實性，這些概念是無法創造或改變的，只能被感知和描述。

數學揭示了我們與宇宙之間的深層聯繫，強調數學不僅是工具，還是通往隱藏現實的入口。數學讓我們的思維超越空間和時間的限制，開啟了更深層的連結感。數學提供了我們與他人及自然之間深層聯繫的證據，挑戰了孤立的觀念。隨著對數學的深入探索，我們發現了更為精緻和複雜的數學對象，顯示了數學的多樣性。雖然我們在現實世界中找到的數字是自然數和有理數，但某些複雜數字的存在仍然引發了許多問題。

弗倫克爾再三強調，人類能夠理解彼此的思維，無論是簡單的直線還是複雜的數字，這顯示了我們的思想是相互連結的。當我們開始理解數學時，我們便能夠進行討論，並共同探索新的研究領域。數學作為最客觀的科學，幫助我們理解彼此之間的關係，這一點一直存在於我們的學習之中。

面對21世紀，在不同的地方同時發現相同的數學定理，暗示智慧可能不僅存在於個體內部，也可能與外界有著某種聯繫。智

慧可能與世界有某種連結，這一觀點引發了對人工智慧的討論，暗示智慧的本質可能比我們想像的更為複雜。擁抱好奇心和創造力對於科學發現至關重要，但社會規範和教育體系可能會阻礙孩子的思維。平衡知識和創造力是一段個人的旅程，那些具有成就的人物的見解，可以在人工智慧時代提供具體的指導。弗倫克爾認為，雖然將認知視為一個計算過程可能有一些優點，但重要的是要記住宇宙是複雜的，不能簡化為單一解釋。因為我們的主觀經驗在我們對世界的理解中，扮演著至關重要的角色。

本書中最傑出的觀點，就是弗倫克爾挑戰科學中的還原論，並邀請我們擁抱生命，超越可以測量現象的無限可能性。因為生命比我們可以測量的更為複雜，我們不應該將自己侷限於理性解釋，或是脫離我們周圍的世界。我們對現實的感知，受到我們質疑方法的限制，我們的心靈仍依附於決定論和因果關係的過時觀念。弗倫克爾強調，我們應該擁抱世界的神祕性和複雜性，而不是將其簡化為簡單的解釋。

《愛與數學》不僅探討了數學，還深刻探討了愛這個人類最複雜的概念和行為。弗倫克爾拍攝的實驗電影《愛與數學之祭》（*Rites of Love and Math*）靈感來自三島由紀夫的《愛與死之祭》（*Rite of Love and Death*），並在國際電影節上廣受好評。弗倫克爾說：「我們的電影是關於真理的。公式代表了世界的真理，這就是我對數學的看法。」實驗電影《愛與數學之祭》，在國際電影節上廣受好評。電影中的數學家為了保護「愛情公式」，最終選擇了自我犧牲。

弗倫克爾提到：「我認為文化中有一種刻板印象。例如，2001年的電影《美麗境界》（A Beautiful Mind），將數學家視為與社會格格不入、處於精神疾病或精神疾病邊緣的人。然而，數學家其實和其他任何人一樣擁有豐富的情感和複雜的內心世界。他們的工作和貢獻常常被誤解，我希望這部電影能夠打破這種刻板印象，讓更多人了解數學的魅力和數學家的真實面貌。」

通過這部電影《愛與數學之祭》，弗倫克爾不僅展示了數學的美麗與深度，還強調了愛情在人類生活中的重要性。他希望通過這種方式，能夠吸引更多人關注數學。弗倫克爾在片中使用詩意的隱喻，見證了獨特的愛情片段。

電影開頭，真理子為數學家寫了一首詩；在片尾，數學家在真理子的腹部紋下了「愛情公式」，這是一個有限域的方程式根，並且提到與之相關的模形式。數學家天真地以為，擁有這個藏在真理子腹部的方程式，壞人就無法偷走。在電影中，為了保護這個公式，弗倫克爾飾演的數學家選擇犧牲自己的生命，因為擔心公式被不良企圖利用。當數學家發現愛情數學公式後，他決心自殺，以防止這個重要公式落入壞人之手。

實驗電影中還隱含了日本數學家谷山豐（Taniyama Yutaka）和未婚妻殉情的淒美故事。谷山豐提出了「志村—谷山猜想」（Taniyama-Shimura theorem），解決了困擾人類三百五十年的「費馬大定理」難題，卻在三十一歲時選擇自殺。對於某些人來說，數學是一種隱藏的內在聯繫。數學公式可以重新建立宇宙和人類之間的斷裂聯繫。弗倫克爾認為，「愛」在人類複雜的經驗

中具有重要性。人類的經驗不能僅用概念或言語來解釋。愛有多種形式，是這種體驗的重要組成部分，使生活變得美麗而激烈。堅持愛和回憶，使生活更有價值。

弗倫克爾認為，數學和愛在本質上有相似之處。數學公式如同愛的表達方式，兩者都能將分散的片段聯繫起來，並賦予它們意義。他相信數學能夠突破抽象的界限，與人類深層的情感聯繫在一起。愛情的多種形式，如親情、友情和浪漫愛情，都構成了人類經驗的重要部分，使生活充滿激情和美麗。透過堅持愛與回憶，我們能夠賦予生活更深層次的價值，並在探索數學真理的同時，不忘追求內心的平靜與幸福。

這樣的表達更能體現數學和愛的深遠意義，讓我們在追求知識的同時，亦不忘珍視生活中的情感與關聯。在他主演的舞台劇《雙體問題》（*The Two-Body Problem*）中，弗倫克爾探討了數學家如何運用簡單的數學公式來預測兩個對象之間的運動軌跡，例如恆星與行星之間的引力。然而，他也提出了一個有趣的問題：對於一對情人或好朋友，能否用數學公式來預測他們的未來？

《雙體問題》講述了一個女作家和男數學家之間的互動。他們將各自職業的熱情作為吸引對方的工具，交流情感經歷，找到真愛，又失去真愛，經歷了撕心裂肺的往事。他們在許多方面志趣相投，但也遭遇了重重矛盾。這部舞台劇通過兩人的故事，類比人類大腦中的兩種文化——互相競爭，又互相扶持。

這部舞台劇展示了數學與愛的交融，探討了數學家如何運用邏輯和情感來理解世界。同時，它也讓觀眾反思，在現實生活

中，愛情和友情是否也能像天體運行般被預測和掌控。

弗倫克爾認為，我們所有問題的根源，不在於我們的愛，而是在於我們的恐懼。

弗倫克爾關心數學教育，認為當前學校的關鍵問題在於，我們沒有向學生傳達數學的真正意義和好處，而只是讓學生記誦對他們來說毫無意義的程式計算題。數學在學生的心目中，變成了一門冰冷、毫無生氣，甚至是無聊、無關緊要的學科。更糟的是，我們中的許多人在小時候的數學課上都有痛苦的經歷，例如因為答錯問題而在全班面前遭到老師羞辱。這些記憶一直伴隨著我們，儘管我們未必意識到它們的存在，但卻在無形中造成了對數學的恐懼。

他相信任何人都可以理解數學，但我們的孩子在糟糕的老師手中受到了數學創傷，這造成了阻礙孩子學習數學的恐懼。所以，我們必須擺脫恐懼，相信自己。數學不僅僅是計算和程序，它是美麗和優雅的平行宇宙——就像藝術、文學和音樂一樣，我們必須展示數學與日常生活之間的聯繫，以激發學生學習的動力。

《紐約時報》（*New York Times*）評論稱本書《愛與數學》：「有力、充滿熱情且鼓舞人心。」德夫林（Keith Devlin）在《赫芬頓郵報》（*The Huffington Post*）中寫道：「每一頁，我都發現我的腦海中浮現出這本書作者的虛構形象，他在燭光下在內心深處寫作。」弗倫克爾認為，數學在日常生活中無處不在，而數學教育應注重傳達數學的真正意義與美感，而非僅僅是程式計

算。數學並非冰冷無趣的學科，而是充滿生命力和美感的。他撰寫《愛與數學》，希望提高數學科普化，吸引更多學生進入數學領域，並打破對數學家的刻板印象。此外，他還提出，數學不僅僅是解決問題的工具，更是一種表達思想的語言。數學家應該積極參與跨學科的合作，將數學應用於科技、工程、經濟等各個領域，促進各學科間的互相融合與進步。他希望數學教育能夠更多地強調創造性思維和批判性思維，培養學生解決問題的能力，激發他們對數學的熱愛和興趣。透過這些努力，他希望能夠改變社會對數學的認知，讓更多人了解數學的魅力，並鼓勵新一代的年輕人投身於數學研究，為未來的創新和發展作出貢獻。

弗倫克爾強調，理解數學的基礎和表徵能使數學變得令人著迷。數學作為通用語言，能幫助人類建立客觀現實的聯繫，並發現物質和精神世界的模式和美麗。數學定理是固定不變的，而物理理論則會隨著新發現而更新。數學理論挑戰了時間在我們感知中的作用，揭示了我們與宇宙之間的深層聯繫。

除了愛、數學以及數學教育之外，弗倫克爾還熱衷於人類與現代科技的互動，特別是與人工智慧的互動。尤其在今天，數學無處不在。我們想想電腦、智慧型手機、GPS設備、電玩遊戲、搜尋演算法等。但我們不會向孩子學習如何玩手機，因為孩子手機玩得比家長更為熟練，但是家長卻繼續向他們灌輸舊有的數學習作。弗倫克爾參與制定了《美國各州共同課程標準》。他的著作《愛與數學》於2013年10月出版之後，獲得了2015年美國數學協會（MAA）的歐拉著作獎。《愛與數學》是一部《紐約時

報》暢銷書，截至2025年5月，已經以二十種語言出版。這本書之所以能成為暢銷書，主要有以下幾個原因：

1. 獨特的主題：書中探討了數學與愛情之間的關聯，這一新穎的視角引起了廣泛的興趣。弗倫克爾將數學的抽象概念與人類情感相聯結，使讀者更容易理解數學的美感。
2. 易於理解的語言：弗倫克爾用通俗易懂的語言解釋複雜的數學理論，讓非專業讀者也能輕鬆閱讀和理解。這種方式吸引了許多對數學感興趣但沒有專業背景的讀者。
3. 個人故事與經歷：書中融入了作者的個人故事和經歷，使內容更加生動和貼近人心，讀者能夠感受到數學背後的人性與情感。
4. 跨學科的吸引力：本書不僅涉及數學，還探討了哲學和科學等其他領域，吸引了更廣泛的讀者群體。書的成功使數學不再是冷冰冰的學科，而是與日常生活和情感緊密相連的領域，激發了更多人對數學的興趣。
5. 鼓勵跨學科思考：這本書促進了人們對數學與其他學科（如藝術、文學等）之間關係的思考，鼓勵讀者以更開放的心態看待學科之間的交互效應。
6. 促進數學教育改革：本書中的觀點可能影響教育工作者重新思考數學教學的方法，尋求更具吸引力和互動性的教學方式，以提高學生的學習興趣。

這一篇譯者序的最後，談到我對弗倫克爾這位涉足科學和藝術的哈佛大學璀璨之星的感想，我想到了他在數學及物理的量

子糾纏研究。他的工作讓我聯想到我在2024年於TVBS出版的翻譯名著《量子糾纏：黑爾戈蘭島的奇幻旅程》（HELGOLAND: Making Sense of the Quantum Revolution），該書清楚地揭示了量子力學中的觀察者問題。人類的主體性似乎在量子實驗結果中扮演著關鍵角色。然而，弗倫克爾認為，觀察者問題遠遠超出了量子力學的範疇，這一評論尤為關鍵。

在1991年大衛・林區的電視劇《雙峰》（Twin Peaks）中，〈通往黑屋之路〉（The Path to the Black Lodge）一集中，FBI探員庫柏調查帕爾瑪的謀殺案時，安妮向他背誦了偉大的德國物理學家海森堡（Werner Karl Heisenberg）的一句名言：「我們觀察到的並不是現實本身，而是暴露在我們質疑方法之下的現實。」這句話意味深長，提醒我們在探討數學和量子物理時，觀察者的角色不可忽視。

《愛與數學》不僅是一部暢銷書，更是一個促進數學普及化的重要作品。這本書探討了數學如何揭示我們心靈之間的深層聯結，並透過幾何學和抽象概念展現數學的普世性與精神層次的統一性，進一步挑戰傳統對智慧內外界限的認知。透過其獨特的視角和易於理解的內容，成功地將數學的魅力傳遞給更廣泛的讀者。弗倫克爾的影響力不僅限於理論研究，他積極參與教育和科普活動，致力於將數學的美麗與深奧傳遞給更廣泛的公眾。他的努力不僅促進了數學的普及，還激發了許多年輕人對數學的興趣和熱情。透過他的工作，我們看到了數學如何成為連結宇宙、探索智慧的強大工具，也看到了他為數學界和教育界所帶來的深遠

影響。

　　弗倫克爾認為，數學是通往隱藏現實的入口，揭示了我們與宇宙和其他人之間的深層聯繫。數學的探索不僅僅是理解自然現象，也能挑戰我們對智慧和現實的認知，促進數學教育改革並激發學生對數學的興趣。

　　《愛與數學》因其獨特的主題、易於理解的語言、個人故事與經歷、跨學科的吸引力，成為了《紐約時報》暢銷書，並促進了數學的普及化。我再三推薦、譯介這一本書，希望大家會喜歡。

國立臺灣師範大學理學院副院長、永續所所長、特聘教授
方偉達
2025年5月3日
臺北科學日

給臺灣讀者的話

很高興《愛與數學》能以繁體中文在臺灣出版。這是英文本原著的第十九種譯本，原書於2013年問世。當時在書的開頭我寫道：「數學是我們日常生活中不可或缺的一部分。每當我們進行網路上購物、發送簡訊、在網路上搜尋資料，或是使用全球定位系統裝置時，數學公式與演算法都在背後發揮作用。」

然而，「大多數人卻對數學心生畏懼」；數學成為「我們文化盲點中最陌生的領域，其中只有菁英份子成功地鞏固了自己的地位」。事實上，我撰寫《愛與數學》的其中一個動機，就是想要讓這一片「陌生的領域」對所有人開放，並且強化可親近性。

本書出版之後，已經過了十二年，而這個矛盾如今更加鮮明地展現在我們面前。事實上，數學驅動的資訊科技不斷滲入我們的生活，為我們帶來嶄新的機會，以及前所未見的連結，但同時也挑戰我們對現實的感知、對人性意義的理解；甚至挑戰「真理」本身的概念。因此，現今比以往任何時候都更加嚴峻的是：「我們每一個人都應該認識現代數學中那些引人入勝的思想，讓數學成為我們的朋友，而不是敵人。」

遺憾的是，我們的數學教育並未與時俱進。當今的數學教學方式仍然像是在教學生如何刷油漆、粉刷牆壁，卻從不讓他們欣賞大師們的繪畫傑作。結果是，多數人從未有機會見識數學的奇妙——更糟的是，他們被這門學科嚇壞了，從此相信自己永遠無

法理解數學。我們對數學的無知與恐懼，反而成了有權勢者操弄我們的工具，他們利用數學來謀取私利。想想大規模監控、金融詐騙、社群媒體中用以愚弄控制人類行為的操弄性演算法吧。如今，隨著如ChatGPT等人工智慧系統的出現，我們正進入一個嶄新的時代，數學正轉化為一種強大的武器。數學將被用來造福人類，還是傷害人類？

這取決於我們的選擇。我相信，捍衛我們作為人類的尊嚴與主體性，是我們的責任。因此，我們必須確保這些強大的人工智慧AI系統，只被用來激發創造力與創新，擴大我們內在最美好的成分，而非成為束縛我們自由與想像力的枷鎖。

法國偉大的哲學家與數學家帕斯卡（Blaise Pascal）曾說：「內心有其理性，是理性所無法理解的。」因此，我們不應將一切都化約為演算法、邏輯與理性思維。我們應該記得追隨內心的聲音。

在這本書中，我並不是要教您某些特定的數學概念，而是希望帶給您一個整體、全景式的視野，讓您看到數學是一扇通往隱藏實相的入口，是理解這個世界與我們自身深層真理的鑰匙。

數學教導我們，我們彼此之間，以及我們與自然之間，其實存在著比一般所理解的更加深刻的聯繫。我在我的新YouTube影集《AfterMath》中對這個主題有更深入的探討，您可以在我的頻道上找到連結：https://youtube.com/edfrenkel。

我將其視為《愛與數學》的「影音書」續篇，每部影片就像是書中的一章。

無論是在《愛與數學》或《AfterMath》中，我都主張數學是一座橋梁，連結了物質與心靈、連結了我們對宇宙可知事物的理解，以及那些尚未形成、甚至未知的事物——那正是屬於想像的領域。作為現實與神話之間的介面，數學展現了我們對於整合與圓滿、對於「整合自我」（undivided Self）[1]的渴望。

　　當我們敞開心扉去感受數學永恆的優雅與智慧，我們就不再視自己為龐大機器中的小齒輪。我們會想起：「我們是這個世界的共同創造者，擁有彼此分享美與愛的能力」。

愛德華・弗倫克爾
2025年5月12日
美國加州　柏克萊山丘

Foreword to the Taiwanese Edition of *Love and Math*

It's a great pleasure to have *Love & Math* published in Taiwan in traditional Chinese language. This will be the 19th translation of its English original, which was published in 2013. Back then, at the beginning of the book, I wrote that "mathematics is woven in the very fabric of our daily lives. Every time we make an online purchase, send a text message, do a search on the Internet, or use a GPS device, mathematical formulas and algorithms are at play." However, "most people are daunted by math," which has become "a blind spot in our culture – alien territory, in which only the elite, the initiated few have managed to entrench themselves." In fact, one of my motivations for writing Love & Math was to make this "alien territory" open and accessible to everyone.

The dozen years that have passed since then have brought this paradox into an even sharper relief. Indeed, math-driven information technology has been invading our lives, bringing us new opportunities and unprecedented connectivity but also challenging our sense of reality, what it means to be human, and even the very notion of truth. Hence it's even more important today for all of us to get acquainted with the fascinating ideas of modern mathematics, to make sure mathematics is our friend, not our foe.

Alas, our math education has not risen to the occasion. The way math is taught today is still akin to teaching students in an art class how to paint a fence or a wall, but never showing them the paintings of the great masters. As the result, most of us never get a chance to see the wonders of math – or worse, get frightened by the subject, convinced we'd never be able to understand it. Our ignorance and fear of math can then be exploited by the powers-that-be, who misuse mathematics for their own benefit. Think of mass surveillance, financial shenanigans, manipulative algorithms of social network being used to modify and control people's behavior. And now, with the advent of AI systems such as ChatGPT, we are entering a new era, in which mathematics is becoming a powerful weapon. Will it be used for good or for ill?

It's up to us to decide. I believe that it's our duty to uphold our dignity and agency as human beings, and therefore we must make sure that these potent AI systems are only used as tools to enhance our creativity and innovation, to amplify the best in us; not as a straitjacket limiting our freedom and imagination.

The great French philosopher and mathematician Blaise Pascal wrote, "the heart has its reasons of which the reason knows nothing." So, let us not try to reduce everything to an algorithm, logic, and rational thought. Let's remember to follow the heart.

In this book, I am not trying to teach you this or that mathematical concept *per se*. Rather, I want to give you a holistic, panoramic view of the subject, help you see mathematics as a portal to hidden reality, a key to understanding deep truths about the world around us and about ourselves.

Mathematics teaches us that we are all connected to each other and to nature in much deeper ways than is ordinarily understood. I explore this topic in more detail in my new YouTube series, the *AfterMath*, which you can find on my YouTube channel: https://youtube.com/edfrenkel.

I see it as a "video-book" sequel to *Love & Math*, with each video being like a chapter in a book.

In both *Love & Math* and the *AfterMath*, I argue that mathematics creates a bridge between matter and mind, between that which is physically *knowable* about the Universe and that which is still unknown or unformed — that which is the province of *imagination*. As an interface between reality and myth, mathematics thus manifests our yearning for unity and wholeness, for the undivided Self.

When we open up to math's timeless elegance and wisdom, we no longer see ourselves as little cogs in a big machine. We remember that we are co-creators of this world, capable of sharing beauty and love with each other.

Edward Frenkel

May 12, 2025.

Berkeley Hills, California.

作者序

有一個祕密的世界,這是一個隱藏的美麗、優雅的平行宇宙,與我們錯綜複雜地交織在一起的數學世界,但我們大多數人卻無法看到這個世界。這本《愛與數學》便是一個探索這個世界的邀請。

試想一下這樣一個悖論:一方面,數學是我們日常生活中不可或缺的一部分。每次我們在網路上購物、進行搜尋或使用全球定位系統時,數學公式和演算法都在背後發揮作用。另一方面,大多數人卻對數學心生畏懼。正如詩人恩岑斯貝格(Hans Magnus Enzensberger)所言,數學已成為「我們文化盲點中最陌生的領域,其中只有菁英份子成功地鞏固了自己的地位」。他還說:「我們很少遇到有人強烈宣稱,讀小說、看照片或電影會讓他們感到難以忍受的折磨」;但「受過教育的那些聰明人」經常說「他們桀傲反抗」;認為數學是「純粹的折磨」或「讓他們失去興趣」的「噩夢」。

這種反常現象是如何產生的呢?我認為有以下兩個主要原因:首先,數學比其他學科更為抽象,因此不易理解。其次,歷史上我們的教育體系大多數是建立在數百年前的學科基礎上,數學只占其中一小部分。儘管數學在那時候起了長足的進展,但現代數學對於我們大多數人來說,仍是一個隱藏的寶庫。

試想一下,如果在學校您必須參加一門「藝術課」,而這門

課僅僅教授如何油漆柵欄。您該怎麼辦呢?如果您從未見過達文西(Leonardo da Vinci)或畢卡索(Pablo Ruiz Picasso)的畫作,您會如何欣賞藝術?您會想了解更多嗎?我對此表示懷疑。您可能會這樣說:「在學校學習藝術是浪費我的時間。如果我需要粉刷我的柵欄,我會僱人來做這件事。」這聽起來荒謬,但這正是數學教育的現狀。對於大多數人來說,數學就像看著油漆乾燥一樣枯燥乏味。雖然我們可以輕易接觸到藝術大師的作品,但偉大的數學大師卻與世隔絕。

然而,令人著迷的不僅僅是數學的美感。伽利略有一句名言:「自然界的法則是用數學語言寫成的。」數學不僅是一種描述現實並弄清世界運作方式的工具,更是一種通用語言,已經成為真理的黃金標準。在我們的世界裡,科學技術不斷進步,數學的重要性越來越突出。更重要的是,數學是權力、財富和進步的來源。因此,精通這種新語言,將讓我們走在進步的最前線。

關於數學的常見誤解是,數學只能當作「工具包」:例如,生物學家會進行實地工作,蒐集數據,然後嘗試建立適合數據的數學模型(也許,透過數學家的協助)。雖然這是一種重要的運作模式,但數學為我們提供了更多的可能性:讓我們能夠實現典範轉移的突破性飛躍,這是其他方法無法達成的。

例如,愛因斯坦了解重力造成空間彎曲時,他並沒有試圖將任何數據適配到方程式中。事實上,當時並沒有這樣的數據,甚至沒有人能夠想像我們的空間是彎曲的;每個人都「知道」我們的世界是平坦的!但愛因斯坦明白,這是將狹義相對論推廣到

非慣性系統的唯一方法，加上他對重力和加速度的敏銳洞察。愛因斯坦依賴數學家伯恩哈德・黎曼（Bernhard Riemann）在五十年前完成的數學工作，這是一種高級知識分子在數學領域內的練習。人類大腦的連結方式，使我們根本無法想像彎曲的空間維度大於二；我們只能透過數學來了解。你猜對了，愛因斯坦是對的——我們的宇宙是彎曲的，而且正在擴大。這就是數學的力量所在！

類似的例子還有很多，不僅存在於物理學中，其他科學領域也同樣如此。歷史證明，數學思想正在加速科學技術的進步；即使最初被視為抽象和深奧的數學理論，最終也成為應用中不可或缺的工具。達爾文的著作剛開始並不依賴數學，但他在自傳中寫道：「我深切遺憾我沒有深入研究數學，我沒能理解主要數學原理，因為具有數學天賦的人似乎讓人有了優勢。」這是一個對下一代充分運用數學潛力具有先見之明的建議。

我成長的過程中，並未意識到數學的隱藏世界。我和大多數人一樣，曾經認為數學是一門陳舊無趣的學科。但我很幸運，在高中的最後一年遇到了一位職業數學家，他為我打開了神奇的數學世界。我發現數學充滿無限可能性，並且優雅美麗，與詩歌、藝術和音樂相媲美。我愛上了數學。

親愛的讀者，透過這本書，我希望能夠成為您的導師，帶領您釋放數學的力量與美麗，讓您也能進入這個神奇的世界。即使您從未在同一句話中使用過「數學」和「愛」這兩個詞，數學也會如同浸潤我的皮膚一樣，潛入您的內心，改變您的世界觀。

*　　*　　*

數學知識不同於任何其他知識。雖然我們對物理世界的認知常常遭到扭曲，但我們對數學的認知卻不可能如此。數學是描述現實、弄清楚世界運作方式的一種方式；它是一種通用語言，已成為真理的黃金標準。數學公式或定理對於世界上任何地方的任何人來說，意義都是相同的──無論性別、宗教或膚色，即使千年過後，意義依然不變。令人驚奇的是，數學的所有發現都是屬於我們的公共財產。沒有人可以為數學公式申請專利，這是我們共同的財富。在這個世界上，數學如此深刻、精緻，卻又如此容易被所有人所接受。如此豐富的知識寶庫，真的令人難以置信。其珍貴性不是只賦予「少數有興趣的人」，而是屬於我們所有的人。

數學的關鍵功能之一是資訊的排序。這就像梵谷的筆觸與單純一團斑點畫的差別。隨著3D列印的出現，我們所習慣的現實正在澈底轉變：一切都在從物理領域，轉換到資訊和數據領域。我們很快就能使用3D列印機，將資訊轉換為物體，就像我們輕鬆將PDF檔案轉換為書籍，或是將MP3檔案轉換為音樂。在這個美麗新世界，數學的角色將變得更加核心：根據組織和排序資訊的方式，促進資訊傳遞，並將資訊轉化為物理現實。

在本書中，我將描述過去五十年數學中最偉大的思想之一：朗蘭茲綱領（Langlands Program）。這個理論被許多人認為是數

學的大一統理論，編織了一張涵蓋代數、幾何、數論分析和量子物理學的聯繫網，令人著迷。乍看之下，這些領域似乎相差數光年，但朗蘭茲綱領如同終極隱形傳送裝置，能夠讓我們立即從一個數學世界穿越到另一個世界，然後再返回。

朗蘭茲綱領由數學家勞勃・朗蘭茲（Robert Langlands）於1960年代末發起。目前，朗蘭茲在普林斯頓高等研究院任教。朗蘭茲綱領的根源在於突破性的數學對稱理論，其「群論」基礎是由兩個世紀前的法國神童伽羅瓦（Évariste Galois）創立的。伽羅瓦在二十歲時在一場決鬥中被殺，但他的工作對數學影響深遠。隨後，另一個令人震驚的發現豐富了朗蘭茲綱領的內涵，不僅證明了費馬大定理（Fermat's Last Theorem），還澈底改變了我們思考數字和方程式的方法。朗蘭茲綱領充滿了神祕的類比和隱喻，如同「羅塞塔石碑」（Rosetta Stone）一樣，自我特點顯著。透過這些類比，就像數學魔法土地上的小溪，朗蘭茲綱領滲透到幾何和量子物理領域，從表面的混亂中創造秩序與和諧。

我想告訴您這一切，以揭示我們很少看到的數學的另一面。我看見：靈感、深刻的想法，以及驚人的啟示。數學是一種打破常規的方式，擁有在尋找真理過程中無限發揮想像的表達。無窮大理論（the theory of infinity）的創始人康托爾（George Cantor）寫道：「數學的精髓在於蘊藏其中的自由。」數學教我們嚴格分析現實，研究事實，無論走到哪裡都遵循事實。數學將我們從教條和偏見中解放出來，培養我們的創新能力。因此，數學提供了超越主題本身的工具。

這些工具可以用來做好事，也可以用來做壞事，迫使我們考慮數學對現實世界的影響。例如，全球經濟危機造成的嚴重影響，部分原因是金融市場上廣泛使用不完全的數學模型所致。許多決策者由於不諳數學，並未完全理解這些模型，卻受貪婪驅使，傲慢地使用它們——直到這種做法幾乎毀了整個系統。他們利用資訊獲取的不對稱性，並希望沒有人會揭穿決策者的虛張聲勢，因為其他人不願意詢問這些數學模型是否有效。或許，如果更多的人了解這些模型系統的真實運作，我們不會受騙這麼久。

再舉一個例子：1996年，美國政府祕密召開會議，改變了消費者物價指數，影響通貨膨脹指標、社會安全、醫療保險和其他稅率支付指標。數千萬美國人受到了影響，但很少有人對新的公式產生的結果進行公開討論。最近，又有人試圖利用這個神祕的公式，作為美國經濟的後門。[1]

在一個有數學素養的社會裡，這類幕後交易會減少許多。數學意味著依賴事實和嚴謹，加上智力誠信的時代。在一個日益由數學驅動的世界，我們都應該有機會獲得數學知識，這樣才能保護自己免受少數權勢者的任意決策影響。沒有數學，亦即沒有自由。

* * *

數學與藝術、文學、音樂一樣，都是我們文化遺產的一部分。作為人類，我們渴望發現新事物，以達到新的目標，從

而加深我們對宇宙和自身位置的理解。這並不需要像哥倫布（Christopher Columbus）發現新大陸或成為第一位登上月球的太空人那樣具體的行動；如果我告訴您，您不必跨越海洋或飛入太空探索世界的奇觀，因為數學就在這裡，與我們現實交織在一起。從某種意義上來說，數學存在於我們的內心。數學引導了宇宙在其形狀和曲線後的運作，掌控著從微小的原子到最大的恆星的一切。本書是對這個豐富而耀眼的世界的邀請。我寫這本書是為了讓沒有任何數學背景的讀者也能夠閱讀。如果您認為數學很難，或者您害怕數學，您可能不會理解；但如果您對是否有值得了解的東西充滿好奇，那麼這本書就是為了您而寫。

有一個常見的謬論：個人必須學習數年數學才能欣賞它。有些人甚至認為大多數人天生就對學習數學有障礙。我不同意：我們大多數人都聽說過並至少對太陽系、原子和基本粒子、DNA雙螺旋等概念有基本的了解。這表明，只要我們對數學有足夠的興趣和耐心，我們也能夠理解並欣賞數學的美妙。

但是您無需修讀物理和生物課程，沒有人對此感到驚訝。這些複雜的想法是我們文化和集體意識的一部分。同樣，每個人都可以掌握關鍵的數學概念和思想，只要它們以正確的方式進行解釋。因此，我們無需長期學習數學；很多時候，我們可以直接切入數學主題，跳過繁瑣的步驟。

問題在於，雖然全世界總是在談論行星、原子和DNA，很可能沒有人與您談論過現代數學的迷人思想，例如對稱群（symmetry groups）、新型態記數系統（novel numerical systems），其中2加

2並不總是4，還有像黎曼這樣美麗的幾何形狀表面。這就像他們不斷地向您展示一隻小貓，並告訴您這就是老虎的樣子，但實際上老虎是一種完全不同的動物。

我將向您展示數學的全部輝煌歷史，讓您能夠欣賞其魅力。正如布萊克（William Blake）所辯稱的「可怕的對稱性」。

不要誤會我的意思：閱讀這本書本身並不會讓您成為數學家，我也不主張每個人都應該成為數學家。就像學習幾個吉他和弦，您能夠彈奏許多歌曲，但這不會讓您成為世界上最好的吉他手。然而，這會豐富您的生活。在這本書中，我將向您展示現代數學的隱藏和弦，我保證這將豐富您的生活。

我的一位老師，偉大的蓋爾范德（Israel Gelfand）曾經說過：「人們認為他們不懂數學，但這取決於您如何向他們解釋數學。如果您問一個酒鬼哪個數字比較大，2/3還是3/5，他可能也說不出來。但如果換個說法：3個人分2瓶伏特加，或者5個人分3瓶伏特加，哪一個比較好，他馬上就會告訴您：3個人分2瓶伏特加。」

我的目標是用您能理解的術語，向您解釋這些內容。我還會談談我在前蘇聯成長的經歷，以及數學如何成為面對壓迫性政權的自由前哨。因為蘇聯的歧視性政策，我被拒絕進入莫斯科國立大學。入學之門在我面前關上，我落榜了。但我沒有放棄。我偷偷進入大學，參加講座和研討會。有時在深夜，我會在電腦上閱讀數學書。最後，我成功破解了系統。他們不讓我從前門進去，我就從窗戶飛了進來。當您愛上數學，誰能阻止您呢？

兩位傑出的數學家將我收為門生，並成為了我的指導教授。在他們的指導下，我開始進行數學研究。雖然我還是個大學生，但我已經在突破未知的界限。這是我一生中最激動人心的時刻，儘管我確信歧視性政策永遠不會讓我在蘇聯找到數學家的工作。但是驚喜就在眼前：我的第一篇數學論文被偷偷登在國外期刊並廣為人知。二十一歲時，我被邀請到哈佛大學擔任客座教授。奇蹟般地，同時蘇聯改革開放拉開了鐵幕，公民允許出國旅遊。於是，一個沒有博士學位的哈佛大學客座教授，再次入侵系統。我繼續我的學術道路，這導致我對朗蘭茲綱領進行了前導性的突破研究，並讓我能夠參與過去二十年該領域的重大進展。接下來，我將描述我擔任科學家的經歷，以及幕後發生的輝煌事蹟。

　　這本書也談到了愛情。曾經，我有一個願景，希望某位數學家發現「愛的公式」，這成為電影《愛與數學之祭》（*Rites of Love and Math*）的數學前奏，我將在本書後面討論。每當我放映這部電影時，總有人問：「愛情真的存在公式嗎？」

　　我的回答是：「我們創造的每一個公式都是愛的公式。」數學是永恆深奧知識的源泉，深入每個人的內心，並連結文化、大陸和世紀鴻溝。我的夢想是我們所有人都能夠看到、欣賞，並驚歎於這些想法、公式和方程式的完美諧與美麗神奇，因為這將使我們對世界的彼此之愛更加有意義。

目次

佳評如潮 3

譯者序　弗倫克爾的故事：不要放棄你的夢想，
　　　　用挑戰作為推動成長和成就的動力／方偉達 5

給臺灣讀者的話 19

作者序 25

作者導論 37

第一章　神祕的野獸 39

第二章　對稱的本質 46

第三章　第五道題 62

第四章　石油天然氣學院 78

第五章　解決方案的主軸 86

第六章　數學家的學徒生涯 100

第七章　大一統理論 119

第八章　神奇數字 131

第九章　羅塞塔石碑 153

第十章　參與循環 168

第十一章　征服頂峰 189

第十二章　知識樹 198

目次　35

第十三章　哈佛的召喚.. 210

第十四章　捆綁智慧.. 225

第十五章　精湛的舞蹈..244

第十六章　量子對偶性..264

第十七章　發現隱藏的聯繫.. 291

第十八章　尋找愛情的公式.. 322

尾聲...340

致謝...342

註釋...344

數學名詞解釋..383

作者導論

我在本書中盡力以最基本、最直觀的方式介紹數學概念。然而，我意識到某些章節（特別是第八章、第十四章、第十五章和第十七章）的數學部分相對較重。在第一次閱讀時，如果某些部分看起來令人困惑或枯燥無味，可以先跳過這些部分。稍後，當您掌握了更多知識，您可能會發現這些材料更容易理解。不過，接下來的內容通常不需要跳讀。

書中的一些數學概念（尤其是後面的章節）不會詳細描述細節。我重點強調數學在不同概念和不同分支之間的計算重點及其邏輯論述，而非討論技術細節。更深入的討論通常放在註釋當中，其中包含進一步閱讀的參考資料和建議。雖然註釋可以增強您的理解，但在第一次閱讀時可以跳過。

我嘗試盡量減少公式的使用，並盡可能採用口頭解釋。不過，書中確實出現了一些公式。我認為大多數公式並沒有那麼可怕；無論如何，如果需要，請隨意跳過公式。

關於數學術語的警告：在撰寫本書時，我發現數學家使用的某些專業術語對於非數學家來說，意義實際上完全不同。例如，對於數學家來說，「對應」（correspondence）意味著兩個對象之間的一種關係（如「一對一對應」），這不是最常見的內涵。還有其他類似的術語，例如「陳述」、「組合」、「循環」、「流形」（manifold）和「理論」。每當我發現這些問題時，我

都會進行解釋。另外，只要有可能，我會將數學術語轉換為更易懂的術語。例如，我會寫「朗蘭茲關係」（Langlands relation）而不是「朗蘭茲對應」（Langlands correspondence）。如果遇到不清楚的詞彙，可以隨時查閱術語表和索引。

請查看我的網站http://edwardfrenkel.com以了解更新的支援資料，並向我發送電子郵件分享您對本書的看法（我的電子郵件地址可以在網站上找到）。我將非常感謝您的回饋。

第一章　神祕的野獸

　　如何成為數學家？有很多方法可以達到這個目標。讓我告訴您我是怎麼成為數學家的。

　　您可能會感到驚訝，但我在學校時其實並不喜歡數學。嗯，「討厭」這個詞也許太強烈了，應該說我不怎麼喜歡數學。我覺得數學很無聊。當然，我能完成作業，但我不明白為什麼要這麼做。我們在課堂上討論的內容似乎毫無意義，與現實生活毫不相關。真正讓我興奮的是物理學——尤其是量子物理學。我狼吞虎嚥地讀了所有關於這個主題的流行書籍。我在俄羅斯長大，這樣的書籍很容易找到。

　　我對量子世界非常著迷。自古以來，科學家和哲學家夢想描述宇宙的基本性質——有些人甚至假設所有物質都由微小的粒子組成，稱為原子。在20世紀初，原子的存在得到了證實。但大約在同一時間，科學家發現每個原子還可以再細分。事實證明，每個原子由一個原子核為中心，繞其運行的電子組成。原子核又由質子和中子組成，如下圖所示。[1]

　　那麼質子和中子呢？我讀過的熱門書籍告訴我，它們是由稱為「夸克」（quarks）的基本粒子構成的。

　　我喜歡夸克這個名字，我特別喜歡這個名字的由來。發明這些粒子的物理學家默里・蓋爾曼（Murray Gell-Mann）借用了詹姆斯・喬伊斯（James Joyce）《芬尼根守靈夜》（*Finnegans*

6 質子
+6 中子

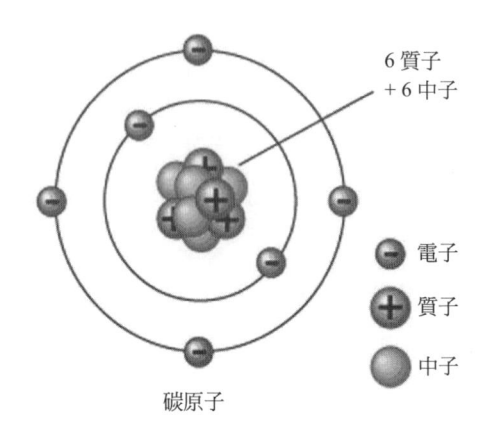

電子
質子
中子

碳原子

Wake）的書中的名字，其中有一首模仿詩是這樣的：

穆斯特・馬克（Muster Mark）的三個夸克！
當然他沒有太多的吠叫
當然，他擁有的任何東西都太離譜了。

我覺得物理學家用一本小說的名字來命名粒子，真是太酷了。尤其是像《芬尼根守靈夜》這樣複雜又不平凡的作品。我大概十三歲時就知道，科學家應該是那些隱居的、超凡脫俗的傢伙，因為他們深深投入工作，對其他生活層面，例如藝術和人文學科，應該沒有太大興趣。而我本來就不是這樣的。我有很多朋友，喜歡讀書，對科學以外的許多事物也感興趣。我喜歡踢足球，花了無數時間和朋友們一起玩球。差不多在同一時期，我發現了印象派繪畫（這要歸功於我在父母的圖書館裡找到的一本關

於印象派的鉅著）。梵谷（Vincent van Gogh）是我的最愛，我被他的作品深深吸引，甚至試著自己畫畫。這些興趣讓我懷疑自己是否真的想成為科學家。所以當我讀到粒子物理學家蓋爾曼的故事時，我非常高興。他是一位偉大的物理學家，諾貝爾獎得主，擁有廣泛的興趣，不僅包括文學，還有語言學、考古學等。

根據蓋爾曼的說法，有兩種不同類型的夸克，「上夸克」和「下夸克」，它們的不同混合物賦予了中子和質子的特性。中子由兩個「下夸克」和一個「上夸克」組成，質子則由兩個「上夸克」和一個「下夸克」組成，如圖所示。[2]

中子　　　質子

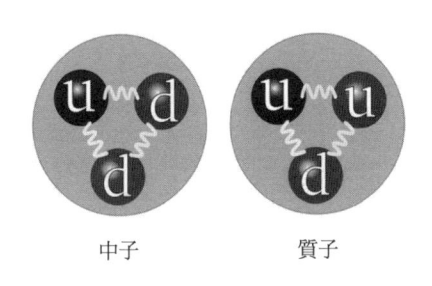

這已經很清楚了。但是物理學家是如何猜測質子和中子不是不可分割的粒子，而是由較小的粒子構成的呢？這聽起來很晦澀。

故事是這樣的：到了1950年代末，發現了稱為強子的物質粒子。中子和質子都是強子，當然它們在日常生活中發揮著重要作用。但至於其餘的強子——好吧，沒有人知道它們存在的目的是什麼（或者正如一位研究人員所說的「誰定序了它們」）。

具有影響力的物理學家沃夫岡・包立（Wolfgang Pauli）開玩笑說：「物理學正在轉變為植物學。」物理學家迫切需要理解強子，找到控制其行為的基本原則，並解釋它們的瘋狂普及化。

蓋爾曼和尤瓦爾・內埃曼（Yuval Ne'eman）分別提出了一種新穎的分類方案。他們認為強子可以自然地分裂成小家族，每個家族由八個或十個粒子組成。他們稱這些家族為八粒子或十粒子家族。每個家族中的粒子，都具有相似的特性。

在我當時讀的流行書籍中，我找到以下的八粒子組圖：

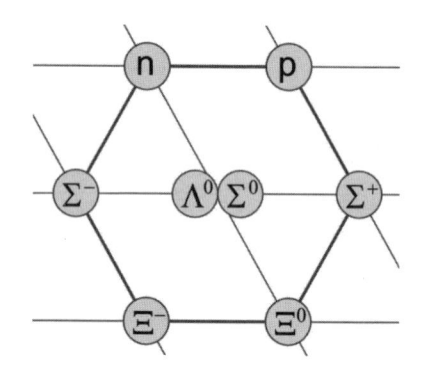

這裡質子記為 p，中子記為 n，另外六個粒子的名字也很奇怪，用希臘字母表示。

但是為什麼是8和10，而不是7和11？我找不到我正在讀的書中連貫的解釋。他們會提到一個神祕的想法，蓋爾曼稱之為「八正道」（eightfold way），指的是佛教「高貴的八正道」（Noble Eightfold Path）。但他們從未試圖解釋這到底是怎麼回事。

這種缺乏解釋讓我非常不滿意。關鍵部分的故事仍然刻意隱藏。我想解開這個謎團卻又不知道從何入手。

幸運的是，我得到了家庭朋友的幫助。我從小生長在一個小型工業城鎮——科洛姆納（Kolomna），這個鎮有十五萬人口，距離莫斯科約七十英里，搭火車只需兩個多小時。我的父母都是製造重型機械公司的工程師。科洛姆納位於兩條河的交會處，建於1177年，比莫斯科僅晚三十年。這裡有著漂亮的教堂和城牆，見證了科洛姆納的傳奇歷史。但這並不是一處教育或學術中心。那裡只有一所小型師範學院，畢業生大多成為學校老師。學院裡有一位數學教授，名叫葉夫根尼・葉夫根尼耶維奇・彼得羅夫（Evgeny Evgenievich Petrov）。他是我父母的老朋友。

有一天，我母親在街上遇見了彼得羅夫，他們開始交談。我母親喜歡介紹我給她的朋友們認識，所以我加入了對話。當彼得羅夫知道我對科學感興趣時，他說：「我必須見見他。我會嘗試讓他轉向數學。」

「哦，不；」我母親說，「他不喜歡數學。他認為這很無聊。他想做量子物理學。」

「別擔心，」彼得羅夫回答道，「我想我知道如何改變他的心思。」

於是他安排了一次會議。我對此並沒有特別熱衷，但無論如何，還是去彼得羅夫的辦公室見了他。

我即將年滿十五歲，九年級即將畢業，高中倒數第二年（我比同學小一歲，因為我跳過了六年級）。彼得羅夫很友好而且謙

遜，戴著眼鏡，留著鬍渣，他就是我想像中的數學家。但是他那雙大眼睛裡有著一股迷人的東西，散發著對一切事物都抱持著無限的好奇心。

事實證明，彼得羅夫確實有一個聰明的計畫讓我轉向數學。我一到他的辦公室，他就問我：「所以，我聽說你喜歡量子物理學。你聽過蓋爾曼的八正道方法嗎？還有夸克模型？」

「是的，我在幾本流行書中有讀到過這一點。」

「但是你知道這個模型的基礎是什麼嗎？他是怎麼有了這些想法？」

「什麼……」

「你聽過李代數 $SU(3)$ 嗎？」

「李什麼？」

「如果你不知道夸克模型是什麼，您怎麼可能理解夸克模型 $SU(3)$ 群？」

他從書架上拿出幾本書，翻開並展示公式頁。我看到熟悉的八隅體組圖（octet diagrams），但這些圖表不僅僅是漂亮的圖片，它們看起來像是連貫且詳細的解釋。

雖然我對這些公式摸不著頭腦，但我立刻明白它們包含了我一直在尋找的答案。這是一個頓悟的時刻。我被眼前的東西迷住了，感動於從未經歷過的事物，無法用語言表達，但感受到滿滿的能量。就像聽到一首令人難忘的音樂，或看到一幅畫時的興奮感受。

我能想到的就是「哇！」

「你可能認為數學是學校教給您的東西，」彼得羅夫搖搖頭，「不，這個──」他指著書中的公式──「這才是數學的意義。如果您真的想要理解量子物理學，您需要從這裡開始。蓋爾曼使用美麗的數學理論預測夸克，這其實是一道電磁發現的數學題。」

「但是我怎麼才能開始理解這些東西呢？」這看起來有點嚇人。

「不用擔心。你需要學習的第一件事是空間對稱群（symmetry group）的概念。這就是主要思想。這是數學和理論物理學的很大一部分，基於這個概念的學問。這是我想送給你的一些書，你可以開始閱讀，並標記出你不理解的部分。我們可以在這裡見面，每週討論一次。」

他給了我一本關於對稱群的書，還有其他幾本涉及不同主題的書，例如p進數（p-adic numbers，從根本上來說是一種不同於我們習慣數字的記數系統），以及關於拓撲（幾何形狀的最基本屬性）的書。彼得羅夫無可挑剔的品味：他找到了完美的主題組合，讓我能從不同的層面理解這個神祕的領域──數學，並對此感到興奮。

在學校，我們學習了二次方程式、微積分、基本歐幾里得幾何和三角學。我曾假設所有數學都圍繞著這些主題展開，可能會變得更複雜，但仍然保持在我熟悉的框架之內。然而，彼得羅夫給我的書展現了一個我從未想像過的完全不同的世界。

我立刻就被轉變了。

第二章　對稱的本質

在大多數人的心目中，數學是關於數字的。他們想像數學家是整天處理數字的人：一大堆數字，甚至更多的數字，而且都有奇特的名字。我也曾這麼想過，至少直到彼得羅夫向我介紹了一些現代數學的概念和想法。其中之一被證明是發現夸克的關鍵：對稱的概念。

什麼是對稱性？我們所有人都有一個直觀的理解——當我們看到對稱物體時就能識別出來。當我要求人們舉一個對稱物體的例子時，他們通常會提到蝴蝶、雪花或人體。

攝影：里布賴希特（K.G. Libbrecht）

但是如果我問他們，當我們說一個物體是對稱的時，我們的意思是什麼，他們可能會猶豫。

這是彼得羅夫向我解釋的：「讓我們看看這個圓桌和這張方桌。」

「哪一個比較對稱？」

「當然是圓桌，不是很明顯嗎？」

「但為什麼？」成為數學家意味著不接受「顯而易見的」事情作為理所當然，而是要嘗試推理。很多時候您會驚訝地發現，最明顯的答案實際上是錯誤的。

彼得羅夫注意到我臉上的困惑，給了我一個提示：「什麼特性讓圓桌更對稱？」

我想了一會兒，然後突然想到：「我猜對稱物體的形狀和位置，即使經過改變，也必須保持不變。」

彼得羅夫點點頭。

「的確。讓我們看看這兩張桌子的所有可能的轉變，保持它們的形狀和位置。」他說：「就圓桌而言……」

我打斷他的話：「任何圍繞中心點的旋轉都可以。我們在旋轉後看到的仍然是同一張桌子。但如果任意旋轉方桌，通常會看到不同的位置。只有旋轉90度及其倍數才能保持不變。」

「完全正確！如果您離開我的研究室一分鐘，我把圓桌轉成任何角度，你都不會注意到差異。但如果我對方桌做同樣的事情，你會發現差異，除非我將它轉動90度、180度或270度。」

他繼續說：「這種變換稱為對稱性。方桌只有四種對稱性，而圓桌有更多的對稱性──實際上是無限的對稱性。這就是為什麼我們說圓桌更對稱。」

第二章 對稱的本質 47

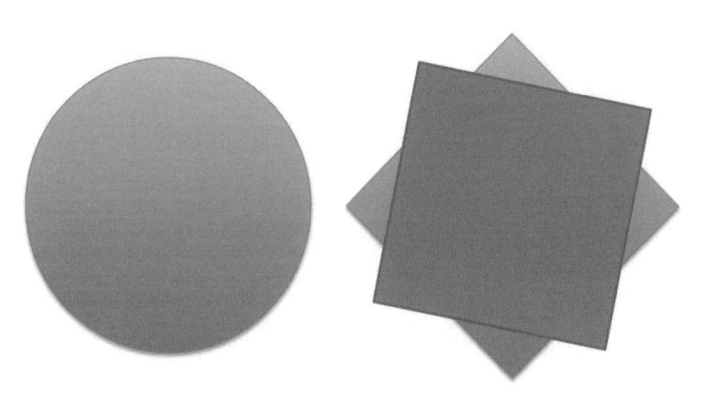

圓桌旋轉任意角度都不會改變其位置，但是將方桌旋轉非90度倍數的角度，確實改變了它的位置，兩者都是從上面看的。

這很有道理。

「這是一個相當簡單的觀察，」彼得羅夫繼續說道。「你不必成為數學家才能看到這一點。但如果你是一個數學家，你會問下一個問題：對於假設的對象，所有可能的對稱性是什麼？」

我們來看方桌。它的對稱性就是這四種圍繞桌子中心的旋轉：[1] 90度、180度、270度和360度，逆時針旋轉。數學家會說，方桌的這些對稱性是由四個元素組成，對應於角度90度、180度、270度和360度。[2]每次旋轉都需要固定一個角（標記在下圖中的圓點）到四個端點中。

這些轉換是特殊的；即使旋轉360度，和旋轉0度相同，也就是根本不旋轉。這是一個特殊的對稱性，因為實際上對我們的物體沒有任何作用：方桌的每個點最終都落在完全相同的位置。我們稱之為恆等對稱性（identical symmetry），或簡稱恆等性。[3]

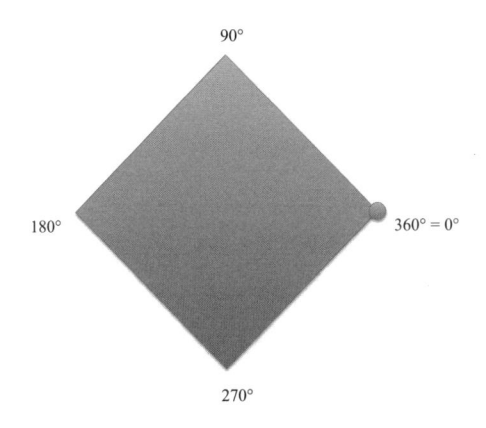

請注意，旋轉任何大於360度的角度，都相當於旋轉0到360度之間的角度。例如，旋轉450度，與旋轉90度相同，因為450=360+90。因此我們只考慮0到360度之間的角度旋轉。

　　這是關鍵的觀察結果：如果我們從清單中應用兩次旋轉，依序為{90°, 180°, 270°, 360°}，我們看到相同的清單中另一種旋轉結果。我們將這種新的對稱性為兩者的結構（composition）。

　　這是顯而易見的：每一種對稱性都保持了方桌的原狀。因此，兩種對稱性的組合也保持了方桌的原狀，這種結構必須是對稱的。例如，如果我們旋轉桌子90度，然後再旋轉180度，最終結果是旋轉270度。

　　讓我們看看在這種對稱性之下方桌會發生什麼。首先，逆時針旋轉90度，桌子的右角（在上一張圖片上用圓點標記）會轉到頂角。接下來，再逆時針旋轉180度，頂角會轉到下角。最終結果是右角轉到下角，這是逆時針旋轉270度的結果。

第二章　對稱的本質

這裡還有一個例子：

$$90°+270°=0°$$

旋轉90度，然後旋轉270度，我們求得360度旋轉角度。這與旋轉0度相同，正如我們上面討論的——這就是「恆等對稱性」（identical symmetry），或簡稱「恆等對稱」。

換句話說，第二次旋轉270度會抵消初始旋轉的90度。這是一個重要的屬性：任何對稱性都可以被抵消；也就是說，對於任何對稱性S，存在另一個對稱性S'，使它們的結構是恆等對稱的。這個S'稱為對稱性S的反對稱性。所以我們看到旋轉270度是旋轉90度反向（inverse）。同樣的，旋轉180度的反向（inverse），為同樣旋轉180度。

我們現在看到看起來像一個看似非常簡單的對稱性方桌集合——四種旋轉$\{90°, 180°, 270°, 0°\}$——實際上有很多內部結構，或部分集合如何互動的規則。

首先，我們可以組合任意兩種對稱性（亦即依序應用）。

其次，其中有一種特殊的對稱性，即恆等性。在我們的例子中，這是旋轉0度。如果我們將它與任何其他對稱性組合，我們回復相同的對稱性。例如，$90°+0°=90°$、$180°+0°=180°$等。

第三，對任何對稱性S，都存在反對稱性S'，使得這種對稱性S和和其反對稱性S'的組合是恆等的。

現在我們來到重點：旋轉的集合體及這些三個結構組成了數

學家所說的群（group）的一個例子。

任何其他物體的對稱性，也構成一個群，一般來說有更多的元素——可能是無限多。[4]

讓我們看看圓桌的情況，這是如何運作的。有了這些經驗，我們立即可以看到所有對稱性的集合。圓桌的數值只是所有可能旋轉的集合（而不僅僅是乘以90度），我們可以將其視覺化為圓圈上所有點的集合。

該圓圈上的每個點對應於0到360度之間的角度，表示圓桌逆時針方向旋轉這個角度。特別是有一個特殊點，0度對應旋轉。下方圖示還標注了一個點，相當於旋轉30度。

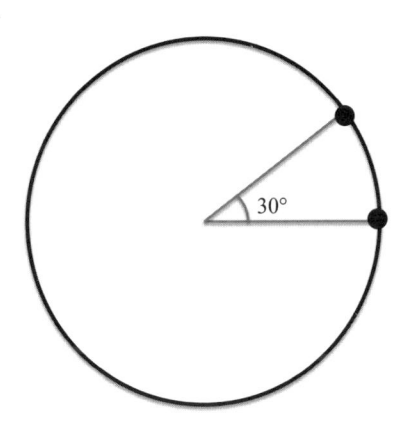

雖然我們不應該把這個圓圈的點當成圓桌的點，相反地，圓圈的每個點代表了圓桌的一個特定旋轉。請注意，圓桌沒有特定點，但我們的圓圈可以有，例如旋轉0度對應的那個點。[5]

現在我們來看看上述三種結構，是否可以應用在圓圈的點集合（set of points）上。首先，兩個旋轉的組合，由φ_1和φ_2度表示，也就是旋轉$\varphi_1+\varphi_2$度。如果$\varphi_1+\varphi_2$大於360，我們只需從中減去360。在數學中，這稱為360模加法運算（*addition modulo 360*）。例如，如果φ_1=195和φ_2=250，則兩個角度總和為445，旋轉445度與旋轉85度相同。所以，在旋轉組中，我們的圓桌有如下的數值。

$$195°+250°=85°$$

第二，圓上有一個旋轉0度的特殊對應點。這是我們群集中的的恆等元（identity element）。

第三，逆時針旋轉φ度的逆過程，是逆時針旋轉（360-φ）度；或等同的，順時針旋轉φ度（如圖）。

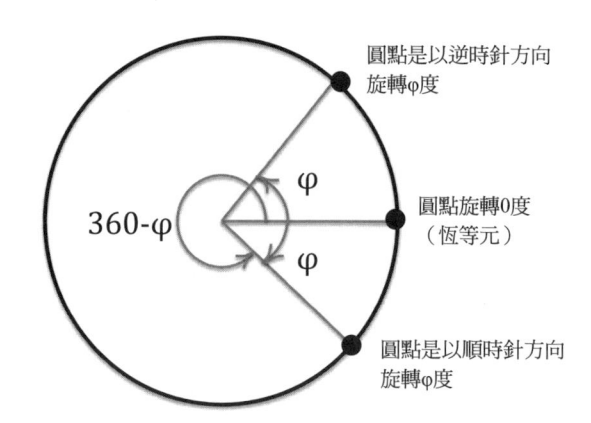

至此，我們已經描述了圓桌的旋轉群（group of rotations）。我們稱之為圓群（*circle group*）。與方桌有四個元素的對稱群不同，這個群有無限多個元素，因為有0到360度之間的無數個角度。

　　我們現在已經將對對稱性的直觀理解建立在堅實的理論基礎上——事實上，我們已經將其變成了數學概念。首先，我們假設對稱性是保留其特性及屬性的轉換。然後我們邁出了決定性的一步：我們關注特定物體的所有對稱性。對於方桌，該組包括四個元素（elements）（旋轉90度的倍數）；在圓桌的情況下，這是一個無限集合（圓上所有點的集合）。最後，我們描述了這組的對稱性，總是具有簡潔的結構：任意兩組對稱性可以組合產生另外一組對稱性，存在相同的對稱性，並且對於每個對稱性都有其逆對稱性〔組成的對稱性也滿足註釋4中所描述的結合性（associativity）〕。因此，我們得出了群的數學概念。

　　對稱群（group of symmetries）是一個抽象的概念，與我們從具體的對象開始有很大不同。我們無法觸及或保留方桌的對稱性集合（與桌子本身不同），但我們可以想像、繪製其元素，並進行研究和討論。不過，這個抽象集合的每個元素都有具體的意義：它代表具體標的的特定轉換，也就是對稱。

　　數學就是研究這些抽象標的和概念。

　　經驗顯示，對稱性是自然法則的重要指導原則。例如，雪花形成完美的六角形，因為那是水分子結晶的最低能態。雪花的對稱性是旋轉60度的倍數；即60、120、180、240、300和360（這與0度相同）。此外，我們還可以沿著每個對應於這些角度的六

個軸線方向「翻轉」雪花。所有這些旋轉和翻轉都保留了雪花的形狀和位置，因此它們是雪花的對稱性。

對蝴蝶來說，翻轉會使其上下顛倒。由於蝴蝶背面有腳，嚴格來說，蝴蝶的足部在另一側，翻轉並不會展現蝴蝶的對稱性。當我們說蝴蝶是對稱的時候，我們談論的是理想化的版本，其正面和背面完全相同（真正的蝴蝶並非如此）。翻轉交換左右兩側的翅膀，形成對稱（或是說，我們可以想像交換翅膀，而不用將蝴蝶倒置）。

這提出了一個重要觀點：自然界中許多物體的對稱性是近似的。現實生活中的桌子不是完美的圓形或方形，一隻活的蝴蝶，其正面和背面是不對稱的，而且人體也並非完全對稱。然而，即使在這種情況下——完美的圓桌或無法區分正反的蝴蝶圖像，考慮其抽象、理想化版本或模型仍然相當有用。然後，我們探索這些理想化物體的對稱性，並調整從該分析中得出的任何推論，以解釋現實生活中的物體與其模型之間的差異。

這並不是說我們不會欣賞不對稱性；相反，我們欣賞其中之美。但是數學對稱論的重點不在於審美觀。對稱論是以最一般化方式來表達對稱性的概念，因此無可避免地採取最抽象的術語，以便可以在不同領域中統一應用，如幾何、數論、物理學、化學、生物學等。一旦我們發展了這樣的理論，如果您願意，我們也可以談論關於對稱性破缺的機制，將不對稱性視為自然現象。例如，基本粒子擁有質量，是因為其遵循所謂的規範對稱性（gauge symmetry）（這將在第十六章中討論）遭到瓦解。希格

斯玻色子（Higgs boson）強化了這一種論點，這是一種最近在日內瓦的大型強子對撞機中發現的一種難以捉摸的粒子。[6]對這種對稱性破缺機制的研究，可以產生自然基本元素行為的珍貴見解。

我想指出抽象對稱理論的一些基本內涵，因為這闡明了數學為何如此重要。

首先是普遍性（universality）。圓群（circle group）不僅是圓桌的對稱群，也是所有其他圓形物體的對稱群，例如玻璃、瓶子、圓柱等。事實上，說明特定標的是圓的，可以說其對稱群是圓群，兩者說法是一樣的。以下是強大的陳述：我們意識到我們可以透過描述「呈現圓圈」物體的對稱群，來描述物體的重要屬性「圓」。同樣地，「呈現正方形」表示對稱群，即是上述四個元素的群。換句話說，同一個抽象數學對象（如圓群），展現於許多不同的具體對象，並且表達其共通屬性〔例如圓度（roundness）〕。[7]

其次是客觀性。例如，群的概念與我們的解釋無關。對於任何學習的人來說都意味著同樣的事情。當然，為了要理解群，我們必須知道所使用的表達語言，也就是數學語言。但任何人都可以學習這一門語言。同樣，如果您想要理解笛卡兒（René Descartes）「我思故我在」（*Je pense, donc je suis*）這句話的意思，您需要懂得法文（至少，理解這句話中的那些字）──但是任何人都可以學習。然而，後一句話一旦理解，就可能有不同的解釋。此外，不同的人可能會同意或是不同意某個特定的解釋，

這句話是對的還是錯的。相較之下，邏輯上一致的數學陳述的含義，不會因解釋不同而改變。[8]而且，數學的真實性也是客觀的（一般來說，特定的事實陳述可能取決於其公理系統。然而，即使如此，這種對公理的依賴也是客觀的）。例如，陳述「圓桌的對稱群是圓」，無論何時何地，對於任何人都是真實的。換句話說，數學真理是必要的真理。我們將在第十八章詳細討論這一點。

第三個與此密切相關的特質是持久性（endurance）。畢達哥拉斯定理（Pythagorean theorem）對古希臘人和現代人來說，意味同樣的事情。對於未來任何人來說，我有充分的理由相信，這個定理也將意味著同樣的事情。同理，這本書中所談論的內容，包含所有真正的數學陳述，將會永遠正確。

事實上，這種客觀、持久，屬於我們所有人的知識確實存在。這簡直是一場奇蹟。這表示數學概念存在於一種與物質世界和精神世界相互分離的領域中──這有時被稱為數學的柏拉圖世界（請參考最後一章，我們將討論更多相關內容）。我們還沒有完全了解數學發現的驅動力。但是很明顯地，這隱藏的現實必然會在我們的生活中發揮越來越大的作用，尤其是隨著新電腦技術和3D列印機的出現。

第四個特質是數學與物理世界的相關性。例如，過去五十年以來，量子物理學取得了許多進展。多年間，對稱性概念應用於基本粒子及其之間的相互作用。從這個角度來看，一個粒子，例如電子或夸克，就像是圓桌或雪花，其行為很大程度上是由對

稱性所決定的（其中一些對稱性是精確的，有些對稱性是近似的）。

夸克的發現就是一個完美的例子。我正在閱讀彼得羅夫給我的書，了解到前一章我們討論到蓋爾曼、內埃曼的強子分類，是一個對稱群。數學家之前曾研究過這個群——他們沒有預料到和亞原子粒子有任何關係，其數學名稱是「特殊么正群」（special unitary group）$SU(3)$。這裡S和U代表「特別單一」。該群的性質與球體的對稱性，我們將在第十章詳細討論。

數學家之前已經描述過$SU(3)$群，表示$SU(3)$群可以實現為對稱群的不同方式。蓋爾曼和內埃曼注意到這些表徵的結構與他們發現的強子模式之間的相似性。他們利用這些資訊對強子進行分類。

「表現」（representation）這個詞在數學中以一種特殊的方式使用，與其他更常見的用法不同。讓我暫停一下，並解釋一下這個詞是在當前上下文中的意思。也許，如果我先舉一個例子會有幫助。回想一下上面討論的圓桌旋轉群，也就是圓群（circle group）。現在想像一下將桌面向各個方向無限延伸。我們求得抽象數學標的：一個平面。我們繞其中心，每旋轉一次桌面，導致此平面依同樣的一點環繞。因此，我們得到了該平面的對稱性（旋轉）分配給圓群每個元素的規則。換句話說，每個圓群的元素，可以透過平面的對稱性來表示。因此，數學家將這個過程稱為圓群的「表現」。

現在,該平面是二度的,因為有兩個座標軸,並且每個點都有兩個座標:

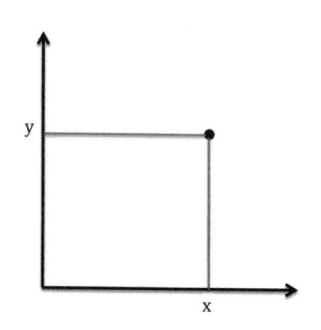

因此,我們說我們已經建構了旋轉群的「二維表示」。這只是意指該群的每個旋轉元素對應於平面的對稱性。[9]

空間中,也存在維度大於二的空間。例如,我們周圍的空間是三度空間的。也就是說有三個座標軸,因此為了特定點的位置,我們需要指定三個座標(x, y, z),如下圖所示:

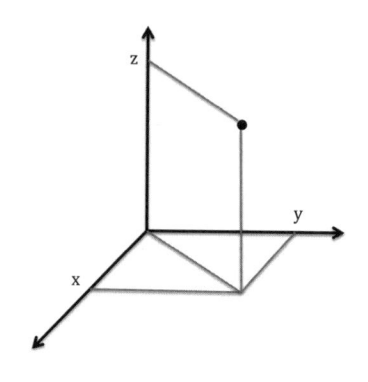

我們無法想像四度空間，但數學給了我們一種通用語言，使我們能夠談論任何維度的空間。也就是說，我們用四元組來表示四度空間的點位數字(x, y, z, t)，就像三度空間中的點由數字(x, y, z)的三元組表示一樣。以同樣的方式，我們表示n度空間中的點，對於任何自然數n，由n元組組成。如果您使用過電子試算表程序，那麼您就遇過這樣的n元組：在電子試算表格中顯示為行，n個數字中的每一個對應儲存資料的特定屬性。因此，電子試算表中的每一行指的是n度空間中的一個點（我們將在第十章中討論更多空間的各種尺度）。

如果群中的每個元素，都可以以一致的方式求得[10]其n度空間的對稱性，那麼我們就說該群具有「n維表示」（n-dimensional representation）。

事實證明，特定的組可以具有不同維度的表示法。基本粒子，可以組成8個家族和10個家族的原因，是已知群$SU(3)$具有八維和十維表示法。每個八隅體的8個粒子，由蓋爾曼、內埃曼（如第42頁圖表所示），以$SU(3)$的表示法，位於8度空間的8個座標軸一一對應。粒子的十隅體（decuplet）也是如此（但是粒子不能組合成7或11個粒子的家族，因為數學家已經證明群$SU(3)$沒有七維或十一維表示法）。

起初，這只是將粒子與類似特性的粒子組合起來的便捷方法。但隨後蓋爾曼推導得更遠。他假設這種分類方式背後有一個深層原因。他基本上說，這種方式之所以如此有效，是因為強子由較小的粒子組成——有時兩個夸克，有時三個夸克。物理學家

喬治・茨威格（George Zweig）也獨立提出了類似的建議〔他稱這些粒子為紙牌中的「王牌」（aces）〕。

這是一個令人驚歎的提議。不僅違背了人們的普遍觀念，認為質子和中子以及其他強子是不可分割的基本粒子，這些新粒子被認為具有分數電荷。這是一個令人震驚的預測，是因為之前沒有人見過這樣的粒子。然而，實驗很快就發現夸克，正如預測的那樣，夸克的電荷值為分數！

是什麼促使蓋爾曼和茨威格預測夸克的存在？是特殊么正群$SU(3)$表示的數學理論。具體來說，特殊么正群$SU(3)$有兩個不同的三維表示。（這就是為什麼這個群的名字中，有一個「3」的原因。）蓋爾曼和茨威格建議這兩種表示應該描述兩個家族的基本粒子：3個夸克和3個反夸克。事實證明，$SU(3)$的八維和十維表示法可以從三維建構。這為我們提供了解如何從夸克建立強子的精確藍圖——就像樂高積木一樣。

蓋爾曼將3個夸克命名為「上夸克」、「下夸克」和「奇異夸克」。[11]質子由兩個上夸克和一個下夸克組成，而中子則由兩個下夸克和一個上夸克組成，正如我們在第41頁的圖片中看到的那樣。第42頁圖表展示質子和中子等粒子的八隅體。其他八隅體中的粒子涉及奇夸克，以及上夸克、下夸克。還有一些由粒子組成的八隅體，這些粒子包含一個夸克和一個反夸克。

夸克的發現，是我們在作者序中討論過科學中的數學所扮演的重要角色的很好例子。粒子預測不是基於經驗資料，而是基於數學對稱模式。這是一個純粹的理論預測，在複雜的數學表現論

（theory of representations）的群$SU(3)$架構下提出的。物理學家花了很多年才掌握這個理論（事實上，起初對其有所抵制），但現在已成為基本粒子物理學的基礎。不僅提供了強子的分類，也導致了夸克的發現，永遠改變了我們對於物理現實的理解。

想像一下：看似深奧的數學理論能夠直指大自然的核心。怎能不讓我們著迷於這些微小物質的神奇和諧，驚歎於數學揭示宇宙內部運作的能力？

故事是這樣的，愛因斯坦的妻子艾爾莎（Elsa）在聽到威爾遜山天文台（Mount Wilson Observatory）的望遠鏡需要確定時空的形態時，說：「哦，我丈夫在舊信封的背面計算時空的形態。」

物理學家確實需要昂貴而複雜的機器，例如日內瓦的大強子對撞機，但令人驚訝的是，愛因斯坦和蓋爾曼等科學家使用了看似最純粹、最抽象的數學知識，以解開我們周遭世界最深奧的祕密。

無論我們是誰、相信什麼，我們都分享這些知識。它使我們更加緊密地聯繫在一起，並賦予我們對宇宙熱愛的嶄新意義。

第三章　第五道題

　　彼得羅夫的計畫完美地發揮了作用：我「轉變」（convert）學習數學。我學得很快，對數學研究越深入，就越著迷。越沉迷，我就越想知道。這就是當您墜入愛河時會發生的事情。

　　我開始定期與彼得羅夫會面。他會給我書讀，我每週都會在教育學院見他一次，討論我閱讀過的內容。彼得羅夫定期踢足球、冰球和排球。但像那時候的蘇聯男人一樣，他是個老菸槍。此後很長一段時間中，在我的腦海中，香菸的味道與做數學題目連結在一起。

　　有時我們的談話會持續到深夜。有一次，我們所在的教室被警衛鎖上了，他無法理解這麼晚了還會有人在裡面的狀況。在我們的討論中，我們一定深陷其中，沒有聽到鑰匙轉動的聲音。幸運的是，教室在一樓，我們設法跳窗出來。

　　那一年是1984年，我高中二年級。我必須決定申請哪所大學。莫斯科有很多學校，但只有一所大學學習純數學：莫斯科國立大學（俄語：Moskovskiy Gosudarstvenny Universitet），以其俄語縮寫MGU聞名。其著名的力學與數學系（俄語：Mekh-Mat），是蘇聯數學計畫的旗艦。

　　俄羅斯的大學入學考試與美國學生的SAT考試不同。莫斯科國立大學力學與數學系入學考試有四種：數學筆試、數學口試、文學論文寫作和物理口試。其他和我一樣畢業的高中生需要以最

高榮譽入學（在蘇聯，我們當時被授予金牌），在入學考試中獲得最高分5分，之後將自動接受入學。

那時我的程度已經遠遠超出了高中數學，所以看起來我會順利通過莫斯科國立大學的考試。

但我太樂觀了。第一次警告來自我曾就讀的學校，以信件的形式發出。這所學校幾年前由伊斯拉埃爾・蓋爾范德（Israel Gelfand）等著名的蘇聯數學家組織（我們稍後會詳細討論他）。這所學校宗旨在協助那些像我一樣住在大城市以外的學生，無法進入特殊數學學校而設計。每個月，參與學生將收到一本小冊子，其中闡明了在學校學習所用且更深入的教材。這也包含了一些問題，比一般學生在學校討論的內容更難，需要練習解決，並且郵寄回來。評分者（通常是莫斯科大學的大學部學生）閱讀這些答案，並將其評分後交還給學生。我在這所學校註冊了三年，在另一所學校也註冊了三年，另一所學校更加以物理為導向。這對我來說是一個有用的資源，儘管學習材料與在學校學習的內容非常接近（與我正和彼得羅夫私下學習的內容不同）。

我從這所函授學校收到的信很短：「如果你想申請莫斯科大學，請來我們的辦公室，我們將很高興為你提供建議」，並給了莫斯科國立大學校園的地址和會面時間。我收到信件不久後，就搭了兩個小時的火車前往莫斯科。學校的辦公室是一個大房間，裡面有一堆辦公桌和許多人在工作、打字和修改論文。我介紹了自己，拿出我的邀請信，立刻被帶到了一個身材矮小的年輕女人面前，約三十歲出頭。

「你叫什麼名字?」她以打招呼的方式說。

「愛德華‧弗倫克爾。」(當時我用的是俄文版的愛德華。)

「你想申請莫斯科國立大學嗎?」

「是的。」

「哪個系?」

「力學與數學系。」

「我懂了。」她垂下眼簾,問道:

「那你的國籍是什麼?」

我說:「俄國人。」

「真的嗎?你父母的國籍是什麼?」

「嗯……我母親是俄羅斯人。」

「那你父親呢?」

「我的父親是猶太人。」

她點點頭。

這段對話對您來說可能聽起來很超現實,而當我現在寫下時,我也覺得很超現實。但在1984年左右的蘇聯——記得歐威爾嗎?[1]——問某人他或她的「國籍」並不奇怪。所有蘇聯公民都必須攜帶國內護照。對他們來說,實際上有一條特殊的「國籍」欄——是在(1)名字、(2)父親名、(3)姓氏,以及(4)出生日期等四欄之後出現的,因此——「第五欄」(俄語:pyataya grfa)。國籍也曾經必須記錄在一個人的出生證明上,連同父母親的國籍。如果他們的國籍不同,就像我一樣,那麼父母必須選擇給予孩子哪一個國籍。

出於所有意圖和目的，第五欄是詢問一個人是否是猶太人（其他民族，例如韃靼人、亞美尼亞人，也會受到偏見和迫害——儘管規模不及針對猶太人的種族偏見和迫害——也是透過這種方式辨識）。我的第五欄說我是俄羅斯人，但我的姓氏是我父親的姓氏，聽起來明顯是猶太人的姓氏——暴露了我的身分。

　　值得注意的是，我的家人根本沒有宗教信仰。我的父親不是在傳統宗教中長大的，我也不是。事實上，當時宗教幾乎不存在。大多數基督教東正教教堂被摧毀或是關閉。在現存的少數教堂之中，人們可以通常只能找到一些老奶奶，例如我的祖母。她偶爾會去教會參加禮拜活動。猶太會堂很少；我的家鄉甚至沒有猶太會堂。人口接近一千萬的莫斯科，只有一座猶太會堂。[2]去教堂或者猶太會堂非常危險，一個人可能會被特殊的便衣特工發現，然後惹上很多麻煩。因此，當某人被稱為猶太人時，這不是宗教意義上的，而是種族意義上的，或是在「血統」意義上的。

　　即使我沒有使用我父親的姓氏，無論如何，我的猶太血統都會被招生委員會挑出來，因為申請表格特別要求提供父母雙方的全名。那些全名包括父親名；也就是說，包含申請人祖父母的名字。我父親的名字是約瑟夫，聽起來毫無疑問是那個時代蘇聯的猶太人，所以這是另外一種找出答案的方法（如果他的姓氏沒有洩露我的出身的話）。系統是這樣設定標記，那些至少有四分之一是猶太人血統的人。

　　根據這個定義確定我是猶太人後，這位女士說：「您知道莫斯科大學不錄取猶太人嗎？」

「您是什麼意思？」

「我的意思是你根本不應該申請。不要浪費你的時間。他們不會讓你進去的。」

我不知道該說什麼。

「這就是您給我寄這封信的原因嗎？」

「是的。我只是想幫助你。」

我環顧四周。很明顯，即使他們沒有仔細聽，辦公室裡的每個人都知道我們說什麼，這次談話的內容也是如此。這樣的事情已經發生過幾十次了，大家似乎都已經習慣了。他們所有人都把目光移開，彷彿我是一個末期病患。我的心沉了下去。

我以前遇到過反猶太主義，但是反個人的，而不是機構層面的歧視。當我五年級時，我的一些同學開始嘲笑我是「猶太人、猶太人」（俄語：evrey, evrey）。我認為他們不知道這是什麼意思（從他們中的一些人混淆了evrey這個詞，這一事實可以清楚地看出，他們的意思是「猶太人」，但是語意是「歐洲人」（俄語：evropeyets）——他們一定聽過父母或其他成年人的反猶言論（不幸地，反猶太主義在俄羅斯文化中根深柢固）。我夠幸運，有幾個真正的朋友支持我，所以我實際上從未被這些惡霸毆打過，但這是一次不愉快的經歷。我太驕傲了，不敢告訴老師或是我的父母，但是有一天，老師無意中聽到，並且介入。結果，校長立刻告誡那些孩子，嘲笑就停止了。

我的父母聽說過大學入學前對於猶太人的歧視，但不知道什

麼原因，他們並沒有太關注這一點。在我的家鄉，本來就沒有多少猶太人，而且我父母聽說過物理學科的歧視案例。一個典型的論點是猶太人不被那裡接受，因為這些計畫中的項目和核子研究有關，因此也與國防和國家機密有關；政府不希望這些地區的猶太人介入，因為猶太人可以移民到以色列或其他地方。按照以上邏輯，這不應該成為否定學習純數學學生入學的理由。顯然，有人就這麼硬幹了。

我在莫斯科大學的談話一切都很奇怪。而我不只是談論卡夫卡式（Kafkaesque）奇異的面向。我可以得到結論，和我交談的女士只是試圖透過警告我們，來協助我和其他學生即將發生的事情。但是事實真的是如此嗎？請記住，我們正在談論1984年，當時共產黨和克格勃（KGB，前俄羅斯聯邦安全局）仍然緊密相連，控制了蘇聯生活的方方面面。國家官方政策是所有民族都是平等的，如果公開提出，會將一個人置於危險之中。然而這個女人卻平靜地對我這個陌生人說起了這件事。她才剛認識我，似乎也不擔心被她的同事們偷聽。

此外，莫斯科國立大學的考試總是比其他學校提前一個月安排。因此，在莫斯科國立大學入學考試失敗的學生，仍然可以有機會申請其他大學。為什麼有人會試圖說服他們，甚至不會嘗試一下？聽起來好像有一些強大的力量試圖嚇唬我和其他猶太學生滾開。

但是我不會被嚇倒。在詳細和爸媽討論了這一切之後，爸媽和我都覺得我也沒有什麼好失去的。無論如何，我們決定我要申

請莫斯科國立大學，只是希望一切順利。

七月初的第一次考試是數學筆試，由五個問題組成。第五道題被認為是致命無法解決的問題，像是考試的第五要素。但我都會答，包括第五道題。我意識到很有可能無論誰給我的考試評分，都可能對平均水準產生偏見，並試圖在我的解決方案中找出差距，我將所有內容都寫得極為詳細。然後我檢查了好幾遍，並且仔細檢查了我所有的論點和計算式，以確保我沒有犯任何的錯誤。一切看起來都很完美！在回家的火車上，我心情很樂觀。第二天我告訴彼得羅夫我的解題方案，他確認一切都是正確的。看來我有很好的開始。

我的下一個考試是數學口試，訂於1984年7月13日的黑色星期五舉行。

那天的很多細節我記得很清楚。考試安排在中午過後，當天早上我和母親一起從家裡坐火車過去。我在考試前幾分鐘進入了莫斯科國立大學的考場。這是一間普通教室，大概有十五到二十位考生，還有四、五位監考官。考試開始時，我們每個考生從考場前面桌子上的一大堆紙中，抽出一張紙。每張考卷上寫兩個問題，並且將空白面朝上。就像抽彩券一樣，所以我們把這張紙稱為「入場券」（俄語：billet）。總共大概有一百道問題，都是事先知道的。我並不真正關心我會抽到哪一張試題，因為我對這些材料瞭如指掌。抽完試題之後，每位學生必須坐在一張桌子前，用會場提供的白紙應試。

我的試卷上的問題是：（1）三角形內接一個圓，並且使用半徑計算三角形面積的公式；（2）兩個函數的比率的導數，求切線斜率（只有公式）。我已經準備好回答這些問題了，我就算睡著了也可以回答這些問題。

我坐下來，在一張紙上寫下幾個公式，然後歸納我的想法。這大約花了我兩分鐘的時間。我沒有必要準備更多答案，因為我已經準備好了。我舉起了手。有好幾位考官在考場中，他們都在等待學生舉手。但是很奇怪，他們都假裝沒看到我，就好像我是空氣，不存在一樣。我坐在位子上舉手，他們看著我，卻沒有反應。

然後，大約十分鐘後，其他幾個孩子舉起了手，他們一舉手，考官們就衝了過去。審查委員會的考官們坐在學生旁邊，聽他們回答問題。他們離我很近，所以我能聽到他們的聲音。考官們非常有禮貌，大多是點頭稱是，只是偶爾再詢問後續的問題。這都沒有什麼不尋常的。當學生回答完試卷問題後（大約十分鐘後），考官會給他們一個仍然需要解決的問題。這些問題看似簡單，大多數的學生立即解決了這些問題。就是這樣！

最開始的幾個學生已經高興地走了，顯然已經得到了最高分5分，而我仍然坐在那裡。最後，我逮到了一位剛要路過的考官，他是一位年輕的小夥子，看起來像是剛取得學位的新科博士，尖銳地問他：「您為什麼不跟我說話？」他看起來急著要走開，輕聲說道：「抱歉，我們不可以和您說話。」

考試開始一個多小時後，兩名中年男子走進了考場。他們輕

快地走到房間前面的桌子前,向坐在那裡的審查委員會的考官們自我介紹。他們點點頭,指著我。很明顯地,這兩位口試委員就是我一直在等待的人:我的裁判官。

他們來到我的辦公桌之前,做了自我介紹。一位是瘦的,說話速度很快;另外一位稍胖,留著大鬍子。

「好吧,」那個精瘦的男人開始說了——大部分時間,都是他在說話——「我們現在要幹嘛?第一個問題是什麼?」

「三角形內切圓,並且……」

他打斷我的話:「圓的定義是什麼?」

他非常具有攻擊性,這與其他口試委員對待學生的方式,形成鮮明的對比。而且其他口試委員之前也沒有讓考生有機會完整回答試卷上的問題。

我說:「圓是同一平面內到定點的點的集合。」

這是標準的定義。

「錯了!」男人高興地說。

這怎麼可能是錯的呢?他等了幾秒鐘,然後說:「它是同一平面內到定點的所有點的集合。」這聽起來像是對單字的過度解析——這是我惹上麻煩的第一個跡象。

「好吧,」那人說,「三角形的定義是什麼?」在我下了這個定義之後,他思考了這個問題,毫無疑問是想搞清楚,如果他能夠更挑剔一點,他繼續說:「三角形內切圓的定義是什麼?」

這引導我們定義了切線,然後只是「一條線」,然後還扯了其他事情。很快,他就問我關於歐幾里德第五公設(Euclid's

fifth postulate），有關於平行線的獨特性問題，這甚至不是高中課程的一部分！我們正在談論與考題根本不相近的問題，試題上的內容遠遠超出了我應該知道的範圍。

我所說的每一句話，都受到質疑。每個概念都必須要定義，如果定義中使用了另外一種概念，然後我立即被要求要重新定義。

不用說，如果我的姓是伊凡諾夫，我永遠不會被問到任何問題。回想起來，我應該謹守防線立即抗議，並且告訴口試委員他們已經超出底線。但是，現在說起來很容易。我當時只有十六歲，這些傢伙比我大二十五歲左右。他們管理莫斯科國立大學的入學考試，我覺得有義務盡我所能，回答他們詢問的問題。

經過近一小時的審問，我們進入試題中第二個問題。這時，其他學生已經離開，考場中空無一人。顯然地，我是那個考場中唯一需要被「特別照顧」的學生。我猜他們試圖安置每一位猶太學生，這樣就不會超過其中兩個人，在同一處考場。

第二題要我寫出兩個函數的比率導數的公式，沒有人要求我下任何的定義，或是要證明。問題說的具體，只是公式。但當然，口試委員們堅持要我向他們解釋微積分課本的一整章。

「導數的定義是什麼？」我給出的標準定義，涉及極限的概念。

「極限的定義是什麼？」然後，「什麼是函數？」等諸如此類的問題。

莫斯科國立大學入學考試中的種族歧視問題是許多坊間書籍的主題。例如，在馬克·索爾在他發表於《美國數學學會通訊》（*Notices of the American Mathematical Society*）中犀利深刻的文章中，[3]以我的故事作為例子。他巧妙地將我的考試與《愛麗絲夢遊仙境》（*Alice in Wonderland*）中紅皇后審問愛麗絲的情景相提並論。我知道答案，但是在這場比賽中，我所說的一切都對我不利，我不可能會贏。

關於這個主題的另一篇文章，[4]記者喬治·斯皮羅（George G. Szpiro）在《通訊》（*Notices*）寫下這些評論：

> 猶太人──或者名字聽起來像猶太人的申請者──在考試中被挑選出來，受到特殊對待。這些入學考試在口試中設置了重重障礙。不受歡迎的應考考生會被問到很難回答，或是需要長時間運算的「必殺考題」。有些問題無法解決，是模稜兩可的，或是根本沒有正確的答案。這些考題不是為了測試應考考生的技能，而是為了淘汰「不受歡迎的考生」。口試委員苦苦逼問，這種不公平的詢問常常持續五、六個小時，儘管根據法令他們應該在三個半小時內完成。即使應考考生的答案是正確的，口試委員總是能找到讓他失望的理由。
>
> 有一次，有一位考生未能回答「圓的定義是什麼？」的問題，因為他回答「到定點等距的點集合」。口試委員給出的正確答案是「到定點等距的所有點的集合」。在另

外一回合，對同一問題的回答被認為不正確，因為考生未能規定距離必須非零。當被問及方程式的解，答案「1和2」被宣布為錯誤，根據口試委員的說法，正確的答案是「1或2」。在另一個場合，同一位口試委員告訴另一名學生完全相反：「1或2」會被視為錯誤的答案。

回到我的考試。又過了一個半小時，其中一位口試委員說：「好吧，我們的問題已經問完了。這是我們希望你解決的問題。」他給我的問題非常困難，解決方案需要使用所謂的常微分方程式斯圖姆定理（Sturm principle），而這在學校裡我並沒有學過。[5]

我從函授課程中知道這個問題，所以我能夠解題。我正在做最後的計算，口試委員回來了。

「你算好了嗎？」

「快要。」他看了我的計算，毫無疑問地認為我的解決方案是正確的，我剛剛完成計算。

「您知道嗎，」他說，「讓我再給您一個問題。」

奇怪的是，第二個問題比第一個問題還要難兩倍。我還是能解出來，但是中途口試委員又打斷了我。

「還沒做出來嗎？」他說：「試試這個。」

如果這是一場拳擊比賽，其中一名拳擊手被壓在角落裡，渾身是血，拼命試圖抵擋住一連串的拳頭落在他的身上，那就是相當於最後的致命一擊。乍看之下，這個問題看起來很簡單：假設

一個圓，以及圓外平面上的兩個點，畫出另外一個圓，這個圓要穿過這兩個點，並接觸第一個圓。

但解決方案實際上相當複雜。即使是專業數學家，也不一定能夠立即解決。一個人必須要使用稱為反轉的技巧，或是遵循複雜的幾何結構。這些方法不是高中學過的，所以這個問題不應該納入本次考試的試題。

我了解反轉，並意識到我可以將其應用在這裡。我已開始解決這個問題，但幾分鐘後我的口試委員回來了，然後坐在我旁邊。其中一位說：「你知道，我剛剛和招生委員會的副主任談過。委員會和我告訴了他你的案子。他問我為什麼我們還在浪費我們的時間……看，」他拿出一張看起來很正式的表格，上面寫著一些註記——這是我第一次看到。

「關於你考卷上的第一個問題，你沒有給我們一個完整的答案，你甚至不知道一個圓的定義。所以我們必須加註一個減號。關於第二個問題，你的知識也不扎實，但好吧，我們給你一減號和一加號。你不能完全解決第一個問題，沒有解決第二個問題。第三個問題呢？你也沒有解決。你看，我們別無選擇，只能讓你失望了。」

我看了看手錶。距離開始考試，已經過了四個多小時了。我已經筋疲力盡了。

「我可以看看我的筆試嗎？」

另一個人回到主桌，並帶來了我的試卷。他把試卷放在我面前。我翻開試卷時，感覺自己身處在超現實主義電影的世界中。

所有答案和解決方案都是正確的。但試卷上有許多用鉛筆寫的評論——這樣就可以輕鬆抹掉痕跡——但這些評論都很荒謬,像是在練習對我開玩笑。其中一個評論至今仍在我腦海中浮現:在計算之中,我寫了$\sqrt{8}>2$。旁邊有一則評論:「未經證明。」「真的嗎?其他評論也好不到哪裡去。五個問題都解決了,他們給我打了多少分,答案都正確嗎?不是5,不是4,而是3。在俄國相當於C。他們竟然給我C?

我知道這一切都結束了。我無法對抗這個體制。我說:「好吧。」

其中一名男子問道:「你不申訴嗎?」

我知道有一個申訴委員會。但這有什麼意義呢?或許,我可以把筆試成績從3分提高到4分,但如果申訴的話,口試的結果將會更難:這是他們警告我的。即使我可以將等級提高到3,那又怎麼樣?我還剩下兩次考試,他們還是可以抓到我。

以下是喬治・斯皮羅在《通訊》中所寫的內容:[6]

> 如果申請人克服重重困難,成功通過了筆試和口試,他仍然可能在俄語文學寫作中失敗,因為其常見的評語是「主題尚未充分闡述」。在極少數例外情況下,對於否定入學的決定,考生提出申訴,幾乎沒有成功的機會。最好的情況是他們被忽略,最糟糕的情況是申請人因被認為「蔑視考官」而遭到懲罰。

還有一個更大的問題是：我真的想就讀一所這樣的大學嗎？到底是誰竭盡全力阻止我去那裡？我說：「不。實際上，我想撤回我的申請。」

他們的臉都亮了。不會申訴，意味著對他們來說，減少更多的潛在麻煩。

「當然，」那個健談的人說道，「我馬上就幫你拿東西。」

我們走出房間，進入電梯。門關上了。只有我們兩個人。口試委員的心情顯然不錯。他說：「你做得很好。真是令人印象深刻的表演。我想知道：你去過特殊數學學校嗎？」我在一個小鎮長大；我們沒有特殊的數學學校。

「真的嗎？也許您的父母是數學家？」

不，他們是工程師。

「有趣……我還是第一次見到這麼厲害的學生，沒有去過特殊的數學學校。」

我簡直不敢相信他說的話。這個男人剛剛才讓我考不上。這是一場管理不公平、帶有歧視性、令人筋疲力盡、長達近五個小時的考試。據我所知，他扼殺了我成為數學家的夢想。我是一名十六歲的學生，唯一的「缺點」是我來自猶太家庭……而現在這傢伙在恭維我，並且期待我向他敞開心扉？！

但我能做什麼呢？罵他，一拳揍他臉上？我只是站在那裡，沉默且震驚。他繼續說：「讓我給您一些建議。前往莫斯科石油天然氣學院。他們有應用數學非常好的課程，他們會錄取你這樣的學生。」

電梯門打開了。一分鐘之後,他把厚厚的申請書件還給我,還夾雜著一堆我學校的獎盃和獎品。

　　「祝您好運,」他說。但我太累了,無法回答。我唯一的願望,是離開那裡!

　　然後我到了外面,在莫斯科國立大學大樓外頭巍峨的階梯上。我再次呼吸著夏天的新鮮空氣,聽到了從遠處傳來的大城市的聲音。天快黑了,幾乎沒有人。我立刻就看到了在台階上焦急等待我的父母。從我臉上的表情和握在我手中的文件夾,他們立刻就知道裡面發生了什麼。

第四章　石油天然氣學院

那天晚上,考試結束後,我和父親母親很晚才回家。我們仍然處於最初的震驚,對於發生的一切難以置信。

這對我的父母來說,是一段痛苦的經歷。我一直和他們很親近,他們總是給我無條件的愛和支持。他們從來沒有催促我更努力學習或選擇特定的職業,而是鼓勵我追求我的熱情。當然,他們為我的成就感到自豪。對於這場不公平的考試,他們感到震驚,也因此感到無法保護他們的兒子。

三十年前,也就是1954年,我父親的夢想是成為理論物理學家,但這個夢想因不同的原因而被無情地粉碎。數以百萬計的無辜人民,包括他的父親,我的祖父,都是史達林（Joseph Stalin）迫害的受害者。1948年,祖父擔任補給主任,因為被捏造的罪名,想要炸毀高爾基〔Gorky,現在的下諾夫哥羅德（Nizhny Novgorod）〕的大型汽車工廠,遭到逮捕。起訴書唯一的「證據」是他被捕時帶著一盒火柴。他被送到俄羅斯北部煤礦的勞改營,也就是索忍尼辛（Aleksandr Isayevich Solzhenitsyn）和其他作家所生動描述的古拉格群島。他被視為「人民公敵」,因此,我的父親成為了「人民公敵的兒子」。

我的父親有義務在申請高爾基大學物理系時寫下這段經歷。儘管他以優異的成績完成了高中學業,應該自動錄取,但結果面試沒有通過,唯一目的是篩選「人民公敵」的親屬。我的父親被

迫去一所工程學校就讀〔像其他的工程師一樣，他的父親後來依據1956年頒布的法令，被赫魯雪夫（Nikita Khrushchev）平反並釋放，但那時已經來不及彌補這種不公不義〕。

三十年後的今天，他的兒子也不得不經歷類似的經驗。但是我們沒有時間自艾自憐，我們必須迅速決定下一步該怎麼做。接下來，第一個問題是我應該申請哪一所學校。這些學校的考試都在八月，同時舉行，大約是在兩週後，我只能報考一所。

第二天一早，我的父親很早就起床了，然後就回到了莫斯科。他拿了我在莫斯科國立大學口試委員的推薦信。聽起來像是口試委員願意協助我，以作為對我歧視的部分補償。所以當我的父親抵達莫斯科後，他就直接去了石油天然氣學院的招生辦公室，[1]設法找到同事願意與他私下交談，並且描述我的情況。這位同事說他知道莫斯科國立大學的反猶太主義，表示石油和天然氣研究所沒有這些反猶太主義。他接著說，應用數學專業的申請者水準相當高。由於像我這樣的大量學生沒有被莫斯科國立大學錄取，這一場入學考試，絕非易事。但是，他說，「如果您的兒子像您說他是被歧視，他就會被錄取。這裡入學考試不存在對於猶太人的歧視。」

「不過，我必須警告您，」他在談話結束時說道，「我們的研究所的學習是由不同的人員負責的，我認為您的兒子可能不會被研究所錄取。」

但這是五年之後才需要擔心的事情，太遙遠了。

我的父親在莫斯科的其他幾所學校學習應用數學課程，但他

發現在石油天然氣學院的觀感完全不同。所以當他那天晚上回到家，並告訴我和我和我母親這個消息，我們立即決定我要申請石油天然氣學院應用數學系。

該學院是莫斯科十幾所培養技術人員的學校之一，適用於冶金學院、鐵路工程師學院（在蘇聯，許多學院被稱為機構）。從1960年代末開始，莫斯科國立大學的反猶太主義「為猶太學生另闢蹊徑的數學課程，」馬克‧索爾（Mark Saul）在他的文章中寫道，[2]石油天然氣學院「因為其他大學的反猶太政策，開始迎合這些市場，歡迎程度更好的學生入學」。馬克‧索爾解釋：

> 石油天然氣學院的暱稱Kerosinka，反映了（他們的）驕傲和憤世嫉俗。煤油是一種燃燒煤油的空間加熱器，這是一種低技術，但是有效的應對逆境的方法。該學院的學生和畢業生很快就被稱為「煤油」（kerosineshchiks），學校成為熱衷於數學的猶太學生的避風港。
>
> 命運是如何選擇石油天然氣學院，形成這麼多人才的寶庫的呢？這個問題並不容易回答。由於猶太人被排除在莫斯科國立大學之外，我們知道其他機構受益。我們也知道，這種排他性政策是一種有意識的行為，剛開始可能會引起某些人的注意和抵制。對一些機構來說，繼續接受猶太學生，比制定新政策更容易。但是一旦這種現象愈演愈烈，並且在石油天然氣學院出現了一群猶太學生，為什麼會被容忍？也許是祕密警察（克格勃）陰謀鎖定猶太學生

在一、兩個地方，受到監視。但其中某些動機可能更為合理：大學行政主管可能看到了某個優秀的系所正在發展，並且竭盡所能進行保護。

我相信最後一句話更準確。石油天然氣學院院長的弗拉基米爾‧尼古拉耶維奇‧維諾格拉多夫（Vladimir Nikolaevich Vinogradov），這位聰明的管理者以招募創新教學、研究及在課堂上使用新技術的教授而聞名。他制定了所有考試（包括入學考試）政策為筆試。當然，即使筆試機會也可能被濫用（就像我在莫斯科國立大學筆試的情況一樣），但這項政策可以防止我在莫斯科國立大學口試經驗中的那場災難。如果這是維諾格拉多夫個人決定不歧視猶太申請者，我不會感到驚訝。如果真是如此，這需要善意，甚至可能需要一些道德勇氣。

正如預料的那樣，入學考試中似乎沒有歧視。第一次考試（數學筆試）後，我被錄取了，我得到了5分，也就是說，我得到了A（第一次考試中獲得A的金牌得主會被直接錄取）。奇怪的是，這5分對我來說並不容易，因為我的解題顯然被錯誤地輸入到自動評分系統中，結果我的成績最初被記錄為4，即B。申訴程序意味著要排幾個小時的隊，各種不好的念頭在我腦海中盤旋。但一旦我開始向委員會申訴，他們發現錯誤、迅速修正成績並致歉，我的入學考試傳奇性地結束了。

1984年9月1日，新學年開始，我認識了新同學。每學年應用

數學系只錄取五十名學生（相比之下，莫斯科國立大學力學與數學系錄取接近五百名學生）。許多同學和我有相同的經歷，他們都是周遭最聰明、最有才華的數學學生。

除了我和另一位來自基希訥烏的學生米夏‧斯莫利亞克（Misha Smolyak）成為宿舍室友外，其他人都來自莫斯科。那些居住在莫斯科以外的人，只有在高中畢業時獲得金牌，且具備資格才能申請，幸運的是我獲得了金牌。

我的許多同學曾在莫斯科最好的學校學習過特殊數學課程，例如第57號學校、第179號學校、第91號學校，以及第2號學校。他們後來成為職業數學家，現在擔任世界上一些最好的大學的教授。就在我的課堂上，有我們這一代最優秀的數學家之一：帕維爾‧埃廷戈夫（Pasha Etingof），現為麻省理工學院教授；迪瑪‧克萊因博克（Dima Kleinbock），布蘭迪斯大學教授；以及米莎‧芬克爾伯格（Misha Finkelberg），莫斯科高等經濟學院教授。這是一個非常刺激的環境。

石油天然氣學院教授高水準的數學和基礎課程，例如分析、泛函分析和線性代數，教學嚴謹，和莫斯科國立大學一樣嚴格。但是並不教授純數學，包括幾何學和拓撲學等課程。石油天然氣學院只提供應用數學課程，所以我們的教育針對特定領域，尤其是針對石油和天然氣勘探和生產的應用。我們不得不選修許多應用方向的課程：最佳化、數值分析、機率和統計，還有一個大型的電腦科學課程。

我很高興有機會接觸這些應用數學課程。這告訴我，「純

粹」與「應用」數學之間並沒有真正的明顯差異；高品質的應用數學，總是基於複雜的純數學。但是，無論這段經歷多麼有用，我都無法忘記我的真愛。我知道我必須找到一種方法來學習石油天然氣學院的純數科目。

當我和其他學生成為朋友時，解決方案就出現了，包括那些就讀於莫斯科著名特殊數學學校的學生。我們交換了故事。這些是猶太學生（根據我之前描述的標準），也像我一樣在考試中無情地失敗，而所有非猶太同學都被莫斯科國立大學錄取了。透過其他學生，他們知道莫斯科國立大學力學與數學系的哪些課程開得很好，以及講座的地點和時間。所以在石油天然氣學院的第二週，我的同學（我認為是迪瑪・克萊因博克）站在我面前說：「嘿，我們要去莫斯科國立大學旁聽基里洛夫（Alexander Alexandrovich Kirillov）的課程。要跟我們一起去嗎？」

基里洛夫是一位著名的數學家，我當然想上他的課。但我不知道如何進入這棟宏偉的建築。莫斯科國立大學警力戒備森嚴，需要持有特殊身分證件才能進入。

「不用擔心，」我的同學說，「我們會翻過柵欄的。」

這聽起來既危險又令人興奮，所以我說：「當然。」

建築物一側的柵欄相當高，高達二十英尺，但在金屬柵欄彎曲處，可以鑽進去。我們通過側門，進入大樓，經過長長的迴廊，最後到達廚房。從那裡，穿過廚房，盡量不吸引自助餐廳廚工的注意，然後進入入口大廳。乘坐電梯到十四樓，講堂所在。

亞歷山大・亞歷山德羅維奇・基里洛夫〔或聖桑尼奇（San Sanych），因為他喜歡被親切地稱呼為聖桑尼奇〕是一位有魅力的講師，一位偉人。我認識他幾年後，就和他很熟了。我認為他依據他著名著作的思路研究表現論，正在教授標準的大學部課程。他還教授研究生專題討論課程，我們也都參與了。

　　感謝基里洛夫的善心，我們才能夠旁聽他的課程。他的兒子舒里克（現在是紐約石溪大學教授）與我的同學迪瑪・克萊因博克和西馬・霍金就讀於第179號特殊數學學校。不用說，基里洛夫了解莫斯科國立大學的招生情況。多年後他告訴我，他對此無能為力。他們不讓他靠近招生委員會，這主要是由共產黨官員組成。所以他所能做的就是讓我們潛入他的課堂。

　　基里洛夫盡力讓石油天然氣學院的學生來聽他的講座，讓我們感到賓至如歸。我大學第一年最美好的回憶之一就是參加他生動的講座和研討會。我還參加了亞歷山大・魯達科夫（Alexander Rudakov）舉辦的研討會，也是一段很棒的經驗。

　　同時，我在石油天然氣學院學習所有能夠學到的數學知識。我住在宿舍，但週末回家，這讓我感到滿足。每隔幾週，我會和彼得羅夫聯繫一次。他建議我閱讀一些書，並向他報告我的進度，但我很快就看完了。為了保持我的動機，我需要找到一位顧問，可以更經常地與他會面，不僅僅是從中學習，還能解決遇到的問題。因為我不在莫斯科國立大學力學與數學系，無法使用大學提供的大量資源。而當時我太害羞，不敢接近像基里洛夫這樣的學者，請他指導我的獨立研究或給我一個要解決的專題。我感

覺自己像個局外人。到了1986年春季學期（我在石油天然氣學院的第二年），我開始出現自滿和停滯。面對所有困難，我開始懷疑自己能否實現成為數學家的夢想。

第五章　解決方案的主軸

有一天,在石油天然氣學院課間休息時,我開始感到絕望。我們最受尊敬的數學教授之一,亞歷山大‧尼古拉耶維奇‧瓦爾琴科(Alexander Nikolaevich Varchenko),在走廊上向我走來。瓦爾琴科是弗拉基米爾‧阿諾德(Vladimir Arnold)的學生。阿諾德是蘇聯知名數學家之一,他是一位世界級數學家。

「您有興趣解決數學問題嗎?」他問。

「是的,當然,」我說,「什麼樣的問題?」好像我不會樂意地做任何事。

「我的研究中出現了一個問題,我認為這是一個給像您這樣的聰明學生的好問題。有關這個問題的專家是德米特里‧鮑里索維奇‧富克斯(Dmitry Borisovich Fuchs)。」這是一位著名數學家的名字,我以前聽說過。「我已經和他談過了,他也同意監督學生對這個主題的研究。這是他的電話號碼。給他撥電話,他會告訴你該怎麼做。」

對於像瓦爾琴科這樣經驗豐富的數學家來說,在他們的研究中解決各種尚待解決的數學問題是常見的。如果瓦爾琴科的問題與他自己的研究計畫密切相關,他可能會嘗試自己解決這個問題。但是沒有一個數學家能獨自包辦一切,所以數學家經常委託一些此類尚待解決的問題(特別是他們認為對學生來說比較簡單的問題)。有時一個問題可能無關教授的直接利益,儘管如此,

他們可能仍然對此感到好奇，就像我的問題一樣。那就是為什麼瓦爾琴科聘請了這方面的專家富克斯來指導我。總之，這在很大程度上是數學世界社會運作中的典型「交易」。

實際上不同尋常的是，富克斯並沒有正式隸屬於任何大學任教。但是多年來，富克斯一直與許多頂尖數學家合作，私下教導年輕有才華的猶太學生，試圖減輕因為種族歧視，猶太學生無法進入莫斯科國立大學的負面影響。

富克斯努力參與了後來被稱為「猶太人民大學」的活動，這是一所非官方的夜間部學校，他和他的同事就在那裡為學生提供講座課程。其中有一些講座甚至是在石油天然氣學院舉行的，儘管這是在我入學之前的事。

這所夜間部學校是由一位勇敢的女性貝拉・穆奇尼克・蘇博托夫斯卡婭（Bella Muchnik Subbotovskaya）創辦的。她是這所學校的核心和靈魂。不幸的是，祕密警察克格勃注意到了此事，引起了對猶太人未經授權集會的警惕。她最後被叫到克格勃接受審問。不久之後，她在非常可疑的情況下被一輛卡車撞死，這導致許多人懷疑這實際上是一場冷血謀殺。[1]沒有她掌舵之後，學校就倒閉了。

在這一系列悲劇發生兩年之後，我來到了石油天然氣學院。儘管夜校已經不存在了，仍然有一個專業數學家的小型網絡，協助像我這樣不幸遭到遺棄的個人。他們尋找有前途的學生，並給予他們激勵和鼓勵，在某些情況下，還包括全面的指導和建議。這就是瓦爾琴科願意將這個問題交給我這名石油天然氣學院學

生,而不是莫斯科國立大學力學與數學系學生的原因。在那裡,透過他的關係,他本來可以很輕易地找到一位願意接受這門課的學生。這也是為什麼富克斯願意投入他的個人時間來監督我。

我很高興他做到了。回顧過去,我很清楚,如果沒有富克斯的善良和慷慨,我永遠不會成為數學家。我雖然在石油天然氣學院學習數學,並且旁聽莫斯科國立大學的講座,但這還是不夠。事實上,如果沒有人願意指導學生的工作,學生幾乎不可能完成自己的研究。擁有一位顧問是絕對必要的。

但當時我只知道我手上有著名數學家富克斯的同事的電話號碼,我正準備著手進行由他監督的計畫。這太難以置信了!我不知道這會從哪裡開始,但我立刻就知道即將要發生大事。

那天晚上,我鼓起勇氣,用付費電話撥通了富克斯的電話,並且自我介紹。

「是的,我知道」,富克斯說,「我有一篇論文要給你閱讀。」

第二天我們見面了。富克斯有著巨人般的外貌,但並不完全如我所想像的那樣。他看起來更像是一位商人。

「在這裡,」他遞給我一篇文章的單行本,「試著讀這篇文章,遇到不懂的詞彙就打電話給我。」

我感覺他剛剛把聖杯遞給我了。

這是一篇十幾頁長的文章,是他好幾年前寫的,主題是「辮群」(braid groups)。那天晚上我就開始閱讀。

前三年我跟隨彼得羅夫學習,我的努力沒有白費。我不僅懂

了標題的所有單詞,也能理解內容。我決定嘗試獨立閱讀,這是驕傲之舉。我已經在想像當我告訴富克斯我了解一切時,他一定會印象深刻。

我以前聽過「辮群」。這些都是群體概念的好例子,我們在第二章討論過。彼得羅夫在對稱性的背景下引入了這個概念,並認為群是某物體的對稱性。例如,圓群由圓桌(或其他圓形物體)的對稱性組成,四個旋轉群是正方形桌子(或其他方形物體)的對稱群。一旦我們有了「群」的概念,我們就可以尋找其他例子。事實證明,有很多群的例子與對稱性無關,這激發了我們研究的動機。這是一個典型的故事。數學概念的形成,可能源自數學的某個領域(或物理、工程等)的問題和現象,但後來很可能證明它在其他領域也非常有用。

事實證明,許多群並**不是**來自對稱性,而辮群就是這樣一種群。

我還不知道辮群在現實世界中的應用,稍後我們將討論密碼學、量子計算和生物學等領域的應用。但我被這些抽象數學的內在之美迷住了。

每個自然數n=1, 2, 3,...都有一個辮群,我們可以使用這些數字,可以為每個辮群命名。一般來說,我們稱它們為B_n,因此,對於n=1,我們有一個名為B_1的群,對於n=2,我們有一個名為B_2的群等。

為了描述B_n群,我們必須先描述它的元素,就像我們所做的圓形和方形桌子的旋轉對稱性。B_n群中的元素是所謂的n股之辮

（*braids with n threads*），如下圖所示，*n*=5。想像兩個堅固的透明板，每個透明板上的釘孔有5個，每個釘孔上綁一根線，這條線連接到另一個釘孔。由於板子是透明的，我們可以看到其中的每一條線。每條線都可以以任何方式進行纏繞，但不允許自我糾纏。每個釘孔必須連接剛好一條線。

整體來說——兩塊板和數條線——構成了一個單辮。就像汽車有四個輪子、一座變速器、四個車門等。我們不會個別考慮這些部分；我們關注的是整體之辮。

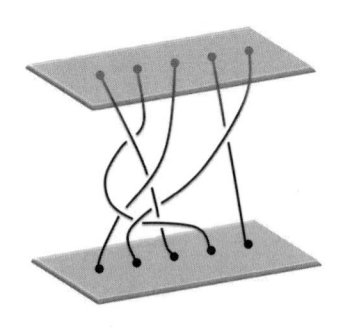

這些是有*n*根線的辮子。現在我們需要以*n*根線的所有辮子組成一個群。這意即我們需要描述如何製作兩條這種辮子的組成。換句話說，對於每對*n*根線的辮子，我們必須用*n*根線製作另一個辮子，就像應用兩次旋轉一樣，需要第三次旋轉。然後我們就會檢查其組合是否符合第二章所列之特性。

假設我們有兩條辮子。為了生產新的辮子，我們將其中一條放在另一條之上，對齊釘孔。然後我們拆掉中間的透明板，同時

將釘孔連接上層板子和下層板子。

由此產生的辮子的長度將是原來的兩倍,但這不是問題。我們只需要保持線的距離,使所得的辮子具有原來相同的高度,同時保留線相互纏繞的方式。所以!我們一開始有兩條辮子,後來做出了一條新的辮子。這是我們的辮群中兩條辮子的組成規則。

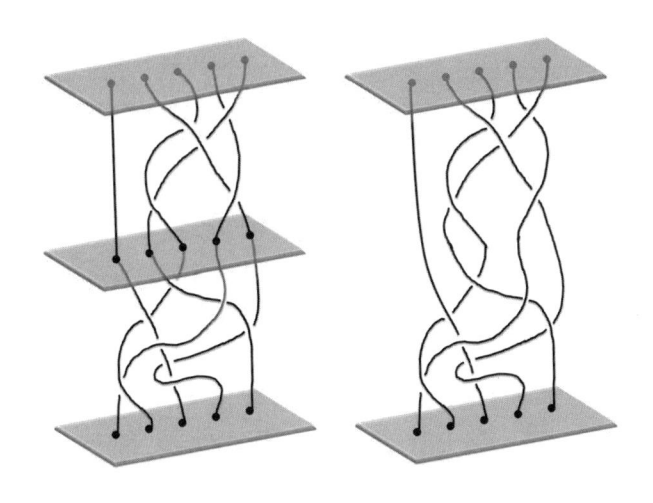

由於辮群不是來自對稱性,有時最好不要將這個計算視為「組合」(這在對稱群中是很自然的),而是將其視為「加法」或「乘法」,類似於我們計算數字。從這個角度來說,辮子就像數字一樣——如果您願意的話,這些都是「毛茸茸的數字」。

假設有兩個整數,我們可以將它們相加,產生一個新整數。同樣,假設有兩條辮子,如上所述我們按照規則生成一條新辮子。所以我們可以將這個過程視為兩條辮子的「相加」。

現在我們需要檢查添加的辮子是否滿足所有群的屬性（或公理）。首先，我們需要恆等元（identity element），也稱為單位元素（unit element）或中立元（neutral element）（在圓群中，這是對應於0度旋轉的點）。所有辮子的線無相互纏繞，都直接朝下，這是一種「微不足道」的辮子，實際上不算辮子，就像旋轉0度實際上沒有旋轉一樣。[2]

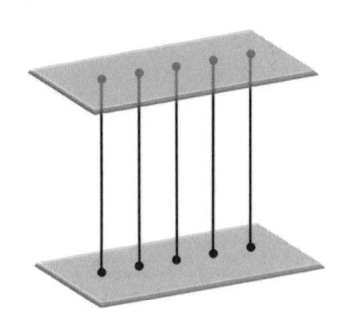

接下來，我們需要找到設定辮子 b 的逆辮子（以圓組為例，這是相同角度，但以相反方向之旋轉）。應該是這樣，如果我們將這條辮子，加到辮子 b 之中，根據上述規則，我們將求得恆等辮子。

這個逆向辮子將是關於底板 b 的鏡射（reflection）。如果我們按照我們的規則用原來的辮子進行組合，我們將能重新排列所有的線，使結果成為恆等辮子（identity braid）。

在這裡我需要強調一個重要的觀點，到目前為止我已經擁有以下隱藏觀點了：我們不會透過拉動線、伸展以及收縮線，甚至

我們不會剪斷或重新接線，以求得一絡一絡的辮子。換句話說，辮子固定在同一個釘孔上，我們不允許辮子互相交纏，但除此之外，我們可以用任何我們喜歡的方式進行調整。將此視為梳理我們的辮子。當我們這樣梳理之時，仍然會是一樣的辮子。（只是會更漂亮！）同理，當辮子增加，其鏡像（mirror image）與恆等辮子（identity braid）將會「相同」；它在字面上意義並不相同，但是調整線之後，就變成了「相同」。[3]

所以我們現在看到群的公理－合成（或加法）、恆等，以及減法，都可以滿足。我們已經證明了有n根線的辮子組成一個群。[4]

為了更具體地了解辮群是什麼，讓我們仔細看看最簡單的一組：B_2群是兩條線的辮子。（B_1組是1條線，只有一個元素，因此沒有什麼可討論的。）[5]我們分配每個這樣的辮子，都是一個整數N，1、2、3、……；或0；或自然數的負數：-1、-2、-3、……。

首先，我們將為恆等辮子（identity braid）給的數字為0。從頂板上左邊的釘孔開始的線，穿過另一條線的下面，那麼我們給的數字為1。如果這一條線繞過另一條線，那麼我們給的數字為2，依此類推，如圖所示。

第五章　解決方案的主軸　93

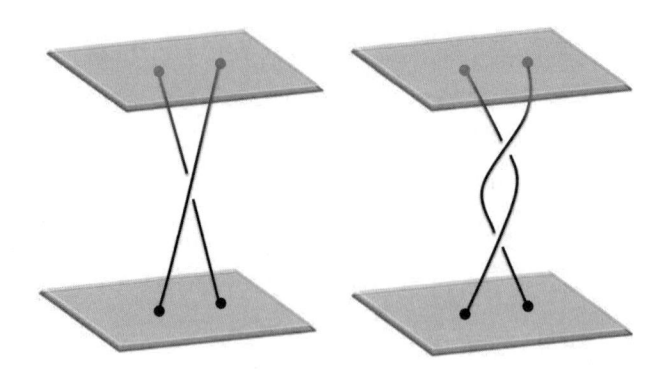

如果這一條線位於另外一條線程之上,那麼我們給這種辮子的數字為-1,如果這一條線繞著另一條線旋轉,如下圖所示,我們給的數字為-2,依此類推。

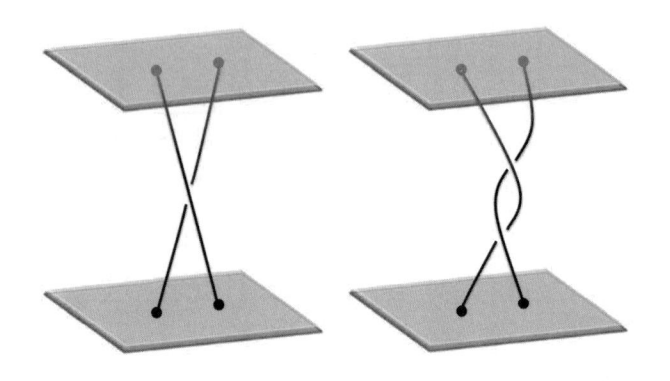

　　我們將這種分配給辮子的數量稱為「重疊次數」(number of overlaps)。如果我們有兩條重疊次數相同的辮子,我們可以反向透過「調整」辮子,將一種變成另一種。換句話說,辮子完全

由重疊次數決定。因此,我們在兩條線和整數的辮子之間有一對一的對應關係。

在這裡,我們總是認為下列事情是理所當然的:所有整數本身就是一個群!也就是說,我們有加法運算,「恆等元」(identity element)是數字0,對於任何整數N,其「逆元」是-N。然後滿足第二章所列群之所有性質。確實,我們有$N+0=N$且$N+(-N)=0$。

我們剛剛發現的是,有兩根線的辮群有和整數群相同的結構。[6]

現在,在整數組中,兩個整數a和b的和相同,但以兩種不同的順序排列:

$$a+b=b+a$$

在辮群B_2中也是如此。滿足這個性質的群稱為「交換群」或「阿貝爾群」〔紀念挪威數學家尼爾斯・亨里克・阿貝爾(Niels Henrik Abel)〕。

在具有三根線或更多線的辮子中,線可能會纏繞在一起,其纏繞方式比只有兩根線的辮子更複雜。打結的型態不能僅用「重疊次數」來描述(請看上面有五根線的辮子圖片)。重疊發生的型態也很重要。此外,還發現增加兩個具有三條或多條線的辮子時,順序確實很重要(也就是說,上圖描述了加上辮子之後,兩條辮子哪一條在上面)。換句話說,在群B_n,n=3, 4, 5,... 我們一

般定義：

$$a+b \neq b+a$$

這樣的群稱為「非交換群」或「非阿貝爾群」。

辮群有許多重要的實際應用。例如，它們用於建立高效且穩健的公開金鑰加密演算法。[7]

另一個前途似錦的研究方向是建立稱為軸心的複雜辮群量子電腦，其軌跡相互交織，重疊之處用於量子電腦的「邏輯閘」（logic gates）建置。[8]

在生物學中也有應用。假設一條有 n 根線的辮子，我們可以將兩塊板子上的釘孔，從左到右編號為1到 n。然後，將兩塊板子釘孔上相同編號的線條末端連起來。這就建立了數學家所說的「鏈結」（link）：相互交織的聯合迴路（a union of loops）。

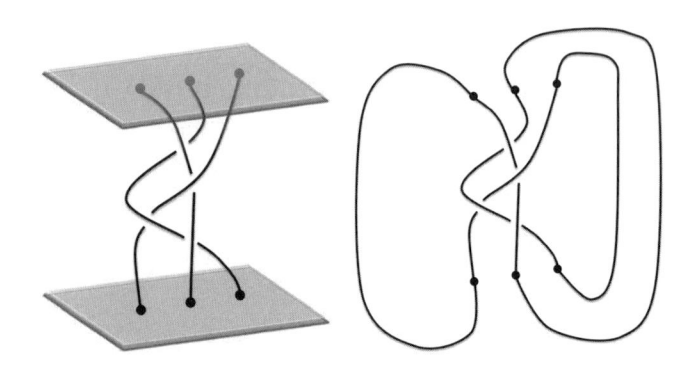

在此圖所示的範例之中，只有一個循環。數學家命名為「紐結」（note）。一般情況下，都會有幾條閉鎖的線。

數學中的「鏈結理論」和「紐結理論」可以用於生物學：例如，研究DNA和酵素的結合。[9]我們將DNA分子視為一條線，將酵素分子視為另一條線。事實證明，當它們結合在一起時，可能會發生非常複雜的紐結，這可能會改變DNA。因此，它們的纏繞方式非常重要。鏈結的數學研究對於DNA重組機制的研究，揭露了新的線索。

在數學中，辮子也很重要，因為它們可以解釋幾何形狀。為了解釋這一點，我們來考慮平面上n個點的所有可能集合。我們假設這些點是不同的；也就是說，對於任何兩個點，它們在平面上的位置必須不同。讓我們選擇一個這樣的集合，即n個點排列在一條直線上，各點與鄰近點之間的距離相同。我們將每個點視為一個小蟲子（bug）。當我們打開音樂，這些蟲子活了過來，並開始在平面上移動。如果我們以時間為垂直方向，那麼每個蟲子的行進軌跡看起來像是一條線。如果平面上蟲子的位置始終不同——也就是說，如果我們假設蟲子的行進過程中不會發生碰撞——那麼這些線永遠不會相互干擾。當音樂播放時，牠們可以互相移動，就像辮子上的線。然而，在固定的時間內，當我們停止播放音樂之後，蟲子必須以開始時相同的方式排列在同一條直線上，但允許每隻蟲子最初的位置被另一隻蟲子占據。那麼它們的集體路徑就會像n條線的辮子。

因此，具有n條線的辮子可以被視為平面空間中n個不同點的

路徑集合。[10]

　　瓦爾琴科交代給我的問題，我正要與富克斯合作，開始解決這個問題，關注辮群中稱為「換位子群」或是「導群」（commutator subgroup）部分題目。請記住，對於具有兩根線的辮子，我們已經定義了重疊數，可以為任意編號的辮子分配相似的編號。[11]我們用其來定義具有n條線的辮群中的「換位子群」B'_n。這是由所有辮群組成，其總重疊數為零。[12]

　　我必須解決的問題是計算所謂B'_n群的「貝蒂數」（Betti numbers）。這些數字反映了這個群體的深層屬性，在應用上很重要。想像一個物理對象的類比，例如一棟房子，具有各種特徵：有些則更為明顯，例如地板、房間、門、窗戶等數目等，有些則不太重要，例如各種不同建造材料的比例。同樣的，一個群也有不同的特徵，這些是貝蒂數。[13]富克斯計算了辮群B_n本身的貝蒂數。他給了我他的論文，以便我可以學習該學科的基礎知識。

　　一週之內，我就能夠自己閱讀整篇富克斯論文了，我已經在我腦海中浩瀚的數學圖書館中，尋找以前未知的概念和定義。我打了電話給富克斯。

　　「哦，是你，」他說。「我想知道你為什麼不打電話。你開始讀這篇文章了嗎？」

　　「是的，富克斯。事實上，我已經完成了。」

　　「完成了嗎？」「富克斯聽起來很驚訝。」「嗯，那我們該見面了。我想聽聽你學到了什麼。」

富克斯建議我們第二天在莫斯科國立大學見面，他有一場研討會要參加，會後我們再碰面。當我準備參加研討會時，我不斷重讀這篇論文，並練習回答我認為富克斯很可能會問的問題。像富克斯這樣的世界級數學家不會只出於憐憫招收新學生，其門檻設得很高。我明白我和富克斯的第一次對話有點像是試鏡，這就是為什麼我非常渴望給他留下好印象。

我們在約定的時間見面，沿著莫斯科國立大學力學與數學系的走廊走，找了一處不會受到打擾的長椅。我們坐下來後，我開始講述我從富克斯論文中學到的內容。他認真地聽著，偶爾問我問題。他很好奇我從哪裡學到這些東西，我認為他對他所聽到的事情感到高興。我告訴他，我在彼得羅夫那裡的學習經歷，在莫斯科國立大學力學與數學系旁聽講座，甚至還談到了我在莫斯科國立大學的考試事件（這對富克斯來說，當然不是什麼新鮮事）。

幸運的是，我們的會議進行得很順利。富克斯似乎對我的學識印象深刻。他告訴我，我已經準備好解決瓦爾琴科的問題，而且他會協助我。

那天晚上，我離開莫斯科國立大學時，我感到非常高興。我即將在全世界最好的數學家指導之下，解決我的第一個問題。距離我在莫斯科國立大學力學與數學系的入學考試，已經過了不到兩年，我又回到了這場遊戲中。

第六章　數學家的學徒生涯

　　解答數學問題就像玩拼圖遊戲，只不過您無法提前知道最後的圖片會是什麼樣子。這可能很困難，也可能很簡單，或者甚至可能無法解決。在真正做完之前，永遠無法確定結果（或意識到這是不可能解答的）。這種不確定性或許是數學家面臨的最大挑戰之一。在其他學科中，您可以提出不同的解決方案，甚至改變遊戲規則。數學在解決方案的構成概念本身，也沒有明確的定義。例如，如果我們的任務是提高公司的生產力，需要哪些指標來衡量成功？百分之二十的改善是否可被視為問題的解決方案？那麼百分之十呢？在數學中，問題總是需要定義清楚，解決方案沒有任何歧義。您要嘛可以解題，或是無法解題。

　　對於富克斯的問題，我必須計算B'_n組的貝蒂數。這意味著沒有任何歧義。對於所有熟悉數學語言的人來說，這個問題在1986年我第一次了解時的意思，與今天的意思相同；一百年之後仍然意思相同。

　　我知道富克斯已經解決了類似的問題，而且我知道他是怎麼做的。我透過解決類似的問題，已經為自己的任務作好了準備，因此解決方案已知。這給了我直覺、技能，以及方法學的工具包。但我無法先驗地知道這些方法中的哪一個特別有效，或者我應該運用什麼方式來解決這個問題——甚至我是否可以解決，而不用建立本質上新的技術，或採用完全不同的方法。這個難題困

擾著所有數學家。

讓我們來看看其中一個數學中最著名的問題——費馬大定理，看看當問題很容易陳述，但解決方案卻很困難時該怎麼辦。固定一個自然數n，即1、2、3……，並以自然數x、y和z考慮下列方程式。

$$x^n+y^n=z^n$$

如果$n=1$，我們得到方程式

$$x+y=z$$

自然數中一定有很多解：只需取任意x和y，並設定$z=x+y$。注意這裡我們使用的是自然數的加法運算，我們在上一章討論過的數字。

如果$n=2$，我們得到方程式

$$x^2+y^2=z^2$$

這個方程式也有很多自然數解；例如，

$$3^2+4^2=5^2$$

所有這些自古以來都是眾所周知的。未知的是，是否當n大於2時，方程式有任何解。看起來很簡單，事實上回答這樣的問題，有多難？

好吧，事實證明，這相當困難。1637年，法國數學家費馬（Pierre Fermat），在一本舊書的頁邊留下了一條註釋，說如果n大於2，則方程式沒有自然數x, y, z的解。換句話說，我們無法找到三個自然數x、y、z，使得

$$x^3+y^3=z^3$$

無法找到自然數x、y、z，使得

$$x^4+y^4=z^4$$

諸如此類等。

費馬寫道，他已經找到了這個對於「所有n大於2」陳述的一個簡單證明，但是「這張紙的邊距太小，無法寫下」。許多專業人士，無論是專業數學家還是業餘愛好者，都將費馬的筆記視為一項挑戰，並試圖重現他有史以來最著名的數學「證明」問題。獎項公布之後，數學家寫了數百種證明並發布，但在三百五十年來，問題仍然未解決。

1993年，普林斯頓大學數學家安德魯‧懷爾斯（Andrew Wiles）宣布了他自己對費馬大定理的證明。但他的證明乍看

之下與原來的問題無關。他不是直接證明費馬大定理,而是解決了所謂的志村—谷山—韋伊猜想(Shimura-Taniyama-Weil conjecture),這個猜想幾乎是完全不同的東西,而且說起來要複雜得多。然而,多年前,加州大學柏克萊分校的一位名叫肯・黎貝(Ken Ribet)的數學家證明了這個猜想的某個陳述,暗示了費馬大定理。這就是為什麼一個猜想的證明,也將證明費馬大定理。我們會在第八章中詳細介紹這一切;我現在想說的是,看起來簡單的問題,不一定有簡單的解決方案。現在我們很清楚,費馬自己不可能證明這個命題。這必須經過幾代數學家的艱苦努力,創建整個數學領域,才得以實現。[1]

但是,考慮到這個看似樸實無華的方程式,是否有可能預測這一切?

$$x^n+y^n=z^n$$

一點也不!

對於任何數學問題,您永遠不知道會得到什麼答案。您希望並祈禱能夠找到一個美好而優雅的解決方案,並且也許會在這個過程中發現一些有趣的事。而您當然希望能夠在合理的時間內做到這一點,而不必等待三百五十年才能得出結論。但您永遠無法完全確定。

就我的問題而言,我很幸運;事實上,我找到了優雅的解

決方案。我在相對較短的時間內（大約兩個月）就找到了它。然而，這對我來說並不容易。對我而言，從來沒有簡單的事情。我嘗試了許多不同的方法。當各種嘗試都失敗後，我變得越來越沮喪和焦慮。這是我的第一個問題，我不可避免地懷疑自己是否可以成為數學家。這個問題是我第一次測試自己是否具備這個能力。

解決這個問題，並不能成為我在石油天然氣學院上課並且通過考試的藉口，但我的首要任務是解題，我花了無盡的時間、夜晚和週末在解題上。我給自己施加了太多壓力。對自己期望過高。我開始失眠，這是有史以來第一次發生在我身上。在解決這個數學研究問題時出現的失眠，是我第一個「副作用」，困擾了我好幾個月。從那時起，我再也不允許自己在數學題中迷失得那麼徹底。

我大約每週都會在莫斯科國立大學力學與數學系的大樓與富克斯會面，告訴他我的進展或不足（那時候他已經能夠給我身分證明，所以我不必再爬柵欄了）。富克斯始終支持和鼓勵我，每次見面他都會告訴我一個新的解題技巧或提出新的見解，我會嘗試將其應用於我的問題。

然後，突然間，我找到了答案。我找到了這個問題的解決方案，或者更準確地說，解決方案以極其光彩奪目的面貌出現了。

我試圖使用計算貝蒂數的標準方法之一，即富克斯教給我的「譜序列」（spectral sequence）方法。我能夠以某種方式應用，

這使我原則上可以計算群B'_n貝蒂數。這些計算貝蒂數知識，來自於群B'_m，其中$m<n$。當然，要注意的是，我不知道其他貝蒂數是否也要。但這給了我解決問題的方法：如果我能猜對答案，然後我就可以用這種方法來證明。

說起來容易，但做出這樣的猜測需要大量樣本進行計算，且只會變得越來越複雜。過了良久，似乎沒有出現任何模式。

突然之間，就像施展了黑魔法一樣，一切都變得清晰起來。拼圖完成了，最終的影像展現在我面前，充滿了優雅和美麗，我將永遠記住並珍惜那一刻。這種令人難以置信的興奮感，讓所有那些不眠之夜都變得值得。

我一生中第一次擁有了世界上無人能擁有的東西。我能夠說出一些關於宇宙的新內容。雖然不能治癒癌症，但這是一種有價值的知識，而且沒有人可以從我這裡奪走。

如果您經歷過一次這種感覺，您會想再經歷一次。這是我第一次遇到這種事，就像初吻一樣特別，非常令人感動。那時候我知道我可以稱自己為數學家。

答案其實很出乎意料之外，而且超越富克斯或是我的想像。我發現自然數的每個除數n（我們正在考慮的辮子中的線數），有一個群B'_n的貝蒂數，等於那個除數的「歐拉函數」。[2]

歐拉函數將另一個自然數分配給任何自然數，稱為$\varphi(d)$。這是1到d之間相關的整數，與d互為質數的數量；也就是說，與d沒有公約數（當然除了1之外）。

第六章　數學家的學徒生涯　105

例如，取 $d=6$。那麼1與6互為質數，2則不是（2是6的約數），3不是（3也是6的約數），4不是（4和6共用一個除數；即2）、5與6互為質數，6則不是。所以有兩個1到6之間，與6互為質數的自然數：即1和5。因此，6的歐拉函數等於2，寫作 $\varphi(6)=2$。

歐拉函數有很多應用。例如，被採用在所謂的RSA加密演算法，用於網路加密信用卡號碼的交易（第十四章註釋7對此進行了解釋）。其名字是為了紀念18世紀瑞士數學家李昂哈德·歐拉（Leonhard Euler）。

我發現的貝蒂數是由歐拉函數假設的事實，顯示辮群和辮群之間存在一些隱藏的數論聯繫。因此，我解決的問題可能其影響遠遠超出了原有的範圍。

當然，我很想告訴富克斯我的結果。1986年6月，距離我和他第一次見面差不多三個月了。那時，富克斯已經離開莫斯科，與他的妻子和兩個年幼的女兒在他們位於莫斯科附近的別墅度過夏天。對我來說幸運的是，那別墅位於我回鄉同一條火車沿線，大約在中途，所以我回鄉之前，很容易去那裡拜訪他。

按照慣例給我倒了一杯茶後，富克斯問我的進展。

「我解決了問題！」

我無法抑制自己的興奮，我猜想我給的證明內容相當潦草。但不用擔心——富克斯很快明白一切。他看起來很高興。

「這太棒了；」他說，「幹得好！現在你必須開始寫研究論文。」

這是我第一次寫數學論文，結果比我的數學運算更令人挫敗，也沒有那麼有趣。尋找新的尖端知識的過程令人著迷且令人興奮。我坐在書桌前，試著整理我的想法，並將它們寫在紙上，這完全是一種不同的過程。後來有人告訴我，寫論文就是為了懲罰我們必須忍受發現新數學的興奮。這是我第一次感受到這種懲罰。

我帶著不同的草稿回到富克斯的住所，他仔細地閱讀，指出不足之處，並提出改進建議。一如既往，他對我的協助非常慷慨。從一開始，我就將富克斯的名字列為共同作者，但他斷然婉拒了。「這是你的論文」，他說。最後，富克斯告訴我文章已經準備好了，他建議我應該投稿給數學期刊《泛函分析及其應用》（*Functional Analysis and Applications*），主編是蘇聯數學學派的奠基者伊斯拉埃爾・莫伊塞耶維奇・蓋爾范德（Israel Moiseevich Gelfand）。

蓋爾范德是一位嚴謹而有魅力的男子，七十歲出頭，是莫斯科數學界的傳奇人物。他主持每週一次的研討會，地點在莫斯科國立大學建築主樓的十四層樓大禮堂。這是一個重要的數學和社交活動，已有五十多年歷史，享譽世界。富克斯曾與蓋爾范德合作過，他們因為發明「蓋爾范德—富克斯上同調」（Gelfand-Fuchs cohomology）而廣為受人讚賞，並且是蓋爾范德研討會最資深的成員之一（其他成員包括蓋爾范德的前學生基里洛夫和長期合作夥伴格雷夫）。

這次研討會與我參加過的任何其他研討會都不一樣。通常，

研討會有固定的時間——在美國是約一個小時或一個半小時——並有一位演講者準備依據預先選定的特定主題進行演講,並不時接受觀眾提問。蓋爾范德研討會不是這樣。每週一晚上開會,正式開始時間是晚上7點。不過,研討會很少在7點30分之前開始,通常在7點45分至8點左右開始。在開始前的一個小時左右,研討會的成員,包括蓋爾范德本人(他通常在約7點15分至7點30分之間出席),會在禮堂大廳內或門廳之外閒逛,並與學者們交談。顯然,這是蓋爾范德故意安排的。這既是數學研討會,也是社交活動。

參加蓋爾范德研討會的大多數數學家都不是莫斯科國立大學的教職員。蓋爾范德的研討會是他們可以與數學同儕見面,了解數學世界周遭發生的事情,分享想法並建立合作的唯一地方。蓋爾范德本人是猶太人,他的研討會被認為是猶太學者的「避風港」之一,甚至被譽為猶太數學家可以參加的「鎮上唯一的遊戲」(或極少數遊戲之一)——儘管公平地說,許多其他數學家也可以參加這個莫斯科國立大學向社會大眾開放,並沒有種族偏見的活動。毫無疑問,蓋爾范德樂於利用這種優勢。

我在莫斯科國立大學入學考試時經歷的反猶太主義,傳播到蘇聯學術界。早些時候,在1960年代到1970年代初,儘管對猶太背景學生「限額錄取」,他們仍然可以收猶太大學生進入莫斯科國立大學力學與數學系(整個1970年代和1980年代初,情勢逐漸惡化,1984年當我申請莫斯科國立大學力學與數學系時,幾乎沒有猶太學生被錄取)。[3]更不要說,這些學生進入研究所。猶太

學生唯一的出路是學士畢業之後，經過工作三年，然後由雇主推薦念研究所（通常位於遙遠省份的某個地方）。即使他們克服障礙拿到博士學位，也不可能在莫斯科找到數學教職（例如在莫斯科國立大學）。猶太人必須在省城某個地方找到一份工作，或者加入莫斯科當地機構的研究，這些機構與數學關係不大，甚至完全沒有關係。對於那些不是來自莫斯科的人來說，情況甚至更加困難，因為他們沒有莫斯科居住地紀錄，而這是在首都就業所必需的。

即使是最優秀的學生也會受到這樣的待遇。弗拉基米爾‧德林費爾德（Vladimir Drinfeld），一位傑出的數學家和未來的菲爾茲獎（Fields Medal）得主，就是一個例子。大學畢業後，他考上了莫斯科國立大學力學與數學研究所（儘管據我所知，這是非常困難的），但作為烏克蘭哈爾科夫人，他不可能在莫斯科找到工作。他不得不在烏法市省立大學（位於烏拉山脈的工業城市）找到一份教職，最終在哈爾科夫低溫物理研究所擔任研究員。

那些留在莫斯科的研究員，受僱於諸如地震研究所或信號處理研究所之類的機構。他們的日常工作包括處理特定機構的繁瑣計算工作（儘管有些人多才多藝，不僅在原有領域游刃有餘，甚至另闢蹊徑）。他們在業餘時間進行數學研究，因為數學研究才是他們真正熱愛的事情。

1968年，蓋爾范德本人被迫辭去莫斯科國立大學力學與數學系的教學工作。他簽署了著名的九十九位數學家的請願信，要求

釋放因政治動機被拘留在精神病院的數學家和人權運動家亞歷山大・葉賽寧—沃爾平〔Alexander Esenin-Volpin，詩人謝爾蓋・葉賽寧（Sergei Esenin）的兒子〕，那封請願信寫得非常巧妙，BBC廣播電台播出後，引起全世界的憤怒，讓蘇聯感到尷尬，領導階層幾乎立即釋放了葉賽寧—沃爾平。[4]這激怒了當局，他們隨後懲處了所有簽署請願書的人，許多簽署者被解聘了教學工作。[5]

因此，蓋爾范德不再是莫斯科國立大學的數學教授，儘管他仍然能夠在莫斯科國立大學主樓舉辦研討會。他的正式工作是在莫斯科國立大學的一個生物實驗室進行生物學研究，這也是他的興趣。富克斯也在同一個實驗室工作。

富克斯早些時候敦促我開始參加蓋爾范德的研討會，我確實在春季學期結束時參加了幾次會議。那些會議給我留下了深刻的印象。蓋爾范德獨自決定研討會的時間和內容，儘管對一個未經訓練的人來說，研討會可能顯得混亂無序，但他實際上投入了大量的時間和精力來籌備每週的會議。

三年之後，當蓋爾范德請我談談我的工作時，我有機會近距離了解研討會的內部運作。當時，我從一個十七歲學生的角度觀察，開始了我的數學生涯。

從很多方面來說，這些研討會都是一個演員的劇場。大會指定的主講者依據指定的主題進行報告，但通常研討會只有一小部分時間專門討論這個問題。蓋爾范德通常會提出其他主題，並邀請未事先準備的數學家在黑板前解釋。不過，他始終處於研討會

的中心位置，掌控著研討會的流程，擁有絕對的話語權。他有權隨時打斷發言者，提出問題、建議並進行評論。我仍然能聽到他說「給出定義」（俄語：Dayte opredelenie）——他經常對演講者提出警告。

他也有就各種話題（與他所討論的無關的內容）進行長篇大論的評論習慣。他講笑話、軼事和故事，其中許多都非常有趣。這是我在前言中提到我聽到的笑話：醉漢可能不知道哪個數字更大，2/3或3/5，但他知道3人喝2瓶伏特加，比5個人喝3瓶伏特加更好。蓋爾范德的絕技之一，是他能夠「改寫」別人提出的問題，使答案變成更明顯。

他喜歡講的另一個笑話，涉及到無線電報：「20世紀初，有人在聚會中問物理學家：您能解釋一下電報是如何運作的？物理學家回答說這很簡單。首先，您必須了解普通有線電報的運算原理：想像一隻狗的頭部在倫敦，尾巴在巴黎。您在巴黎拉牠的尾巴，倫敦的狗會叫。物理學家說，無線電報是一樣的東西，雖然沒有一隻狗。」

講完笑話並等待笑聲平息之後（即使是那些聽過一千遍的觀眾），蓋爾范德會轉向正在討論的數學問題。如果他認為解決問題需要一種全新的方法，他會評論道：「我想說的是，我們需要在沒有狗的情況下做到這一點。」

研討會上經常使用的方法是找一名測試聽眾，通常是觀眾中的新生，他需要重複主講者所說的話。如果「測試聽眾」可以順利跟上主講者，這意味著主講者說得很好。否則，主講者必須放

慢說話速度,以解釋得更好。有時,蓋爾范德甚至會叫不知所云的主講者不要講了,立即下台,故意叫測試聽眾上台取代主講者(當然,蓋爾范德也會嘲弄測試聽眾)。

大多數研討會都以穩定的節奏進行,觀眾人數眾多(有些人可能會打瞌睡)——自滿、拘謹,或是害怕向主講者提出任何問題,也許在此學到的東西會很少。毫無疑問,蓋爾范德研討會的快速節奏和顛覆性特徵,不僅讓人們保持清醒(考慮到研討會經常持續到午夜,這不是一件容易的事),而且以這種方式刺激聽眾,這是其他研討會根本做不到的。蓋爾范德對他的主講者要求很高。他們賣力奉獻,他也努力回饋。無論人們如何評價蓋爾范德的風格,從來沒有空手而返。

然而,在我看來,這樣的研討會只能存在於蘇聯這樣的極權社會。人們已經習慣了蓋爾范德所表現出的獨裁權力和行為。他可能很殘忍,有時會羞辱人。我想很多西方人都不會容忍這種行為。但在蘇聯,這並不被認為是一種反常態,也無人抗議〔另一個著名的例子是列夫・朗道(Lev Landau)的理論物理研討會〕。

當我第一次來參加蓋爾范德研討會時,有一位年輕的物理學家,弗拉基米爾・卡扎科夫(Vladimir Kazakov),在所謂的矩陣模型方面運算,進行了一系列演講。卡扎科夫以一種新穎的方式,採用量子物理學方法,來求得數學家無法透過更多的常規努力,求得的深入數學結果。蓋爾范德一直對量子物理學很感興

趣，這個話題在他的研討會上發揮著重要作用。他對卡扎科夫的工作印象特別深刻，並積極向數學家宣傳。就像他的許多遠見一樣，事實證明這是金科玉律：多年之後，量子物理學變得出名並且流行，物理學和數學方面的重大進步，引起了許多人的注意。

在研討會的演講中，卡扎科夫以令人欽佩的努力，向數學家解釋他的想法。蓋爾范德沒有打斷他，這使他能夠比其他主講者用更長的時間介紹。

當這些講座進行時，約翰・哈勒（John Harer）、唐・札吉爾（Don Zagier）撰寫的一篇新論文刊出，他們為一個非常困難的二元問題，提供了漂亮的解決方案。[6]札吉爾解決看似棘手的問題而聞名；他也很快解決。據說這次試驗的解決方案，只花了他六個月的時間，他對此感到非常自豪。在接下來的研討會中，當卡扎科夫繼續演講，蓋爾范德要求他使用他在矩陣模型上的運算，來解決哈勒—札吉爾（Harer-Zagier）問題。蓋爾范德感覺卡扎科夫的方法可能有助於解決此類問題，他是對的。卡扎科夫並不知道哈勒—札吉爾論文，並且他還是第一次聽到這個問題。站在黑板前，他想了幾分鐘，並立即寫下了量子場論中的拉格朗日量（Lagrangian），可以用他的方法得到答案。

全場所有人都驚呆了，但蓋爾范德沒有。他天真地問卡扎科夫：「卡扎科夫，你研究這個主題多少年了？」

「我不確定，蓋爾范德，也許六年左右。」

「所以你花了六年加兩分鐘，札吉爾花了六個月。嗯……你比他好多了？」

第六章　數學家的學徒生涯　113

與其他笑話相比，這是一個溫和的「笑話」。您必須臉皮要厚，才能在這種環境下生存。不幸的是，有些主講者將這些公開的貶低視為針對個人的貶抑，這給他們帶來了很多折磨。但我必須補充一點，蓋爾范德總是對於資深成熟的數學家尖酸刻薄，而對年輕數學家，尤其是學生，相對溫厚。

　　他曾說過，在研討會上，他歡迎所有大學生，有天分的研究生，以及才華洋溢的教授來聽。他明白，為了讓主題繼續前進，歡迎新的世代非常重要，他身邊總是充滿了年輕的天才。他們也讓他保持年輕（他一直在積極從事尖端的研究，直到八十多歲的晚年）。很多時候，他甚至會邀請高中生參加研討會，並讓他們坐在前排，以確保他們專心聽講正在發生的事情（當然，這些不是普通的高中學生。他們當中的許多人後來成為世界著名的數學家）。

　　眾所周知，蓋爾范德對他的學生非常慷慨，定期與他們交談幾個小時。很少有教授這樣做。當他的學生很不容易；他給了他們一種嚴厲的愛，他們不得不應付他的各種怪癖和獨裁習慣。但是對於他們中的許多人來說，我從談話中得到的印象是，他們都忠於他，並覺得自己虧欠他很多。

　　我不是蓋爾范德的學生──我是他的「徒孫輩」，因為我的兩個老師，富克斯和費金老師，都是他的學生。費金還沒有出現在我的生活中。因此我一直認為自己是「蓋爾范德數學學派」的學生。很久以後，當我和他在美國時，蓋爾范德直接問我這個問題，當我說「是」時，他臉上的表情非常滿足。我可以看出，誰

隸屬於他的學派,以及誰是學派的成員,對他來說非常重要。

這個學派以研討會為焦點,是莫斯科通往世界的窗口。不僅對莫斯科的數學產生了巨大的影響,而且對世界的數學產生了深遠的影響。外國數學家來到莫斯科,就是為了見蓋爾范德,參加他的研討會,許多人認為在那裡演講是一種榮幸。

蓋爾范德迷人且具有傳奇色彩的個性,在研討會的聲譽方面發揮了重要作用。幾年後,他對我的工作產生了興趣,並邀請我在他的研討會上演講。我花了很多時間和他交談,但不僅僅是數學,還有很多其他的事情。他對數學史感興趣,特別是他自己留下的遺產。我記得當我第一次去他莫斯科的公寓拜訪他時(我剛滿二十一歲),他告訴我他認為自己是數學界的莫札特。

「大多數作曲家因其創作的特定作品而被人們銘記,」他說。「但就莫札特而言,情況並非如此。正是他的作品的整體表現,展現了他是位天才。」他停頓了一下,繼續說:「我的數學工作也是如此。」

拋開這種自我評估的有趣問題,我認為這實際上是一種恰當的比較。儘管蓋爾范德沒有證明任何著名的長期存在的猜想(例如費馬大定理),他的思想對數學的長期影響是驚人的。坦白說,也許更重要的是,蓋爾范德對於美麗的數學也有著極佳的品味,並且對數學領域前景擁有最重要的敏銳直覺。他就像神諭者,擁有預測未來數學將朝哪些方向發展的能力。

在這個日益分化和專業化的學科中,他是僅存的文藝復興時期能夠在不同領域建立橋梁的人士之一。他集中體現了數學的統

第六章 數學家的學徒生涯 115

一性。與大多數研討會重點落在數學的某個領域不同的是,如果您參加蓋爾范德的研討會,您會發現所有這些不同的部分都組合在一起。這就是為什麼我們每個星期一晚上在莫斯科國立大學主樓第十四層樓,都聚集在一起,熱切等待聽一場大師的話。

富克斯建議我向這個令人敬畏的人士提交我的第一份數學論文。蓋爾范德的期刊《泛函分析及其應用》(Functional Analysis and Applications)每年分四期出版,每期約一百頁(數量少得可憐。對於這樣的期刊,出版商拒絕提供更多頁數,所以人們不得不相對因應),並在世界各地受到極高的重視。這本期刊翻譯成英文,世界各地的許多科學圖書館都有訂閱。

在這個期刊上發表論文非常困難,部分原因是嚴重的頁面限制。事實上有兩種類型的論文發表:研究論文,每篇文章通常有十到十五頁長,包含詳細的證明;簡短的通訊,其中只有結果陳述,但沒有證明。通訊長度不能超過兩頁。理論上,如此簡短的論文,最後應該包含所有推導的詳細論文,但實際上發表較長的論文極為困難。對於蘇聯的數學家來說,在國外發表論文機會幾乎是不可能的(需要獲得各種安全許可,這很容易花費超過一年的時間,並需要付出大量的努力)。另一方面,有限的蘇聯數學家發表的數學出版品數量很少。不幸的是,其中許多是由不同的團體控制,不允許外人發表,其中一些期刊盛行反猶太主義,拒絕刊登。

正因為如此,蘇聯數學論文中出現了某種次文化,稱為數

學論文的「俄羅斯傳統」：文字極為簡潔，幾乎沒有提供任何細節。蘇聯以外的數學家沒有意識到這種方式基本上是出於必要，而非偏好選擇。

富克斯的目的就是讓我發布這樣一個首篇簡短的通訊陳述。

每篇提交給《泛函分析及其應用》的文章，包括簡短的通訊，必須經過蓋爾范德的篩選和審查。如果他喜歡的話，然後會讓這一篇文章通過標準的審稿程序。這意味著為了讓蓋爾范德考慮我的文章，我必須親自見到他。因此，在1986年秋季學期的第一場研討會之前，富克斯把我介紹給他。

蓋爾范德握著我的手，微笑著說：「很高興認識你。我已經聽說過你。」

我完全被他的明星光彩迷住了。我可以發誓我在蓋爾范德的頭頂周圍，看到了學術光環。

然後蓋爾范德轉向富克斯，請他展示我的文章，富克斯遞給他。蓋爾范德開始翻頁。我在石油天然氣學院借來的打字機上（用兩根手指慢慢地）整齊地打了五頁的字，然後手動插入公式。

「有趣，」蓋爾范德讚許地說，然後轉向富克斯：「但是，為什麼這很重要？」

富克斯開始解釋具有不同根的n次多項式的判別式內容，以及如何使用我的結果來描述判別式的拓撲結構，以及……蓋爾范德打斷了他的話：

「米蒂亞，」他用富克斯名字的縮寫形式說道，「你知道嗎？這本期刊有多少訂閱者？」

「不,蓋爾范德,我不知道。」

「訂戶超過一千。」考慮到專業期刊,這是一個相當大的數字。「我無法向你提出所有問題,以便你向每個訂閱者一一解釋這個結論有多好,我辦得到嗎?」

富克斯搖搖頭。

「在紙上寫清楚一點,好嗎?」蓋爾范德對富克斯說了這些,提出了這樣的觀點,好像這都是他的錯。然後他對我們兩個人說:「不管如何,這篇論文對我來說,看起來不錯。」

說完,他又對我笑了笑,然後去跟別人說話了。

真是一場交流啊!富克斯等到蓋爾范德消失在聽不到的地方,對我說:「別擔心,他只是想給你留下深刻印象。」(當然是!)這篇論文在前言中增加所需段落文字之後,就可以發表。

這已經是最好的結果了。蓋爾范德要求增加了一段論述,我正式投稿了這篇論文,最終出現在期刊之中。[7]就這樣,我的第一個數學計畫就完成了。我跨過了我的第一個門檻,正位於一條道路的起點,這條道路將引導我進入現代數學的神奇世界。

這就是我想與您分享的世界。

第七章　大一統理論

　　解決第一個問題是我進入數學領域的起點。偶然的是，我接下來的數學計畫由富克斯帶領，讓我進入朗蘭茲綱領——這是過去五十年來最令人興奮的數學理論之一。我將在後面描述我的計畫，但這本書中更重要的目標是讓您了解現代數學，證明其原創性、想像力和開展性的見解。朗蘭茲綱領便是這方面的最佳例子。我喜歡將其看作一種偉大的數學統一理論，揭示不同數學領域共享的神祕模式，指向深刻而意想不到的聯繫。

　　數學由許多子領域組成，這些領域常常像是彼此獨立的區域，各自講著不同的語言。這就是為什麼「大一統」的理念如此強大，將這些來自不同領域的理論結合起來，使人們意識到這些理論其實是同一個大敘事的一部分。就像突然間，您發現自己可以理解一種您一直努力學習卻未曾掌握的語言。

　　將數學視為一個巨大的拼圖遊戲是有幫助的，沒有人知道最終圖像會是什麼樣子。這個拼圖遊戲是數千人的集體努力成果，他們以小組形式工作：代數學家、數論學家、幾何學家，各自努力解決不同的難題。每個群體都在創造全局中的一個小「孤島」，但經過多年的數學發展，很難看出這些孤島如何連接。因此，大多數數學家致力於擴展這些謎題的島嶼。然而，偶爾有人能找到將這些島嶼連接起來的方法。當這種情況發生時，全局的重要特徵便會顯現，為各個領域賦予新的意義。

勞勃・朗蘭茲便是這樣的人，但他的野心不僅是連接幾個孤島。他在1960年代末發起的朗蘭茲綱領，已經成為一種尋找機制的嘗試，透過這種機制，我們可以在許多看似無關的島嶼之間架起橋梁。

勞勃・朗蘭茲（Robert Langlands）在普林斯頓的辦公室，1999年。攝影：莫佐奇（Jeff Mozzochi）。

朗蘭茲現在是普林斯頓大學高等研究院數學研究所的榮譽教授，這個職位以前由愛因斯坦擔任。他出生於1936年，以其驚人的才華和遠見著稱。朗蘭茲在溫哥華附近的小鎮長大，父母經營木材生意。朗蘭茲最令人驚歎的是他精通多種語言：英語、法語、德語、俄語和土耳其語，儘管在進入大學之前，他除了母語英語外，未曾學會其他語言。[1]

近年來，我有機會與朗蘭茲密切合作，我們經常用俄語通信。有一次，他寄給我一份他讀過的俄羅斯原著作家名錄。名錄

內容廣泛，看來他讀過的母語俄文文學作品可能比我還多。我常常在想，朗蘭茲非凡的語言能力是否與他將不同數學文化融合的能力有關。

朗蘭茲綱領的核心概念是對稱性，我們已經很熟悉這個概念。例如，在幾何學中，任何旋轉都保持圓桌的對稱性。我們對這些對稱性的研究引出了群的概念。然後我們看到群在數學中的不同形式，如旋轉群、辮群等。群在基本粒子的分類中也起到了重要作用，並預測了夸克的存在。朗蘭茲綱領與群密切相關，並且出現在數字研究中。

為了闡明這一點，我們需要先討論日常生活中遇到的數字。我們每個人都有出生年份、房屋門牌號碼、電話號碼，還有ATM存取銀行帳戶的PIN碼。這些數字都有一個共同點：它們都是通過將數字1累加求得的。例如，1+1是2，1+1+1是3，依此類推，這些被稱為自然數。

我們還有數字0和負數：-1、-2、-3等。在第五章中，我們討論過這些數字被稱為「整數」。因此，一個整數可以是自然數、數字0或者是自然數的負數。我們還遇到更一般的數字，例如價格以美元和美分為單位，通常表示為$2.59，這表示兩美元五十九美分。這相當於2加上分數59/100，或59乘以1/100。這裡的1/100表示與自身相加至100倍時得到1。這類數字稱為有理數或分數。

有理數的一個很好的例子是四分之一；從數學上來說，是用

分數1/4表示。一般來說，對於任兩個整數*m*和*n*，我們可以形成分數*m/n*。也就是說，兩個整數*m*和*n*，有公約數，稱為*d*（也就是說，*m=dm'*和*n=dn'*）。那麼我們可以取消*d*，並寫成*m'/n'*，而不會寫成*m/n*。例如，1/4也可以表示為25/100，這就是為什麼，美國人可以說四分之一美元和25美分是一樣的。

我們在日常生活中遇到的絕大多數數字，是這些分數，或是有理數。但也有數字是無理數。一個例子是2的平方根，我們將其書寫如下：$\sqrt{2}$。$\sqrt{2}$的平方，等於2的數。在幾何中，$\sqrt{2}$為邊長為1的直角三角形的斜邊長。

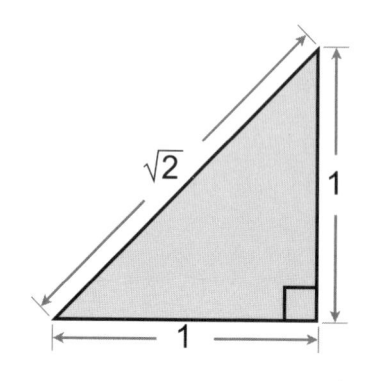

事實證明，我們不能將其表示為*m/n*，其中*m*和*n*是兩個自然數。[2]然而，我們可以用近似值的有理數來書寫，如果我們採十進制形式，寫下小數點後前幾位：1.4142，然後是1.41421，然後是1.414213等。但是無論我們保留多少個小數位，這都將是由一個近似值——後面會跟更多的數字。$\sqrt{2}$無法求出有限小數。

由於$\sqrt{2}$是上面三角形的斜邊長度，我們知道這個數字存在。但就是不符合記數系統中的有理數。

此外，還有很多類似的數字，例如$\sqrt{3}$，或是2的立方根。我們需要發展一種系統方法，將這些數字，加到有理數中的數字。將有理數視為一杯茶。我們可以透過以下方式喝這杯茶，但是如果我們混合了糖、牛奶、蜂蜜等各種香料——就像數字$\sqrt{2}$、$\sqrt{3}$——我們的體驗會增強。

讓我們試試混合$\sqrt{2}$。這相當於在我們的茶中添加一塊方糖。我們丟$\sqrt{2}$在有理數之中，看看記數系統發生什麼變化。當然，我們希望在這個新的數位系統之中，能夠將其中的數字相乘，所以我們的成果，必須包括所有的有理數，以及$\sqrt{2}$。系統必須包含所有分數$\frac{k}{l}\sqrt{2}$。所以我們的記數系統包含分數$\frac{m}{n}$（這些是有理數）和所有$\frac{k}{l}\sqrt{2}$。但我們也希望能夠將其彼此加總，所以我們還必須包括以下的總和。

$$\frac{m}{n} + \frac{k}{l}\sqrt{2}$$

這種形式的所有數字的集合已經是「自成一體」，感覺我們可以對其進行所有常見的計算——加法、減法、乘法、除法——結果也將是相同的數字形式。[3]這是我們泡的一杯茶，裡面有一塊方糖和茶葉。

事實證明，這個新的記數系統擁有一個有理數所沒有的隱藏

特性。這個特性將帶我們進入神奇的數字世界。這也就是說,這個記數系統具有對稱性。

所謂的「對稱」,是指一種規則,根據該規則,新數字將進行特定分配。換句話說,我們所指的對稱性,是在相同的記數系統中,將每個數字轉換成另一個數字的過程。我們會說,對稱性是一種規則,使得每個數字「對應」到其他數字。此規則應與加法、減法、乘法和除法相協調。目前,您可能還不清楚為什麼我們應該關心記數系統的對稱性。請耐心聽我說,您將會明白其重要性。

我們的記數系統具有恆等對稱性,這個規則意味著每個數字都與其自身對稱。這就像將桌子旋轉0度後,桌子上的每一點仍回到原來的位置。

事實證明,我們的記數系統也具有複雜的對稱性(non-trivial symmetry)。我解釋一下這是什麼,讓我們觀察$\sqrt{2}$是方程式$x^2=2$的解。事實上,如果我們用$\sqrt{2}$代替x,我們就得到了等式。但是這個方程式其實有兩個解:其中一個是$\sqrt{2}$,另一個是$-\sqrt{2}$。事實上,當我們建構我們的函數時,將期都加到有理數中新的記數系統。交換這兩個解,我們得到這個記數系統的對稱性。[4]

為了透過茶杯的類比,以更全面地說明這一點,讓我們簡單修改一下。假設我們在我們的杯子裡加糖,各放入一塊白色方糖和一塊黑色方糖,然後將其與茶葉混合。前者就像$\sqrt{2}$,而後者就像$-\sqrt{2}$。顯然,交換它們不會改變最終杯子中的茶。同樣,交換$\sqrt{2}$和$-\sqrt{2}$將維持記數系統的對稱性。

在這種交換下，有理數保持不變。[5]因此，$\frac{m}{n}+\frac{k}{l}\sqrt{2}$的數字形式，將可導出（will go to）$\frac{m}{n}-\frac{k}{l}\sqrt{2}$的數字。換句話說，在每個數字當中，我們只需更改$\sqrt{2}$前面的符號，並保留所有內容都相同。[6]

您看，我們的新記數系統就像一隻蝴蝶：數字$\frac{m}{n}+\frac{k}{l}\sqrt{2}$就像蝴蝶的鱗片（scales），而交換$\sqrt{2}$和$-\sqrt{2}$這些數字是對稱性，就像蝴蝶交換翅膀的對稱性。

一般來說，我們可以考慮變數x中的其他方程式，而不是$x^2=2$；例如，三次方程式$x^3-x+1=0$。如果這樣的方程式解，不是有理數（如上述方程式的情況），則我們可以將這些方程式解，與有理數放在一起。我們也可以同時將多個此類型方程式的解，與有理數放在一起。這樣我們就求得許多不同的記數系統，或正如數學家所說的數域（number fields）。「域」這個字，指的是這個記數系統在加、減、乘、除運算中是封閉的代數系統。

就像$\sqrt{2}$相鄰求得的數域一樣，一般數域具有與這些計算相容的對稱性。給定數域的對稱性，可以陸續彼此相互組合形成，就像幾何物體的對稱性一樣。那麼這些對稱性形成一個群，就不足為奇了。這個群稱為數域的伽羅瓦群（Galois group），[7]以紀念法國數學家埃瓦里斯特‧伽羅瓦（Évariste Galois）。

數學家曾經說過,伽羅瓦的故事是最浪漫、最迷人的故事之一。他是數學神童,年輕時就展開了開創性發現。然而,他在一場決鬥中死去,年僅二十歲。對於1832年5月31日那場決鬥的原因有不同說法:有人說是爭奪女朋友,有人說是因為涉入政治活動。伽羅瓦從不妥協他的政治觀點,這在他短暫的一生中引起了許多人的不安。

　　事實上,就在他去世的前夕,半夜裡他在燭光閃爍的房間中瘋狂地書寫,完成了有關數字對稱性想法的手稿。這本質上是一封人性本質的情書,其發現令人目不暇給。確實,伽羅瓦發現的對稱群(現在以他的名字命名)如同埃及金字塔或巴比倫的空中花園一般,是我們世界的奇觀。不過,不同的是,我們不必前往另一個大陸或穿越時間去尋找。無論我們身在何處,都觸手可及。其魅力不僅在於其美麗,還在於其在現實世界中應用的超強力量。

伽羅瓦遠遠領先於他的時代。他的想法如此激進，以至於當時的人們剛開始無法理解他的思想。他的論文兩次被法國科學院拒絕，而五十年後才出版並受到數學界的讚揚。儘管如此，他的研究成果如今被公認為現代數學的支柱之一。

伽羅瓦所做的是引入了對稱性的概念，對幾何學的研究來說，這是直覺上很熟悉的，而對數論來說卻是最尖端的。更重要的是，他展示了對稱性的驚人力量。

在伽羅瓦之前，數學家專注於嘗試發現顯式公式（explicit formulas），用於 $x^2=2$ 和 $x^3-x+1=0$ 等方程式的解，稱為多項方程式。儘管伽羅瓦已經去世兩個世紀，可悲的是，這就是我們在學校仍然教授的方式。例如，我們需要記住通用公式一元二次方程式解的公式〔即2度（degree），決定多項式的次數〕。

$$ax^2+bx+c=0$$

就其係數 a、b、c 而言。我在這就不寫這個公式了，以免引起任何不愉快的回憶。我們現在需要知道的是要求平方根。

同樣的，有一種類似但更複雜的通用公式一元三次方程式（即3度，決定多項式的次數）。

$$ax^3+bx^2+cx+d=0$$

就其係數 a、b、c、d 而言，涉及三次根。求解多項方程式的計

算，採用根方（即平方根、立方根等），隨著等式次數的增加，而變得越來越複雜。

在9世紀，波斯數學家花剌子密（Al-Khwarizmi）就已經知道了一元二次方程式解的一般公式〔「代數」（algebra）一詞源於他撰寫的書的阿拉伯語標題「代數學」（al-jabr）〕。一元三次方程式和一元四次方程式解的公式，則是在16世紀上半葉發現的。自然，下一個目標是一元五次方程式。在伽羅瓦出生之前的三百年間，許多數學家一直在拼命尋找求解公式，但毫無成果。伽羅瓦認識到他們一直在問錯誤的問題。他提出，我們應該關注數域的對稱群。藉由探索有理數，求解方程式，找出這些對稱群，這就是我們現在所說的伽羅瓦群。

描述伽羅瓦群的問題其實比解決精密公式的問題更容易駕馭。即使不知道這個群的解是什麼，也能進行合理推論，並從中得出求解的重要訊息。事實上，如果對應的伽羅瓦群有特別簡單的結構存在，伽羅瓦能夠證明，該解的根號公式（即平方根、立方根等）同時存在。數學家現在稱這些群為可解群。對於二次、三次和四次方程式，伽羅瓦群總是可解的，因此這些方程式的解可以用根號公式來表示。然而，伽羅瓦指出，典型的五次方程式（或更高次方程式）的對稱群無解。這意味著這些方程式的根號解，無法用公式求解。[8]

我不會詳細介紹這個證明，但讓我們考慮幾個伽羅瓦群的實例，可以讓您了解這些群的型態。我們已經描述了方程式$x^2=2$情況下的伽羅瓦群。此方程式有兩個解，$\sqrt{2}$和$-\sqrt{2}$，我們將其與

鄰接有理數放在一起。伽羅瓦群的數域由兩個元素組成：[9]恆等性，以及對稱性交換$\sqrt{2}$和$-\sqrt{2}$。

我們接下來考慮的一個範例，是關於前述的一元三次方程式，並假設其係數是有理數，然而其三個解都是無理數。我們通過將這些解合併起來，放入有理數中，建構了一個新的數域。這就像在我們的茶杯中添加三種不同的成分：一塊方糖、一點牛奶，以及一匙蜂蜜。在任何情況下，這個數域的對稱性（即添加了這些成分的風味茶）都不會改變，因為方程式的係數是有理數，保有其對稱性。因此，一元三次方程式的每個解（這三種成分之一）必然會轉化為另一個解。根據上述三個解的排列順序，這種觀察使我們能夠描述這個數域的伽羅瓦對稱群。其關鍵在於，我們在沒有寫下任何公式的情況下，取得了描述性的解決方案。[10]

類似地，數域的伽羅瓦對稱群，是求取任意多項方程式的所有解與有理數鄰接解，也可以用這些解的排列來進行描述（n次多項方程式的n個解，其解都是截然不同的，而不是有理數）。這樣我們就可以推導出方程式很多訊息，而非以係數表達其解。[11]

伽羅瓦的工作展示了數學洞察力的絕佳範例。他並沒有依靠我們熟知的多項式公式來解決問題，而是「破解」（hack）了這個難題！他重新設計、扭轉、並以完全不同的角度看待問題。他的卓越洞察力永遠改變了人類對數字和方程式的思考方式。

一百五十年後，朗蘭茲進一步發展了這些想法。1967年，他提出了一個革命性見解，將伽羅瓦群與其他數學領域的理論，如

調和分析（harmonic analysis）或諧波分析，結合在一起。這兩個看似相距光年的領域，事實證明是密切相關的。當時三十歲出頭的朗蘭茲在給傑出數學家安德烈‧韋伊（André Weil）的一封信中總結了他的想法。這封信件的抄本在數學界廣泛流傳。[12]這封信的附函因其輕描淡寫而異乎尋常：[13]

> 韋伊教授：
>
> 　　為了回應您對我前來演講的邀請，我寫了這封信函作為附件。在完成後，我發現裡面幾乎沒有任何可以確信的陳述。如果您願意閱讀，我將感謝您將其視為純粹的臆測；如果您不想看，我確信您手邊有一個廢紙簍。

接下來，我們將探討一個永遠改變我們思考數學方式的突破性理論的起源。於是，朗蘭茲綱領誕生了。

幾代數學家畢生致力於解決朗蘭茲提出的問題。究竟是什麼如此啟發了他們？答案將在下一章揭曉。

第八章　神奇數字

當我們在第二章中第一次討論對稱性時,我們提到一個名為 $SU(3)$ 的群,這個群代表控制基本粒子行為的狀態。朗蘭茲綱領的重點也是群的代表性,不過這次是上一章已討論過的數域伽羅瓦對稱群。事實證明,這些表示形式中的「原始碼」,包含了關於所有數字的基本資訊。

朗蘭茲的絕妙點子是,我們可以從性質完全不同的對象——所謂的自守函數(automorphic functions)中,來自另一個數學領域,稱為調和分析,來學習數論中的困難問題。這種調和分析的根源在於對諧波的研究,諧波是互為倍數的聲波基本頻率。這個想法是,一般的聲波是諧波的疊加,交響樂是和音符相對應的和聲疊加,由各種樂器演奏。從數學上講,這意味著描述諧波的既定函數之疊加,例如熟悉的三角函數正弦和餘弦。自守函數是這些熟悉和聲的更複雜版本。使用這些自守函數進行計算,擁有強大的解析方法。而且,朗蘭茲令人驚訝的見解是,我們可以使用這些函數來學習數論中較困難的問題,從而找到隱藏版的和諧數字。

我在作者序中寫道,數學的主要功能之一是資訊的排序,或如朗蘭茲本人所說,「在看似混亂中創造秩序」。[1]朗蘭茲的想法之所以強大,正是因為它有助於將數論中看似混亂的資料,組織成對稱與和諧的規則模式。

如果我們將數學的不同領域視為大陸,那麼數論就像北美,諧波分析則像歐洲。這些年來,我們在大陸之間旅行所花費的時間越來越少。過去坐船需要幾天時間,現在坐飛機只需要幾個小時。但想像一下,運用一項新技術,可以讓您立即從北美的任何地方運送到歐洲的某個地方,這就相當於朗蘭茲發現的聯繫關係。

我現在將描述其中一個令人驚歎的聯繫,與我們在第六章中討論的費馬大定理相關。費馬大定理說來看似簡單:如果n大於3,那麼沒有自然數x、y和z可以解方程式

$$x^n+y^n=z^n$$

正如我所寫,這個結果是法國數學家費馬三百五十多年前的1637年寫的。他正在閱讀的一本舊書,說他發現了「真正奇妙的」證明,但是這一本書的「邊距太小,無法鉅細靡遺地寫出來」。這是號稱17世紀推特式的證明:「我發現了這個奇妙的定理證明,但很不幸的是我不能在這裡寫,因為超過一百四十個字元」——抱歉,空間不足。

毫無疑問,費馬是錯的。數學界花了三百五十多年想找真正的證據,這是極其複雜的。主要有兩種步驟:首先,1986年,肯・黎貝(Ken Ribet)證明費馬大定理來自所謂的志村—谷山—韋伊猜想(Shimura-Taniyama-Weil conjecture)。

(也許,我應該注意到,數學猜想是這樣的陳述:人們期望

這是真的，但人們還不知道其證明。一旦求得證明，猜想就成為定理。）[2]

黎貝展示的是如果存在自然數x、y、z解，以計算費馬方程式，然後，使用這些數字，我們可以建構一個特定的三次方程式，具有志村—谷山—韋伊猜想所排除的性質（我將在下面解釋這個方程式和其性質）。如果我們知道志村—谷山—韋伊猜想是對的，那麼這個方程式不可能存在。但隨後數x、y、z求解費馬方程式，也不可能存在。[3]

讓我們暫停一分鐘時間，再回顧這個論證的邏輯。為了證明費馬大定理，我們假設這是假的議題；那也就是說，我們假設存在自然數x、y、z滿足費馬方程式。然後我們將這些數字關聯到一元三次方程式，其中事實證明有某些不良屬性。志村—谷山—韋伊猜想告訴我們這樣的方程式不可能存在。但接下來這些數字x、y、z也不可能存在。因此費馬方程式不可能有解。因此，費馬大定理是正確的！簡單來說，這個流程圖的論證如下：

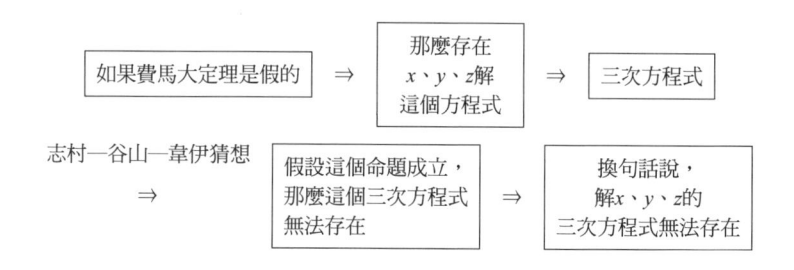

| 如果費馬大定理是假的 | ⇒ | 那麼存在x、y、z解這個方程式 | ⇒ | 三次方程式 |

志村—谷山—韋伊猜想 ⇒ | 假設這個命題成立，那麼這個三次方程式無法存在 | ⇒ | 換句話說，解x、y、z的三次方程式無法存在 |

這種論證稱為**反證法**（proof by contradiction）。我們試圖證

明一個相反的陳述（在我們的例子中，這是指存在解費馬方程式的自然數x、y、z，這與我們想要證明的結果相反）。如果通過一連串的推理，我們得到一個明顯錯誤的陳述（在我們的例子中，這是志村—谷山—韋伊猜想否認了三次方程式的成立），那麼我們就得出結論，我們最初的陳述是錯誤的。

因此，我們想要證明的陳述（即費馬大定理）是正確的。要建立費馬大定理，我們需要證明志村—谷山—韋伊猜想是正確的。自從1986年黎貝發表這一猜想以來，人們便開始尋找其證明。

多年來，已經公布了一些證明，但隨後的分析顯示這些證明包含錯誤或缺陷。1993年，安德魯·懷爾斯（Andrew Wiles）聲稱他已經證明了這一猜想，但幾個月後發現他的證明中存在著一個漏洞。有段時間，這個證明看起來像是與許多其他著名的「未完成」的證明一起被銘記，其中的缺陷被發現但未能彌補。

幸運的是，懷爾斯在一位專家的幫助下，在一年內彌補了這個漏洞。他找來另一位數學家理查·泰勒（Richard Taylor），並一起完成了這個證明。[4]這是一部關於費馬大定理的精彩紀錄片，懷爾斯回憶起這一刻時情緒激動，這對他來說一定是痛苦的經驗，我們只能想像他的內心是多麼地激盪。

因此，志村—谷山—韋伊猜想是證明費馬大定理的關鍵。也可以被視為朗蘭茲綱領的一種特例，因此恰如其分地說明了朗蘭茲綱領意外關聯的絕佳例證。

志村—谷山—韋伊猜想是關於某些方程式的陳述。事實上，

數學的很大一部分是關於求解方程式的。我們想要了解假設方程式在假設域之內，是否有解；如果是的話，我們可以找到解嗎？如果有多重解，那麼有多少種解？為什麼有些方程式有解，有些則沒有？

在上一章我們討論了一個變數的多項方程式，例如$x^2=2$。費馬大定理是關於三個變數的方程式：$x^n+y^n=z^n$。志村—谷山—韋伊的設計是關於一類兩個變數的代數方程式，例如：

$$y^2+y=x^3-x^2$$

此類方程式的解，是一對數字x、y，使得左側算式，等於右側算式。

但是我們希望x和y是什麼樣的數字呢？有幾種選擇：一種可能性是x和y是自然數或是整數。另一種可能性是有理數。我們也可以尋找x、y是實數解，甚至是複數——我們將在下一章更詳細討論這些選項。

事實證明，還有一個選擇，雖然不那麼明顯，但同樣的重要：對於某個固定的自然數，考慮x、y解的「模除N」（modulo N）。我們尋找x和y的整數，使得左邊算式等於右邊算式，直到找到可整除N的數字解。

例如，讓我們找出模除$N=5$的解。最簡單的解為$x=0$，$y=0$。還有其他三種稍微不太好找的解：$x=0, y=4$是「模除5」的解，因為左邊算式是20，且右邊算式為0。左邊算式和右邊算式之間的

第八章　神奇數字　135

差異,是20,能被5整除。透過類似的論證,$x=1$,$y=0$和$x=1$,$y=4$也是「模除5」的解。

當我們在第二章討論過這種算術時,談到了圓桌的旋轉群(group of rotations)。我們當時看到角度的加法,是「360度的取模運算」。也就是說,如果兩個角的和大於360度,我們減去360,角度的範圍落入0到360度的區間。例如,旋轉450度,等於旋轉90度,因為450-360=90。

當我們看時鐘時,我們也會採用這種算術。如果我們從早上10點開始工作8小時,什麼時候會結束?對,就是10+8=18,所以很自然地說:「我們在18點完成。」在法國,他們將時間記錄為數字,從0時記錄到24時,這樣說完全沒問題(實際上,我的舉例不太好,因為法國一天的標準工作時數通常僅限七小時)。但是在美國,我們說:「我們下午6點結束。」我們怎麼從18點變成6點?我們減了12,因此:18-12=6。

因此,我們依據時間對應到角度。在第一種情況下,我們進行加法式的「360度的取模運算」(modulo 360)。在第二種情況下,我們進行減法式的「12小時的取模運算」(modulo 12)。

同樣,我們可以對任何自然數N進行加法運算,考慮0到N-1之間所有連續整數的集合。

$$\{0, 1, 2,...,N-2, N-1\}$$

如果$N=12$,則這是可能的小時數集合。一般來說,如果數字N起

到12的作用，因此不是12將我們帶回0，而是N。

我們以定義這些數字集合相同的方式，以定義小時。設定該集合中的任意兩個數字，我們將它們相加，如果結果大於N，我們從中減去N，以求得同一集合中的數字。這一種運算使該集合成為一個群。恆等元是數字0：將其加到任何其他數字，都不會改變。事實上，我們有n+0=n。對於我們集合中的任何數字n，其「加法逆元」（additive inverse）或相反數，是N-n，因為n+(N-n)=N，根據我們的規則，與0相同。

例如，讓我們取N=3。然後我們有{0,1,2}組，以及「減法式的取模3運算」，例如

$$2+2=1 \quad 模減3（modulo 3）$$

在這個系統中，因為2+2=4，但由於4=3+1，所以數字4等於1的模減3。

因此，如果有人對您說：「2加2等於4」，表示已成立的事實，您現在可以說（如果您願意的話，可以面帶著優越感的微笑）：「嗯，實際上，這不一定是對的。」如果他們要求您解釋您的意思，您可以告訴他們，「如果您對模減3進行運算，那麼2加2等於1。」

設定上述集合中的任兩個數字，我們也可以將其相乘。其結果可能不在0和N-1之間，但會有一個唯一的數字在這個範圍內，將不同於乘法結果，能被N整除。然而，一般來說，{1, 2,

第八章　神奇數字　137

..., N-1}不是關於乘法的群。我們確實有單位元：數字1。但是每個元素都有「模N的乘法逆元」（multiplicative inverse modulo N）。當N是質數時，除了1和其自身N之外的自然數，不能被任何其他數整除的數。[5]

前幾個質數是2、3、5、7、11、13……（習慣上排除此數列中的1）。自然數中，2是例外，2是質數，因為只有1與2可整除該數。但是9不是質數，因為可以被3整除。事實上有無限多個質數——無論這個質數有多大，還有更大的質數。[6]質數，是不可分割的，所以是自然數世界的基本粒子；事實上，所有其他自然數，都可以以其獨特的方式，寫成質數的乘積。例如，60=2·2·3·5。

讓我們確定一個質數。按照慣例，我們用p來表示。然後我們考慮0到$p-1$之間所有連續整數的集合；那是

$$\{0, 1, 2, 3, 4, ..., p-2, p-1\}$$

我們考慮對其進行兩種運算：加法和乘法模p。如同上面所看到的，這個集合是一個關於加法模p的群。更值得注意的是，如果我們刪除數字0，並且考慮1到$p-1$之間的連續整數的集合，即$\{1, 2, ..., p-1\}$，我們求得關於乘法模p的群。元素1是乘法恆等元（這非常清楚），我聲稱任何自然數1和$p-1$之間，存在乘法逆元（multiplicative inverse）。[7]

例如，如果$p=5$，我們發現

$$2 \cdot 3 = 1 \quad 模減5$$

和

$$4 \cdot 4 = 1 \quad 模除5$$

因此2是3的「模減5」之「倒數」（multiplicative inverse）又稱「模減5」乘法反元素，或是「模減5」乘法逆元素，而4是自身「模除5」的「倒數」。事實證明，這通常是正確的。[8]

在日常生活中，我們習慣於整數或分數。有時，我們使用像$\sqrt{2}$這樣的數字。但我們新發現本質上完全不同的系統：有限數集$\{0, 1, 2, ..., p-1\}$，其中p是質數，我們將對其進行p的模算數。稱為具有p個元素的有限域。這些有限域在數值世界中形成重要的群島——然而，不幸的是，我們大多數人從未被告知其存在。

儘管這些記數系統看起來，和我們習慣的記數系統有很大不同，例如有理數，其具有相同的顯著性質：在加法、減法、乘法、除法運算下，是封閉的。[9]因此，我們能用有理數完成的一切，也可以用這些看似更深奧、有限的數域來完成。

事實上，這些數域已不再那麼深奧，並且找到了重要的應用，尤其是在密碼學中。當我們在網路購物時，輸入的信用卡號碼會使用算術模質數（arithmetic modulo primes）進行加密。這些加密方程式與前述的方程式非常相似（請參閱第十四章註釋7的RSA加密演算法描述）。

讓我們回到三次方程式。

$$y^2+y=x^3-x^2$$

我們上面有考慮過。讓我們找出這個方程式對於各種質數p模p的解,例如,我們在上面看到「模5解」(solutions modulo 5)有4個解。但請注意,模p=5的解,不一定是其他質數的模解(例如,p=7或p=11)。所以這些解,取決於我們進行算術運算的質數p的模解。

我們現在要問的問題是:此方程式以p為模數字解,是如何計算的?對於p,我們可以明確地計算(也許,在電腦的協助之下),所以我們實際上可以編製小表。

長久以來,數學家就知道此類方程式的模p解的數量,大致等於p。讓我們以「逆差」表示實際解p的數量與預期解p的數量之間的差異,稱為a_p。這意即數字上述方程式模p的解,等於$p-a_p$。對於假設的p,其a_p可以是正數,或是負數。例如,我們在上面發現,對於p=5,有4個解。由於4=5-1,我們求得a_5=1。

我們可以在電腦上找到小質數的數字a_p。他們似乎是隨機的。似乎沒有任何自然公式或規則可以證明我們能夠計算這些質數。更糟的是,計算變得極為複雜。

但如果我告訴您實際上有一個簡單的規則,可以同時生成a_p?

如果您想知道我在這裡所說的這些數字「規則」生成,到底是什麼意思,讓我們考慮一個更熟悉的序列,即所謂的斐波那契

數列（Fibonacci numbers）：

$$1, 1, 2, 3, 5, 8, 13, 21, 34, ...$$

斐波那契數列是以義大利數學家斐波那契（Leonardo Fibonacci）命名的，他於1202年在書中介紹了這個數列（同樣是在兔子交配問題的背景下提出）。這些數字在自然界中無處不在：從花朵的花瓣排列，到鳳梨表面的圖案。斐波那契數列還有許多應用，例如在股票交易技術分析中的「斐波那契回撤」（Fibonacci retracement）。

斐波那契數的定義如下：其中前兩個，等於1。之後的每個數字都等於前面兩個斐波那契數字之和。例如，2=1+1, 3=2+1, 5=3+2，依此類推。如果我們以F_n表示第n個斐波那契數，則有$F_1=1, F_2=1$且

$$F_n=F_{n-1}+F_{n-2}, n>2$$

原則上，這條規則使我們能夠找到任意n的第n個斐波那契數。但為了做到這一點，我們必須先找到i的介於1和$n-1$之間所有斐波那契數F_i。

然而，事實證明這些數字也可以用以下方式表示。考慮下列數列

第八章　神奇數字

$$q+q(q+q^2)+q(q+q^2)^2+q(q+q^2)^3+q(q+q^2)^4+\ldots$$

換句話說，我們將輔助變數q乘以所有表達式$(q+q^2)$冪的總和。如果我們開括號，我們得到一個無窮級數，其首項是

$$q+q^2+2q^3+3q^4+5q^5+8q^6+13q^7+\ldots$$

例如，讓我們用q^3計算項。它只能出現在q、$q(q+q^2)$和$q(q+q^2)^2$。（事實上，定義總和中出現的所有其他表達式，例如$q(q+q^2)^3$，將只包含大於3的q冪）。其中第一個不包含q^3，另外兩個各包含一次q^3。他們的總和得出$2q^3$。我們以類似的方式求得級數的其他項。

分析本系列的第一項，我們發現1到7之間的n，q^n前面的係數是第n個斐波那契數F_n。例如，我們有項$13q^7$且$F_7=13$。事實證明，這對所有n都是成立的。為了這原因，數學家稱這個無窮級數為斐波那契數列的**生成函數**（generating function）。

這個非凡的函數可以用來提供有效的計算公式，計算第n個斐波那契數，而無須參考前面的斐波那契數。[10]但即使拋開計算方面，我們也可以欣賞這個生成函數所增加的價值：生成函數沒有提供自引用遞迴程序，而是一次查找到所有斐波那契數列。

讓我們回到計算三次方程式解的模質數a_p。看這些數字像是斐波那契數列（讓我們忽略數字a_p由質數p標記的事實，當斐波

那契數F_n由所有自然數n標示）。

似乎令人難以置信的是，有一條規則生成這些數字。然而，德國數學家馬丁・艾希勒（Martin Eichler）在1954年發現了這個規則，[11]考慮以下生成函數：

$$q(1-q)^2(1-q^{11})^2(1-q^2)^2(1-q^{22})^2(1-q^3)^2(1-q^{33})^2(1-q^4)^2(1-q^{44})^2 \ldots$$

換句話說，這是q乘以$(1-q^a)^2$形式的因子的乘積，其中a轉換（going over）數字列表中的n到$11n$，其中$n=1, 2, 3,\ldots$。讓我們使用標準規則來開括號：

$$(1-q)^2 = 1-2q+q^2,\ (1-q^{11})^2 = 1-2q^{11}+q^{22},\ \ldots$$

然後將所有因數相乘。蒐集這些項，我們得到無窮大的和如下：

$$q-2q^2-q^3+2q^4+q^5+2q^6-2q^7-2q^9-2q^{10}+q^{11}-2q^{12}+4q^{13}+\ldots$$

省略符號代表q次方大於13的項。雖然這個級數是無限的，但每個係數都是明確定義的，因為是由上述乘積中的有限多項因子決定。讓我們表示係數在q^m前面，乘以b_m。所以有$b_1=1$, $b_2=-2$, $b_3=-1$, $b_4=2$, $b_5=1$等。

艾希勒的令人震驚的看法是，對於所有質數p，係數b_p等於a_p。換句話說，$a_2=b_2$, $a_3=b_3$, $a_5=b_5$, $a_7=b_7$等。

例如，讓我們檢視$p=5$時是否成立。在這種情況下，請看看我們發現生成函數q^5前面的係數，是$b^5=1$。另一方面，我們已經看到三次方程式有4個模解$p=5$。因此，$a_5=5-4=1$，所以確實$a_5=b_5$。

我們從一個看似無限複雜的問題開始：計算三次方程式的解

$$y^2+y=x^3-x^2$$

對所有質數p，取模p。然而，關於這個問題的所有資訊都是包含在單行式之中：

$$q(1-q)^2(1-q^{11})^2(1-q^2)^2(1-q^{22})^2(1-q^3)^2(1-q^{33})^2(1-q^4)^2(1-q^{44})^2 \ldots$$

這一行是一個密碼，包含以所有質數為模的三次方程式的數字解的所有資訊。

將三次方程式想像成複雜的生物有機體，並且該有機體的各種特徵就是方程式的解，會有很幫助。我們知道所有這些特徵都編碼於DNA分子之中。同樣地，三次方程式的所有複雜性，都編碼於生成函數之中，就像這個方程式的DNA。此外，這個函數是由一種簡單的規則所定義。

更有趣的是，如果q是一個數字，其絕對值小於1，那麼上述的無限和將收斂到一個明確定義的數字。所以，我們可以求出q中的函數，這個函數結果擁有類似於正弦和餘弦三角函數的特殊

週期屬性。

正弦函數sin(x)是週期函數，週期為2π，也就是說，sin(x+2π)=sin(x)。但也有sin(x+4π)=sin(x)，對任意整數n來說，sin(x+2πn)=sin(x)。我們這樣想：每個整數n都會產生一種直線的對稱性：直線上的每個點x，都會平移到x+2πn。所以，所有整數組成的群，化為一組直線的對稱性。這個正弦函數的週期性，意即該函數在此群當中不變。

同樣，上面寫的變數q的艾希勒生成函數，其結果在某個對稱群之下，是不變的。這裡我們應該取q不是一個實數，而是一個複數（我們在下一章將討論這個主題）。那麼我們可以將q視為直線上的一點，如正弦函數的情況，但作為複雜平面上單位圓盤（unit disc）內的點。對稱性也是類似的：在這個圓盤上有群的對稱性，而且我們的函數在該群下是不變的。[12]具有這種不變性的函數稱為**模形式**（modular form）。

這個盤的對稱群非常豐富。我們看這張圖，可以了解。在這張圖上，圓盤被分成了無數個對稱交換的三角形。[13]

對稱性透過交換這些三角形，而作用在圓盤上。實際上，對於任何兩個三角形，之間存在交換對稱性。雖然這些圓盤的對稱性非常複雜，這類似於整數群作用於直線，如何以對稱性圍繞區間$[2\pi m, 2\pi(m+1)]$之間移動。正弦函數在這些對稱性之下，是不變的，而艾希勒生成函數在圓盤的對稱性之下，是不變的。

正如我在本章開頭所提到的，正弦函數是線形「諧波」（基本波）（basic wave）之中，最簡單諧波範例分析。同樣的，艾希勒函數與其他模數形式（modular forms）一樣，是在單位圓盤（unit disc）諧波分析中出現的諧波。

艾希勒的偉大見解在於，三次方程式模質數的解雖然看似隨機，實際上來自單一生成功能，並且遵循精緻的對稱性——這揭示了隱藏的和諧，並按照這些數字進行排序。同樣地，就像施展魔法一樣，朗蘭茲綱領將以前無法取得的資訊組織成規則模式，編織出一幅由數字、對稱性以及方程式組成的精緻掛毯。

當我在本書開頭第一次談論數學時，您可能會想知道我所說的數學結果「美麗」或「優雅」是什麼意思。這就是我的意思。事實上，這些高度抽象的概念，竟然如此完美和諧地結合在一起，令人難以置信。這揭示了潛伏在表面之下的豐富而神祕的世界，就像布幕掀開之後，我們小心翼翼地瞥見了被忽視的現實。這些都是現代數學的奇蹟。

有人可能會問，除了擁有與生俱來的美麗之外，在數學領域

之間建立這些令人驚訝的聯繫是否有任何實際應用？這是一個公平的問題。目前，我還不知道具體的價值。但我們考慮過上述的在有限域上的三次方程式（產生所謂的橢圓曲線）已在密碼學中被廣泛使用。[14]如果有一天艾希勒的類比結果能像加密演算法一樣，找到強大且普及的應用程式，也不足為奇。

志村─谷山─韋伊猜想是艾希勒發現結果的普及化。對於**任何像上述的三次方程式**（在符合較弱條件的情況下），模質數的解是一種模形式（modular form）。此外，還存在著三次方程式和某種形式的模形式之一對一的對應關係。

這裡所說的一對一對應關係（one-to-one correspondence）是什麼意思呢？假設我們有五支鋼筆和五支鉛筆。我們可以為每支鋼筆分配一支鉛筆，這樣每支鉛筆都被分配到唯一的一支鋼筆，這就稱為一對一對應關係。

有很多不同的方法可以做到這一點。但是，假設在我們的一對一對應關係中，每支筆的長度與分配的鉛筆完全相同。我們將這種長度稱為「不變量」，並說我們的對應關係保留此不變量。如果所有鋼筆的長度不同，則其一對一對應關係由該屬性來單獨決定。

現在，在志村─谷山─韋伊猜想的情況下，其標的是三次方程式，例如上面的方程式。這些將是我們的鋼筆，對於每一枝鋼筆，數字a_p將是其附加之不變量（就像一支筆的長度，只不過現在不只有一個不變量，而是一整個集合以質數p標示）。

對應另一側的標的是對應的模組化形式。這些將是我們的鉛筆，對於每支鉛筆，係數b_p將是附加之不變量（如鉛筆的長度）。

志村—谷山—韋伊猜想認為這些標的之間，保留了這些不變量，存在一對一對應關係：

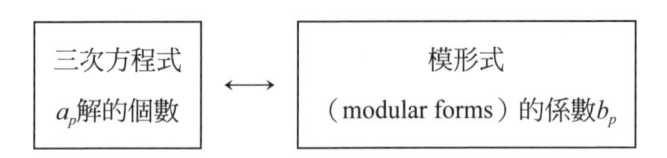

```
┌─────────────────┐         ┌─────────────────────────┐
│   三次方程式     │         │        模形式            │
│   $a_p$解的個數  │ ←————→ │ （modular forms）的係數$b_p$ │
└─────────────────┘         └─────────────────────────┘
```

也就是說，對於任何三次方程式，都存在一個模形式，對於所有質數p，$a_p=b_p$，反之亦然。[15]

現在我可以解釋志村—谷山—韋伊猜想與費馬大定理之間的聯繫：從費馬方程式的解開始，我們可以構造一個特定的三次方程式。[16]然而，黎貝證明，這個模質數三次方程式的解的個數，不能是志村—谷山—韋伊猜想所規定的模形式的係數。一旦這個猜想證明之後，我們的結論是這樣的三次方程式不可能存在。因此，費馬方程式無解。

志村—谷山—韋伊猜想，是一個令人震驚的結果，因為其數字a_p來自模質數方程式解的研究——這些數字來自數論世界——而數字b_p是來自調和分析領域的模形式的係數。這兩個世界似乎相距數光年，但事實證明描述的是相同世界同樣的事情！

志村—谷山—韋伊猜想可以改寫為朗蘭茲綱領的特殊例。為

了做到這一點，我們將在志村—谷山—韋伊猜想中出現的每個三次方程式替換，更換為特定的二維表示的伽羅瓦群。這種表示法是從三次方程式求得的，可以直接附上數字a_p（而不是以三次方程式呈現）。因此，伽羅瓦群和模形式之間的二維關係，可以用志村—谷山—韋伊猜想表達其間的關係。

〔我記得在第二章中，群的每個元素是遵照分布於二維空間（即平面）表示的對稱性規則。例如，在第二章我們討論了圓群的二維表示。〕

一般來說，志村—谷山—韋伊猜想在朗蘭茲綱領，更以意想不到且深刻的方式：伽羅瓦群的n表示（概括了對應於志村—谷山—韋伊猜想中的三次方程式）和所謂的自守函數表示（概括了志村—谷山—韋伊猜想中的模形式）：

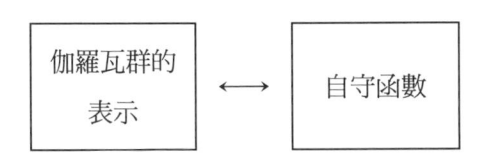

| 伽羅瓦群的表示 | ⟷ | 自守函數 |

儘管這些猜想都是正確無誤的，但即使幾代人付出了巨大的努力，過去四十五年來的數學家仍未能證實它們。

您可能會問：這些猜想是如何產生的呢？

這實際上是關於數學洞察力本質的問題。看到以前沒有人見過的模式和聯繫的能力，並非易事。通常這是數月，甚至數年

努力工作的結果。一點一滴地努力，一種新現象或理論的暗示浮現了，剛開始時，您自己都不相信。但接著您會說：「如果這是真的呢？」您會透過範例計算來測試這個想法。有時這些計算很難，您必須在堆積如山的公式中瀏覽，犯錯的機率非常高。如果一開始毫無效果，您必須一遍又一遍地重做。更常見的是，在一天結束之時（或一個月，或一年結束之時），您才知道最初的想法是錯誤的，您必須嘗試其他方法。這些都是沮喪和絕望的時刻，您會覺得浪費了大量寶貴的時間，卻沒有任何成果，這實在令人難以忍受。但是永遠不能放棄，您回到繪圖板，分析更多資料，從以前的錯誤中學到教訓，嘗試想出更好的想法。每隔一段時間，您的想法就會突然開始發揮作用，就像度過了一天毫無結果的衝浪時光後，終於熟悉了波浪，試圖盡可能長時間地騎在波浪之上。當這樣的時刻來臨，您將釋放您的想像力，讓波浪帶您衝得盡可能更遠，即使這個想法一開始聽起來很瘋狂。

　　志村─谷山─韋伊猜想的陳述，對於其創建者來說聽起來很瘋狂。怎麼可能不會呢？這個猜想早先有其根源，例如我們上面討論的艾希勒的結果（隨後由志村五郎歸納），表示對於某些三次方程式，以 p 為模的解的數字，記錄在模形式的係數中。但是對於任何三次方程式來說，這些正確的想法當時聽起來完全令人無法接受。這是一種信念的飛躍，首先由日本數學家谷山豐（Yutaka Taniyama）提出，他在1955年9月於東京舉辦的國際代數數論研討會上發表了演講。

　　我一直想知道：他是如何開始相信這不是瘋狂，而是真的？

他有勇氣公諸於世嗎？我們永遠不會知道。不幸的是，在他的偉大發現之後不久，1958年11月，谷山豐自殺，只有三十一歲。悲劇發生後不久，他的未婚妻也自殺，留下了以下字條：[17]

> 我們彼此承諾，無論走到哪裡，我們都不會分離。既然他走了，我也必須走，才能去見他。

谷山豐的朋友和同事志村五郎（Goro Shimura），另一位日本數學家，隨後讓這個猜想更為精確。志村五郎一輩子的大多數時間都在普林斯頓大學工作，目前是一位榮譽退休教授。他對數學中的朗蘭茲綱領做出了重大貢獻，其中幾個基本的概念以他的名字命名〔例如「艾希勒—志村同餘關係」（Eichler-Shimura congruence relations）和「志村簇」〕。

志村五郎在他關於谷山豐的深度論文中提出了引人注目的評論：[18]

> 雖然谷山豐犯了很多錯誤，但他絕不是個馬虎的人，反而有著特殊的才華，大部分都是朝向正確的方向。我為此有點忌妒他，並且試著模仿他，但卻沒有成功，而且發現很難犯下「好的錯誤」（make good mistakes）。

用志村五郎的話來說，谷山豐在1955年9月東京研討會上提出的「問題」時「在表達自己的觀點時並不十分謹慎」，[19]需要

更正。然而，這是一個革命性的見解，引發了20世紀數學最重要的成就之一。

該猜想中第三個名字是安德烈・韋伊，我之前提到過的人，他是20世紀數學界的巨擘之一。他以才華橫溢和脾氣暴躁而聞名，出生於法國，二戰期間來到美國。在美國多所大學任教之後，1958年他移居到普林斯頓大學高等研究院工作，直到1998年逝世，享耆壽九十二歲。

安德烈・韋伊，1981年。取材自普林斯頓高等研究院懷特及利維檔案中心。

韋伊和朗蘭茲綱領之間有著特別的關聯。不僅因為勞勃・朗蘭茲在那封著名的信中首次闡述了他的想法，是寫給韋伊的信，也因為「志村─谷山─韋伊猜想」。安德烈・韋伊在寫給他妹妹的信中概述了數學，說明朗蘭茲綱領最好透過「大局」的稜鏡來看。我們在下一章會講到這一點。這將是我們邁向實現朗蘭茲綱領，進入幾何領域的一步。

第九章　羅塞塔石碑

　　1940年，戰爭期間，安德烈・韋伊因為拒絕在法國服役而入獄。正如《經濟學人》(*The Economist*)所發的訃聞所述：[1]

> 在第一次世界大戰期間，韋伊對數學界所遭受的損害深感震驚……法國「面對犧牲的錯誤平等觀念」導致了該國年輕科學家菁英的屠殺。為此，韋伊相信他不僅對自己，而且對文明負有責任，將其一生奉獻給數學。事實上，他辯稱，讓自己偏離數學主題將是一種罪。當其他人提出反對意見時，「但如果每個人都像你一樣不當兵……」，他回答說，這種可能性在他看來太難以置信了，因此沒有必要考慮這一點。

　　在獄中，韋伊寫了一封信給他的妹妹西蒙・韋伊（Simone Weil）。她是一位哲學家和人文主義者。這封信是一份非凡的文件；在信中，他嘗試用相當基本的術語來解釋（即使是哲學家也能理解——開個小玩笑！）他所看到的數學的「大局」。這樣做，他立下了所有數學家都應該效法的偉大榜樣。我有時開玩笑說，也許我們應該監禁一些卓越的數學家，迫使他們像韋伊一樣，以簡單易懂的方式表達想法。

　　韋伊在信中談到了類比在數學中的作用，他用他最感興趣的

類比來說明這一點：數論和幾何。

事實證明，這個類比對於朗蘭茲綱領的發展極為重要。正如我們之前討論的，朗蘭茲綱領起源於數論。朗蘭茲猜想數論難題，例如模質數方程式解的計數，可以透過使用調和分析方法來解決——更具體地說，研究自守函數。這令人興奮，因為首先，它為我們提供了解決以前看似棘手問題的新方法；其次，它指出了不同數學領域之間深刻而基本的聯繫。因此，很自然地，我們想知道這中間到底發生了什麼：為什麼這些隱藏的聯繫會存在？我們仍然沒有完全理解。甚至志村—谷山—韋伊猜想也花了很長時間才解決。這只是一般朗蘭茲猜想的特例，有成百上千類似的陳述尚未得到證實。

那我們該如何處理這些困難的猜想呢？其中一種方法是繼續努力，並嘗試提出新的想法和見解。這正在發生，而且已經取得了重大進展。另一種可能是試圖擴大朗蘭茲綱領的範圍。因為該綱領指向數論和調和分析的基本結構和聯繫，這些結構和聯繫很可能也存在於數學的其他領域之間。

事實的確如此，人們逐漸認識到，在數學的其他領域，例如幾何學，甚至在量子物理學中，也可以觀察到同樣的神祕模式。當我們了解這些模式在某個領域中的意義時，我們會發現它們在其他領域中也有相關意義。我之前寫過，朗蘭茲綱領是一種數學的大一統理論。我的意思是，朗蘭茲綱領指出一些普遍現象，並展示這些現象如何在不同數學領域之間聯繫起來。我相信它掌握了解決問題的關鍵，並提供了對數學真實意義的理解，遠遠超出

了最初的朗蘭茲推測。

　　朗蘭茲綱領現在是一個巨大的主題，有許多不同領域的研究者在研究，包含數論、調和分析、幾何、表示論和數學物理學。雖然他們工作於非常不同的主題，但都觀察到類似的現象。這些現象為我們提供了理解這些不同領域如何相互關聯的線索，就像一個巨大的拼圖遊戲中的小拼圖。

　　我進入朗蘭茲綱領的切入點是透過我對卡茨—穆迪代數（Kac-Moody algebras）的研究，我將在接下來的幾章中詳細描述。不過，隨著我對朗蘭茲綱領了解得越多，我就越加興奮於其在數學中的普遍性。

　　我們可以將現代數學的不同領域視為語言。我們認為這些語言句子的意思是相同的。我們將這些句子彼此對應，漸漸地，我們開始發展一本專業辭典，允許我們在不同的數學領域之間進行翻譯。安德烈・韋伊給了我們理解數論和幾何學之間聯繫的合適架構，這是一種現代數學多種語言翻譯的「羅塞塔石碑」。

　　另一方面，我們有數論的對象：有理數和其他數學結構我們在上一章中討論過的數域，例如由相鄰的$\sqrt{2}$及其伽羅瓦群求得的數字。

第九章　羅塞塔石碑　155

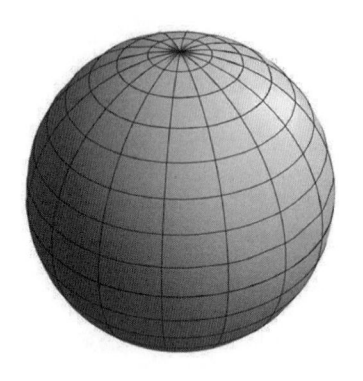

另一方面，我們有所謂的黎曼曲面。最簡單的例子是球體。[2]

下一個範例是圓環面（torus），即甜甜圈形狀的表面。我想強調一下，我們在這裡考慮的是甜甜圈的**表面**，而不是它的內部。

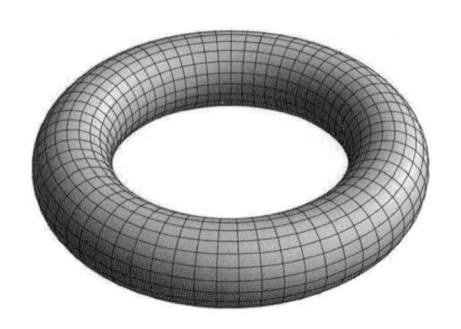

下一個例子是丹麥捲餅（Danish pastry）的表面，如下圖所示（或者您可以將其視為椒鹽捲餅，或是蝴蝶脆餅的表面）。

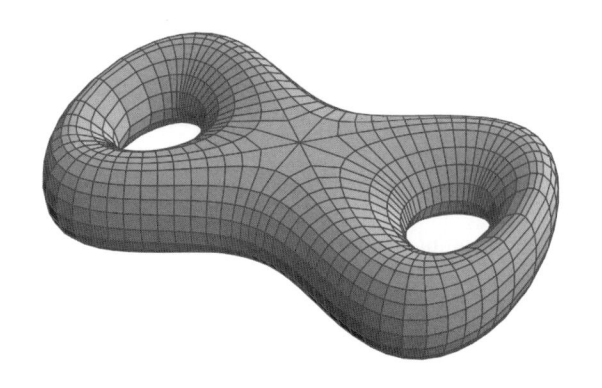

圓環面有一個「孔洞」，而丹麥捲餅有兩個「孔洞」。還有對於任何n=3, 4, 5, ...有n個孔洞的表面，數學家稱之為黎曼曲面的孔數為虧格，也稱為曲面種數（genus）。[3]19世紀的德國數學家伯恩哈德・黎曼，其工作開闢了數學的幾個重要方向。黎曼的彎曲空間理論，我們現在稱為黎曼幾何，是愛因斯坦廣義相對論的基石。愛因斯坦方程式描述了以所謂的黎曼張量（Riemann tensor）顯示的重力，表示時空的曲率。

乍一看，數論與黎曼曲面沒有任何共同之處。然而事實證明，它們之間有許多相似之處。其關鍵是在這兩者之間，還有另一個類別之標的。為了看到這一點，我們必須認識到黎曼曲面，可以由下列代數方程式來描述。例如，再次考慮一個三次方程式，舉例

$$y^2+y=x^3-x^2$$

正如我們之前提到的，當我們談論這樣一個方程式解時，其重要性是要指定屬於哪個記數系統之選擇，不同的選擇，產生不同的數學理論。

在上一章，我們討論了模質數的解，這是一種理論；但是我們也討論複數（complex numbers）的解，這是另外一種理論，產生了黎曼曲面。

人們常常將近乎神祕特質，歸因為複數，就好像這些是一些極其複雜的物體。他們其實不會比我們在上一章試著理解2的平方根所討論的數字更為複雜。

讓我解釋一下。在上一章中，我們加入了毗連其他有理數方程式 $x^2 = 2$ 的兩個解，以 $\sqrt{2}$ 和 $-\sqrt{2}$ 表示。現在，我們不再看方程式 $x^2=2$，而是看方程式 $x^2=-1$。看起來比之前的複雜得多嗎？不，看起來並無有理數之間的解，但我們不懼怕。此方程式對其他有理數的兩個解，將其表示為 $\sqrt{-1}$ 和 $-\sqrt{-1}$。他們解出方程式 $x^2=-1$，即

$$\sqrt{-1}^2 = -1, \qquad (-\sqrt{-1})^2$$

與前一種情況只有微小的差異。$\sqrt{2}$ 不是有理數，但是為實數，因此透過加上毗連連接其他有理數，以上虛數解不在實數領域。

我們可以按照以下幾何方式思考實數。繪製線條和在其上標記兩個點，這將代表數字0和1。1在右側，其距離等於0到1之間的距離。數字2在1的右側，其距離等於0到1之間的距離，代表所

有其他整數都相同。接下來，我們透過細分來標記有理數代表整數點之間的值。例如，數字$\frac{1}{2}$恰好位於0和1之中間；數字$\frac{7}{3}$是從2到3的三分之一等。現在，直觀地講，真實的數字是一對一與這條線的所有點對應關係。[4]

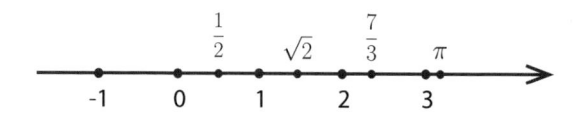

回想一下，我們遇到數字$\sqrt{2}$為斜邊的長度，其邊長為1的直角三角形。所以我們在實數線上標記$\sqrt{2}$，透過求出0右邊的一個點，其到0之間的距離長度等於這個斜邊。同樣，我們可以在這一行標記數字π，[5]即直徑為1的圓之周長。另一方面，方程式$x^2=-1$在有理數中無解，而且在實數中也無解。確實，任何實數的平方，必須為正數或0，因此不能等於-1。所以不像2和-2，數字$\sqrt{-1}$和$-\sqrt{-1}$不是實數。但那又怎樣呢？我們遵循相同的程序，並以完全相同的方式，我們導入了數字$\sqrt{2}$和$-\sqrt{2}$。我們採用這些新數字進行算術運算。

讓我們回想一下我們之前是如何爭論的：我們注意到方程式$x^2=2$在有理數中無解。所以我們創建了兩個方程式解，稱為數字$\sqrt{2}$和$-\sqrt{2}$，並將其與其他有理數相毗連，創建一個嶄新的記數系統（我們隨後將其稱為數域）。同理，現在我們採用方程式$x^2=-1$並注意在有理數之間也無解。所以我們**創建**這個方程式的

兩個解，以$\sqrt{-1}$和$-\sqrt{-1}$表示，並且將其與有理數相毗連。正是同樣的程序！為什麼我們應該將此新的記數系統，看成比我們舊有的記數系統（有$\sqrt{2}$的系統）更為複雜嗎？

其原因純粹是心理上的：我們可以將$\sqrt{2}$表示為直角三角形的邊長，我們沒有這樣的幾何，可以表示$\sqrt{-1}$。但我們可以在代數上像是處理$\sqrt{2}$同樣有效地處理$\sqrt{-1}$。

我們透過鄰接一個數字$\sqrt{-1}$，求得有理數中的新記數系統之元素，我們稱為複數。其中的每一個數字都可以寫成下列方式：

$$r+s\sqrt{-1}$$

其中r和s是有理數。將其與第123頁的公式，表示透過鄰接求得的記數系統的一般元素$\sqrt{2}$，進行比較。我們可以將這個形式的任兩個數值分別相加，將它們的r和s分別相加。我們也可以透過開式，將兩個數字相乘，如$\sqrt{-1}\times\sqrt{-1}$=-1。我們以類似的方式，也可以進行減法和除法的數字處理。

最後，我們透過允許r和s來擴展上式中任意實數（不只是有理數）之複數定義。然後我們求得常見的一般複數。請注意我們習慣表示i是$\sqrt{-1}$（「虛數」），但我選擇不這樣做，是為了強調這個數字的代數意義：它其實只是-1的平方根，就只是這樣而已。就像2的平方根一樣具體。這沒什麼好覺得神祕的。

我們可以透過表示這些數字來感受幾何上的具體程度。正像是實數可以用幾何表示直線上的點一樣，複數也可以表示為平面

上的點,即複數$r+s\sqrt{-1}$形成平面上的點位座標r和s:[6]

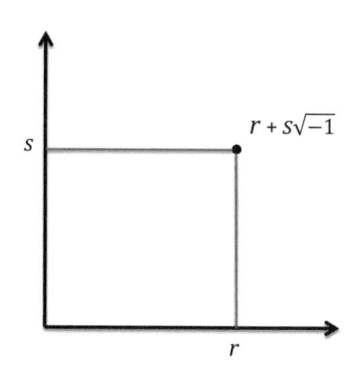

讓我們回到三次方程式

$$y^2+y=x^3-x^2$$

讓我們算出複數的解x和y。

值得注意的事實是,所有此類解決方案的集合結果,恰好是前面所描述的圓環面的點集。換句話說,上述三次方程式每個點位在圓環面,可以配對,而且只有一對複數x, y之解,反之亦然。[7]

如果您以前從未考慮過複數,那麼現在您的頭腦可能會開始感到困惑。這是完全正常的。僅僅處理單一複數的思維已經很具挑戰性,更不用說解釋方程式的成對複數解了。這些成對的數字,與甜甜圈表面上的一對對應點並不太相似。因此,如果您不

明白為什麼會這樣,請不要驚慌。事實上,許多專業數學家也很難證明這令人驚訝且非明顯(non-trivial)解之結果。[8]

　　為了讓我們自己相信代數方程式的解可以提升到顯示幾何形狀的高度,讓我們來看一個更簡單的情況:實數解,而非複數解。例如,考慮以下方程式

$$x^2+y^2=1$$

讓我們將其解標記為平面上座標為x和y的點。所有此類解的集合是一個半徑為1以原點為中心的圓。同樣,其他代數方程式的解以兩個變數x和y展現該平面上的曲線形式。[9]

　　現在,複數在某種意義上是實數的兩倍多(事實上,每個複數都是由一對實數所決定),所以不須驚訝在代數方程式的解之下,這種複數形式展現的黎曼曲面。

　　除了實數和複數解之外,我們也可能計算方程式的x, y在有限域$\{0, 1, 2, ..., p-2, p-1\}$中取值,其中$p$是質數。意即當我們將$x, y$代入上述的三次方程式,其左邊和右邊變成了整數,彼此相等,最多為p的整數倍。數學家稱之為「有限域上的曲線」。當然,這些都不是真的曲線。該術語是因為當我們尋找實數解,我們得到平面上的曲線。[10]

　　韋伊的深刻見解是,這裡最基本的目標是代數方程式,就像上面的三次方程式。當我們尋找解時,皆取決於域的選擇,相同的方程式會產生一個曲面、一條曲線或是一堆點。但這些只是

一個不可言喻存在的化身，而這個存在就是等式本身，就像在印度教中，毘溼奴（Vishnu）有十個阿凡達化身一樣。在安德烈‧韋伊寫給他妹妹的信中，恰巧引用了《薄伽梵歌》（*Bhagavad-Gita*），[11]這是印度教的神聖文本，其中的教義據說是毘溼奴的化身首度出現。[12]韋伊詩意地描述了當代數和幾何兩種理論之間的轉化，當它們轉化為具體的知識並產生類比時，會發生怎樣的碰撞：[13]

> 這兩種理論，它們的衝突、美妙的相互反思、偷偷摸摸的愛撫、莫名其妙的爭吵都消失了；唉，一切都只是一種理論，其雄偉之美已經不能再令我們興奮。沒有什麼比這些曖昧關係（illicit liaisons）更豐富的了。沒有什麼比鑑賞家更令人愉悅的了……快樂來自幻覺和感官的點燃；一旦幻覺消失，獲得了知識，我們換得了冷漠。在《薄伽梵歌》中，有些經文清楚地表達了這一點。但是讓我們回到代數函數。

有限域上黎曼曲面與曲線的關係，現在應該很清楚了：兩者都來自同一種方程式，但是我們尋找不同域（有限域或複數）之解。另一方面，「數論中的任何論證或結果都可以逐字翻譯」，韋伊在信中所說的那樣，[14]因此，韋伊的想法是，有限域上的曲線，是數論和黎曼曲面的中繼目標。

因此，我們找到了數字之間的橋梁，或者「轉盤」——正如

韋伊所說的那樣——在數論和黎曼曲面，即在有限域的代數曲線理論。換句話說，我們有三種平行的跡象，或是三種不同的石碑：

數論、有限域上的曲線、黎曼曲面

韋伊想透過以下方式利用這一點：將三種石碑的陳述合而為一，並將其轉換為其他石碑中的陳述。他寫信給他的妹妹：[15]

> 我的工作包括破解三種語言的文本；其中三種石碑中的每一種石碑，我只有不同的殘本；我對這三種語言都有一些想法：但我也知道，每一種石碑轉譯到另一種石碑的意思有很大差異，我事先沒有做好任何準備。這幾年我經過努力，我找到了字典的一小部分。

韋伊繼續發現了他的「羅塞塔石碑」最引人注目的應用之一：我們現在稱之為韋伊猜想。這些猜想的證明，大大刺激了20世紀下半葉數學的發展。[16]

讓我們回到朗蘭茲綱領。有關朗蘭茲的原始想法，如韋伊的「羅塞塔石碑」的左列；也就是數論。朗蘭茲綱領在數域伽羅瓦群所示，其對象在數論中研究自守函數，係為調和分析中的對象——調和分析非屬數論（也不屬於「羅塞塔石碑」的其他石柱

列）。現在我們可以問，如果我們用韋伊中間或是右列的一些標的，來代替伽羅瓦群，是否也可以找到「羅塞塔石碑」這種關係？

朗蘭茲綱領與中間列石柱的關係，轉譯起來相當簡單，因為所有必要的成分都很容易取得。數域伽羅瓦群，應替換為伽羅瓦群相關的有限域上的曲線。調和分析也存在一個分支：研究合適的自守函數。朗蘭茲綱領關係表示，已經在他的原作中的伽羅瓦群和自守函數顯示，處於中間列石柱的關係。

然而，目前還不清楚如何將這種關係轉化為羅塞塔右列的正確的關係。為了做到這一點，我們必須找到在黎曼曲面之中，伽羅瓦群和自守函數的幾何類比。當朗蘭茲第一次提出他的想法時，前者是眾所周知，但後者是很大的謎題。直到1980年代，俄羅斯傑出的數學家弗拉基米爾‧德林費爾德開創性此一工作，尋找到了合適的概念。朗蘭茲綱領產生了「羅塞塔石碑」第三根石柱列的轉譯。

我們首先討論伽羅瓦群的幾何類比，通稱為黎曼曲面的**基本群**（fundamental group）。

基本群是數學領域的拓樸學中，最重要的概念之一，重點在於幾何學最顯著的特徵形狀（例如黎曼曲面中「孔洞」的數量）。

例如，考慮一個環面。我們在其上面選取一個點——稱之為 P——然後看閉合路徑從此時開始和結束。圖片上顯示了兩條這樣的路徑。

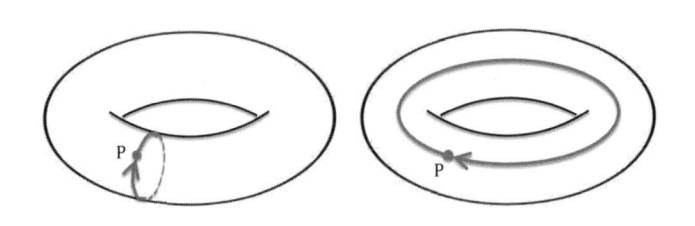

同樣，任何假設黎曼曲面的基本群，由該黎曼曲面上的此類閉合路徑的固定點P，起點和終點相同。[17]

　　假設兩條從點P開始和結束的路徑，我們建構另一條路徑如下：我們沿著第一條路徑移動，然後沿著第二條路徑移動。這樣我們就求得了一條新路徑，該路徑也將證實，這種閉合路徑的「加法」滿足第二章所列群之所有性質。[18]

　　您可能已經注意到，基本路徑中的路徑相加規則，類似於在辮群中，添加辮子的規則，如在第五章中定義。如第五章所解釋的，有n條線的辮子，可被視為在平面上n個不同點的集合空間上的路徑。事實上，辮群B_n正是這個空間基本群。[19]

　　事實證明，在圖中所示的圓環面上的兩條路徑是彼此對換的，即以兩種可能的順序相加，給我們相同的基本群元素。[20]因此，圓環面基本群的最一般元素是首先沿著第一條路徑走M次，然後沿著第二條路徑走N次，其中M和N是兩個整數（如果M是負數，則沿著相反的方向走$-M$次，對$-N$同理）。由於兩條基本路徑彼此對換，我們沿著這些路徑的順序無關緊要；結果將是相同的。

　　對於其他黎曼曲面，基本群的結構更為複雜。[21]不同的路徑不一定彼此對換。這類似於我們在第五章中討論的，多於兩條線

的辮子不會彼此對換。

長期以來,人們已經知道伽羅瓦群和基本群之間存在著深刻的類比關係。[22]這為我們的第一個問題提供了答案:在韋伊的「羅塞塔石碑」的右側列中,伽羅瓦群的類比是什麼?它是黎曼曲面的基本群。

我們的下一個問題是找到自守函數的合適對應物,即出現在朗蘭茲關係另一側的對象。這裡我們必須進行量子躍遷。傳統的函數已經不夠,需要被現代數學中更複雜的對象所取代,這些對象稱為**層**(sheaves),將在第十四章中描述。

這是在1980年代由弗拉基米爾・德林費爾德提出的。他找到了朗蘭茲綱領的新表述,該表述適用於中間列和右側列,這些石柱分別涉及有限域上的曲線和黎曼曲面。這一表述被稱為幾何朗蘭茲綱領。特別地,德林費爾德發現了適合韋伊「羅塞塔石碑」右側列的自守函數對應物。

1990年春天,我在哈佛大學遇到了德林費爾德。他不僅讓我對朗蘭茲綱領感到興奮,還告訴我,我在其發展中扮演了一個角色。德林費爾德看到了幾何朗蘭茲綱領和我在莫斯科學生時期工作之間的聯繫。這項工作的結果對德林費爾德的新方法至關重要,這反過來也塑造了我的數學生涯:自此之後,朗蘭茲綱領在我的研究中一直扮演著主導角色。所以讓我們回到莫斯科,看看我在完成了第一篇關於辮群的論文之後,去了哪裡。

第十章　參與循環

在1986年秋天,我在莫斯科石油天然氣學院念三年級。辮群論文完成,並投稿之後,富克斯問我:「接下來你想做什麼?」

我想要解決另一個問題。原來,富克斯和他以前學生鮑里斯・費金已經合作研究了好幾年的「李代數」(Lie algebra)表示法。富克斯說,這是一個活躍的領域,有很多未解決的問題,並且與量子物理有密切的關係。

這確實引起了我的注意。即使彼得羅夫讓我轉向數學,並且我也被數學所迷住,但我從未失去對物理的童年迷戀。數學世界和量子物理世界可能融合在一起,這讓我感到興奮。

富克斯遞給我一篇他和費金寫的八十頁研究論文。「我本來想給你一本關於李代數的教科書」,他說。「但後來我想,為什麼不直接給你看這篇論文呢?」

我小心地把這篇論文放進背包。當時它還未發表,由於蘇聯當局對影印機實行嚴格的控制〔他們擔心人們會影印被禁的文學作品,如索忍尼辛寫的書,或是《齊瓦哥醫生》(Doctor Zhivago)〕,全世界只有少數幾份複本。很少有人看過這篇論文——費金後來開玩笑說,我可能是唯一一個從頭到尾讀過這篇論文的人。

這篇文章是用英文寫的,並且應該在美國發表的一篇論文集中出現。但是,由於出版商嚴重管理不佳,這本書的出版延遲了

大約十五年。到那時，大多數結果已經在其他地方被再現，所以在發表後並未被廣泛閱讀。然而，這篇文章變得非常著名，費金和富克斯最終得到了應有的榮譽。這篇論文在文獻中受到廣泛引用（作為「莫斯科預印本」），甚至還新創了一個術語「費金—富克斯型表示」來指代他們在這篇論文中研究的新型李代數表示。

當我開始閱讀這篇論文時，我的第一個問題是：這些帶有如此奇怪名稱的東西「李代數」到底是什麼？富克斯給我的這篇論文假設了我有關於一些我從未學過的主題的知識，所以我去了書店，買了所有我能找到的關於李代數的教科書。無論我到哪都找不到，我都從石油天然氣學院的圖書館借來。我一邊閱讀這些書，一邊閱讀費金—富克斯的文章。這段經歷塑造了我的學習風格。從那時起，我從未滿足於一個來源；我試圖找到所有可用的來源並充分吸收。

要解釋什麼是李代數，我首先需要告訴你什麼是「李群」。這兩者都是以挪威數學家索菲斯・李（Sophus Lie，發音為LEE）的名字命名的，他發明了它們。

數學概念就像動物王國中的物種一樣，充滿數學王國：它們彼此相互連結，形成家族和亞家族，並且經常有兩個不同的概念交配並產生後代。

群的概念是一個很好的例子。可以把群看作是鳥類的類似物，鳥類在動物王國或動物界（稱為鳥綱，class Aves）中形成

一個綱。這個綱分為二十三個目；每個目又分為科，每個科再分為屬。例如，非洲魚鷹屬於鷹形目（Accipitriformes）、鷹科（Accipitridae）和海鵰屬（*Haliaeetus*）（與這些名字相比，「李群」聽起來並不那麼奇異！）。同樣，群形成一個大的數學概念類別，在這個類別中有不同的「目」、「科」和「屬」。

例如，有一個有限群的目，包括所有具有有限元素的群。正如我們在第二章中討論過的方桌的對稱群，由四個元素組成，所以它是一個有限群。同樣地，通過將多項式方程式的解，附加到有理數而得到的數域的伽羅瓦群也是一個有限群（例如，在二次方程式的情況下，它有兩個元素）。有限群這個類別進一步分為家族，例如伽羅瓦群家族。另一個家族包括晶體學群，它們是各種晶體對稱群。

在數學中，還有另一類群，稱為無限群。例如，整數群是無限的，辮群 B_n（如我們在第五章中討論的那樣，對於每個固定的 $n=2, 3, 4, ...$ B_n 由 n 條線組成的辮子組成）也是無限的。圓桌的旋轉群（由圓周上的所有點組成）也是一個無限群。

但整數群和圓群之間有一個重要的區別。整數群是離散的；也就是說，它的元素在任何自然意義上都不能組成一個連續的幾何形狀。我們不能從一個整數連續移動到下一個；我們從一個跳到另一個。相反，我們可以在0到360度之間連續改變旋轉角度。這些角度共同組成了一個幾何形狀：即圓。數學家稱這些形狀為**流形**（manifolds）。

整數群和辮群屬於數學王國中的離散無限群家族。圓群屬

於另一個家族,即李群。簡單來說,李群是一個元素是流形點的群。因此,這個概念是兩個數學概念(群和流形)結合的產物。

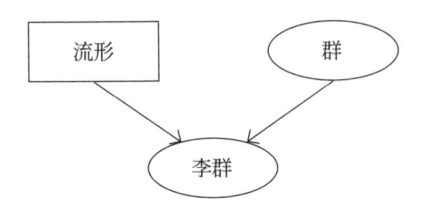

```
流形        群
    ↘   ↙
     李群
```

這裡是我們在本章中將要討論的群相關概念樹(其中一些概念尚未介紹,但將在本章後面介紹)。

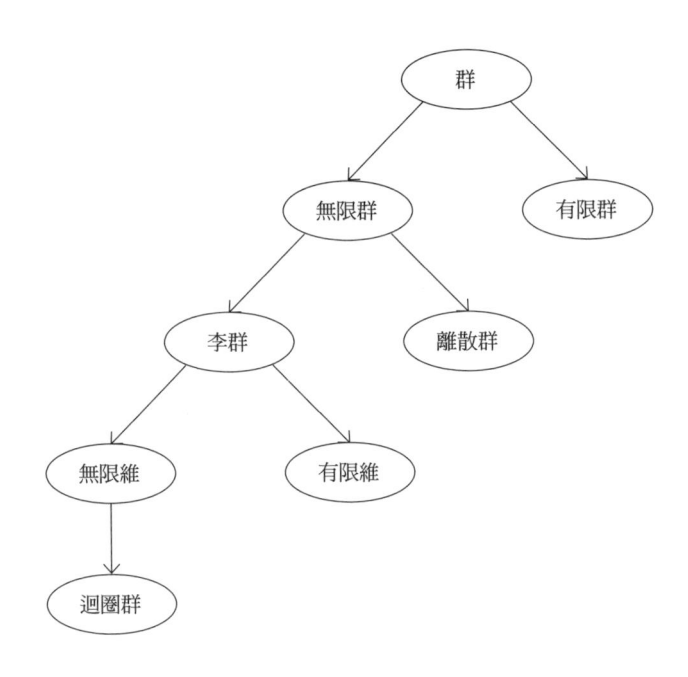

```
              群
             ↙  ↘
         無限群   有限群
         ↙  ↘
       李群   離散群
      ↙  ↘
   無限維  有限維
    ↓
   迴圈群
```

第十章　參與循環　171

許多自然中出現的對稱性都是由李群描述的,這就是為什麼研究李群如此重要的原因。例如,我們在第二章中討論過的用於分類基本粒子的$SU(3)$群,就是一個李群。

這裡是另一個李群的例子:球體的旋轉群。圓桌的旋轉由其角度決定。但在球體的情況下,有更多的自由度:我們必須指定旋轉軸以及旋轉角度,如圖所示。軸可以是通過球體中心的任何直線。

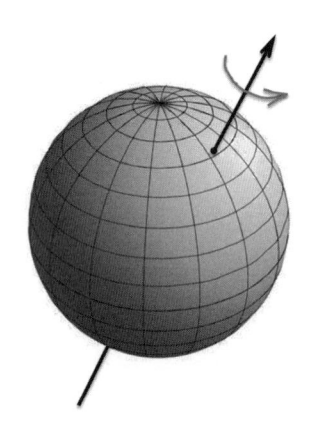

球體旋轉群在數學中有一個名稱:三維空間的特殊正交群,或簡稱$SO(3)$。我們可以將球體的對稱性視為嵌入球體的三維空間的變換。這些變換是正交的,這意味著它們保留了所有距離。[1]順便說一下,這給了我們一個$SO(3)$群的三維表示,我們在第二章中介紹過這個概念。

同樣,圓桌的旋轉群(我們上面討論過)被稱為$SO(2)$;這

些旋轉是平面的特殊正交變換，平面是二維的。因此，我們有一個$SO(2)$群的二維表示。

$SO(2)$和$SO(3)$群不僅是群，還是流形（即幾何形狀）。$SO(2)$群是一個圓圈，它是一個流形。所以$SO(2)$是一個群和一個流形。這就是為什麼我們說它是李群。同樣，$SO(3)$群的元素是另一個流形的點，但更難以視覺化（請注意，這個流形不是球體）。回想一下，每個球體的旋轉由旋轉軸和旋轉角度決定。現在觀察到，球體的每個點都產生一個旋轉軸：連接此點和球體中心的直線。而旋轉角度與圓圈上的點相同。所以，$SO(3)$群的一個元素由球體上的一個點（定義了旋轉軸）和圓圈上的一個點（定義了旋轉角度）決定。

也許我們應該從一個更簡單的問題開始：$SO(3)$的維數是多少？要回答這個問題，我們需要更系統地討論維數的意義。我們在第二章中已經提到過，我們周圍的世界是三維的。也就是說，要指定空間中一個點的位置，我們需要指定三個數字，或座標(x, y, z)。另一方面，平面是二維的：平面上的位置由兩個座標(x, y)指定。而直線是一維的：只有一個座標。

但圓的維數是多少？很容易說圓是二維的，因為我們可以在平面上畫一個圓，平面是二維的。圓是彎曲的，這產生了它是二維的錯覺。但實際上，它的曲率與它的維數無關。

維數是我們的幾何對象圓內的獨立座標的數量，而不是圓嵌入的景觀（在這種情況下是平面）內的座標。事實上，圓也可以嵌入三維空間（想像一下藝術體操中的圓箍），或更大維度的空

第十章　參與循環　173

間。這個環境空間的維數與圓本身的維數無關。重要的是，圓上的一個點由一個數字——角度——決定。這是圓上的唯一座標。這就是為什麼它是一維的。

換種方式解釋這一點，我們選擇圓上的一個點，問自己：通過我們的點的圓內有多少不同的路徑？顯然，只有一條這樣的路徑，就像直線上的點只有一條路徑一樣。而且在圓內我們可以離開這個點的方向只有兩個：沿著這條路徑前後移動。數學家說圓上有一個自由度。

請注意，當我們放大並查看圓點附近越來越小的鄰域時，圓的曲率幾乎消失。在圓上一個點的鄰域和圓切線上同一點的鄰域之間幾乎沒有區別；這是最接近該點附近圓的線。這表明圓和直線具有相同的維數。[2]

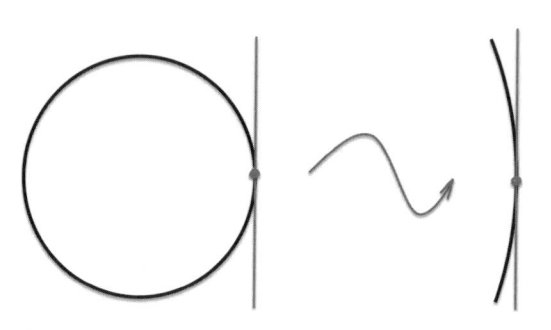

當我們放大某一點時，圓和切線顯得越來越接近。

同樣，球體嵌入三維空間，但它的內在維度是二維的。確實，球體上有兩個獨立的座標：緯度和經度。我們很熟悉這些座

標，因為我們用它們來確定地球表面的位置，地球的形狀接近球體。我們在上圖中看到的球體網格由「緯線」和「經線」組成，這些對應於固定的緯度和經度值。球體上有兩個座標，這告訴我們它是二維的。

那麼李群$SO(3)$呢？$SO(3)$的每個點都是球體的旋轉，所以我們有三個座標：旋轉軸（可以由穿過球體的軸點來指定）由兩個座標描述，旋轉角度產生第三個座標。因此，$SO(3)$群的維度等於三。

思考超過三維的李群或任何流形可能非常具有挑戰性。我們的大腦以一種只能想像三維以下的幾何形狀或流形的方式運作。即使想像四維的時空組合也是一項艱鉅的任務：我們只是不將時間（構成第四維）視為空間維度的等同物。那麼更高維度呢？我們如何分析五維、六維或百維的流形？

用以下類比來思考這個問題：藝術作品為我們提供了三維物體的二維表達。藝術家在畫布上畫出這些物體的二維投影，並使用透視技術在畫中創造深度（第三維）的錯覺。同樣，我們可以通過分析三維投影來想像四維物體。

另一種更有效的想像第四維的方法是將四維物體想像成其三維「切片」的集合。這類似於將三維的麵包切片成如此薄片，使我們可以將它們視為二維。

如果第四維表示時間，那麼這種四維「切片」被稱為攝影。實際上，拍攝一個移動的人物照片，給我們一個四維時空中代表那個人物的四維物體的三維切片（這個切片然後投影到平面

上)。連續拍攝多張照片,我們得到這樣的切片集合。如果我們快速地在眼前播放這些照片,我們可以看到運動。這當然是電影的基本理念。

我們還可以通過並排放置照片來傳達人物運動的印象。20世紀初,藝術家對這個想法產生了興趣,並將其作為在畫中加入第四維度,使其動態化的方法。朝向這個方向發展的里程碑,是馬塞爾·杜尚(Marcel Duchamp)在1912年的畫作《下樓的裸體,第2號》(*Nude Descending a Staircase, No. 2*)。

值得注意的是,愛因斯坦的相對論,展示了空間和時間不能彼此分離,大約在同一時期出現。這將四維時空連續體的概念帶到了前瞻的物理學。同時,數學家如亨利·龐加萊(Henri Poincaré)正在深入研究更高維幾何的奧祕,超越歐幾里得典範。

杜尚對第四維和非歐幾何的概念著迷。在閱讀朱福雷（E. P. Jouffret）的《四維幾何初步論和n維幾何引論》（*Elementary Treatise on Four-Dimensional Geometry and Introduction to the Geometry of n Dimensions*）一書（其中特別介紹了龐加萊的突破性思想）時，杜尚留下了以下筆記：[3]

> 投射到我們空間的四維圖形的陰影是三維的陰影（見朱福雷四維幾何，第186頁，最後3行）……通過類比建築師描繪房屋每層平面的方式，四維圖形可以在每一層上通過三維截面來表示。這些不同的層將由第四維連接在一起。

根據藝術史學家琳達・達爾林普爾・亨德森（Linda Dalrymple Henderson）的說法：[4]「杜尚發現新幾何學對許多長期以來『真理』的挑戰有一些美味的顛覆性。」她寫道，杜尚和那個時代的其他藝術家對第四維的興趣，是導致抽象藝術誕生的元素之一。

因此，數學啟發了藝術；它讓藝術家看到了隱藏的維度，並激發他們以誘人的美學形式暴露出關於我們世界的一些深刻真理。他們創作的現代藝術作品幫助提升了我們對現實的感知，影響了我們的集體意識。這反過來又影響了下一代數學家。科學哲學家傑拉德・霍爾頓（Gerald Holton）妙語如珠地說：[5]

> 的確，一種文化是由其所有部分的互動而保持活力的。其進步是煉金術過程，其中所有不同的成分可以結合形成新

的寶石。關於這一點，我想龐加萊和杜尚與我和彼此都是一致的，他們現在無疑在某個超空間中相遇，因為他們以不同的方式都如此熱愛這裡。

數學使我們能夠理解所有形式和形態的幾何。這是一種普遍的語言，無論我們能否想像相應的對象，它在所有維度中都適用，使我們能夠遠遠超越我們有限的視覺想像力。事實上，達爾文寫道，數學賦予我們「額外的感官」。[6]

例如，雖然我們無法想像四維空間，但我們可以用數學實現它。我們只需將這個空間的點表示為數字四元組(x, y, z, t)，就像我們將三維空間的點表示為數字三元組(x, y, z)一樣。同樣地，對於任何自然數n，我們可以將n維平坦空間的點視為n元組數字（我們可以像分析試算表的行一樣分析）。

也許我需要解釋為什麼我稱這些空間是平坦的。一條線顯然是平坦的，平面也是如此。但我們不應該那麼明顯地認為三維空間是平坦的（請注意，我這裡不是在談論嵌入三維空間的各種曲面，如球體或環面。我是在談論三維空間本身）。原因是它沒有曲率。曲率的精確數學定義是微妙的（由黎曼提出，他創造了黎曼曲面），我們現在不會詳細討論，因為這與我們的直接目標無關。一個理解三維空間平坦性的方法，是認識到它有三個相互垂直的無限座標軸，就像平面有兩個相互垂直的座標軸一樣。同樣，具有n個相互垂直座標軸的n維空間沒有曲率，因此是平坦的。

幾個世紀以來，物理學家一直認為我們居住在一個平坦的三維空間，但正如我們在序言中討論的那樣，愛因斯坦在他的廣義相對論中展示了引力使空間彎曲（曲率很小，因此我們在日常生活中沒有注意到，但它是非零的）。因此，我們的空間事實上是一個彎曲三維流形的例子。

這就引出了這樣一個問題：一個曲空間如何能夠單獨存在，而不像球體那樣嵌入到高維平坦空間中。我們習慣於認為我們生活的空間是平坦的，因此在我們的日常經驗中，曲面似乎只出現在平坦空間的範圍內。但這是一種誤解，是我們狹隘現實感知的產物。諷刺的是，我們居住的空間從一開始就不是平坦的！數學給了我們擺脫這個困境的方法：正如黎曼所展示的，彎曲空間本質上是存在的，作為它們自己創造的對象，沒有包含它們的平坦空間。我們需要的是一個規則來測量這個空間中任意兩點之間的距離（這個規則必須滿足某些自然屬性）；這就是數學家所說的度量。黎曼引入的度量和曲率張量的數學概念是愛因斯坦廣義相對論的基石。[7]

曲面或流形可以具有任意高的維度。回想一下，圓被定義為平面上與給定點等距的一組點（或者，正如我的莫斯科國立大學考官所堅持的，所有這些點的集合！）。同樣，球體是三維空間中與給定點等距的所有點的集合。現在，定義一個更高維度的球體類似物——有些人稱為超球體——作為 n 維空間中與給定點等距的所有點的集合。這個條件給我們提供了 n 個座標上的限制。因此，n 維空間內的超球體的維數是 $(n-1)$。進一步，我們可以研

究這個超球體的旋轉李群。[8]這個群被表示為$SO(n)$。

從數學王國中的群的分類學角度來看，李群家族被細分為兩個類屬：有限維李群（例如圓群和$SO(3)$群）和無限維李群。請注意，任何有限維李群已經是無限的，因為它有無限多個元素。例如，圓群有無限多個元素（這些是圓上的點）。但它是一維的，因為其所有元素都可以用一個座標（角度）來描述。對於無限維李群，我們需要無限多個座標來描述其元素。這種「雙重無限」確實很難想像。然而，自然界中確實出現了這種群，所以我們也需要研究。我現在將描述一種無限維李群的例子，我稱為循環群。

為了解釋它是什麼，讓我們先考慮三維空間中的循環。簡單地說，循環是一條封閉曲線，如下圖左側所示。我們在談論辮群時已經看到過它們（我們稱它們為「結」）。[9]我想強調，非封閉曲線，如下圖右側所示，不被視為循環。

同樣地，我們也可以考慮任意流形M內的循環（即封閉曲線）。所有這些循環的空間被稱為M的循環空間。

正如我們在第十七章中將詳細討論的，這些循環在弦理論中起著重要作用。在傳統的量子物理中，基本對象是基本粒子，如電子或夸克。它們是點狀對象，沒有內部結構；即零維的。在弦理論中，假設自然界的基本對象是一維的弦。[10]封閉弦只是一個嵌入流形M（時空）的循環。這就是為什麼循環空間是弦理論的核心。

循環迴圈　　　　　　　　　　非循環迴圈

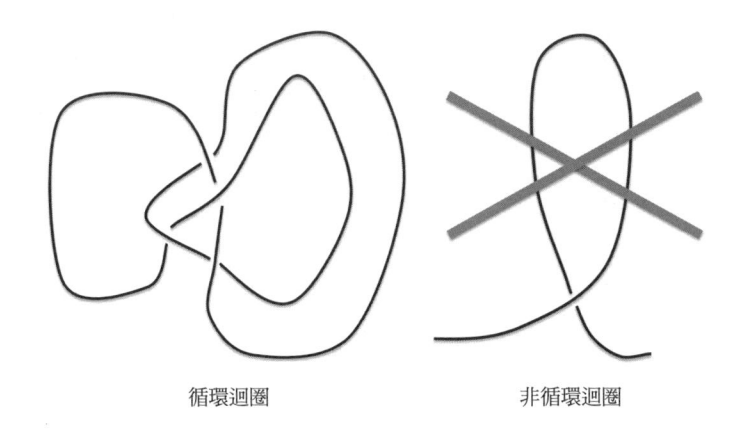

現在讓我們考慮SO(3)李群的循環空間。其元素是SO(3)中的循環。讓我們仔細觀察其中一個循環。首先，它類似於上圖所示的循環。實際上，SO(3)是三維的，所以在小尺度上它看起來像三維平坦空間。其次，這個循環上的每個點都是SO(3)的一個元素，即球體的旋轉。因此，我們的循環是一個複雜的對象：它是一個球體旋轉的一個參數集合。給定兩個這樣的循環，我們可以通過組合相應的球體旋轉來產生第三個。因此，SO(3)的循環空間成為一個群。我們稱為SO(3)的循環群。[11]這是一個無限維李群的好例子：我們實際上無法用有限數量的座標來描述其元素。[12]

任何其他李群的循環群（例如，超球體的旋轉群SO(n)）也是無限維李群。這些循環群在弦理論中作為對稱群出現。

費金和富克斯論文中涉及的第二個概念是李代數的概念。每個李代數在某種意義上都是給定李群的簡化版本。

第十章　參與循環

「李代數」這個術語一定會引起一些混淆。當我們聽到「代數」這個詞時，我們會想到我們在高中學到的東西，如解決二次方程式。然而，現在「代數」一詞在這裡用於不同的含義：作為不可分術語「李代數」的一部分，指具有特定性質的數學對象。儘管名字如此，這些對象並不形成所有代數中的一個家族，就像李群在所有群中形成一個家族一樣。但沒關係，我們只能接受這種術語的不一致性。

　為了解釋什麼是李代數，我首先必須告訴你切空間的概念。別擔心，我們不是在偏離主題；我們遵循微積分的一個關鍵思想，稱為「線性化」，即用線性或平坦的對象來近似曲形。

　例如，給定點處圓的切空間，是通過該點並且在所有通過該點的直線中最接近圓的那條線。我們在上面談到圓的維數時已經碰到過它。切線只在這個特定點輕微接觸圓，而所有其他通過該點的線也在另一個點交叉圓，如圖所示。

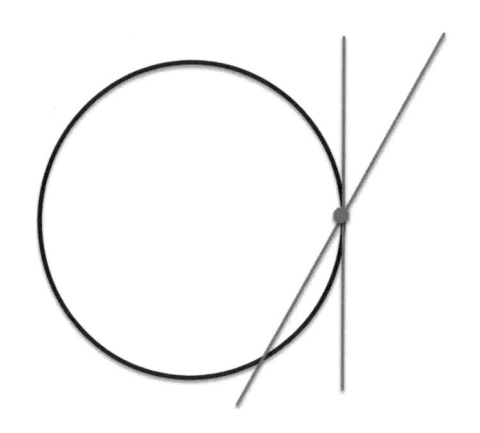

當一條曲線（即一維流形）在給定點附近時，可以用切線近似值。笛卡兒在1637年出版的《幾何》（*Géométrie*）中描述了一種計算這些切線的有效方法，[13]他寫道：「我敢說，這不僅是我所知的最有用和最普遍的幾何問題，甚至是我曾經想知道的。」同樣地，一個球體在給定點附近可以用切平面近似值。想像一顆籃球：當我們把它放在地板上時，它在一點上接觸地板，地板在該點成為其切平面，[14]且n維流形在給定點附近時，可以用平坦的n維空間來求近似值。

　　現在，任意李群上都有一個特殊點，這個點就是這個群的單位元。我們取李群在該點的切空間，這就是該李群的李代數。因此，每個李群都有其李代數，這就像是李群的妹妹。[15]

　　例如，圓群是李群，而該群的單位元是圓上對應於角度0的特定點。[16]該點的切線就是圓群的李代數。可惜的是，我們無法畫出群$SO(3)$及其切空間的圖，因為它們都是三維的。但是描述切空間的數學理論是設置在這樣的方式中，使其在所有維度中均能正常運作。如果我們想像事情的運作原理，可以在一維或二維範例（如圓或球）上進行建模。這樣做時，我們使用低維流形作為更複雜的高維流形的隱喻。但我們不必這樣做；數學語言使我們能超越有限的視覺直覺。數學上，n維李群的李代數是一個n維平坦空間，也稱為向量空間。[17]

　　此外，李群上的乘法計算會產生李代數上操作：給定李代數的兩個元素，我們可以構造出第三個元素。這個計算的性質比李群上的乘法性質更難描述，目前我們不必深入探討。[18]對於學過

向量微積分的讀者來說，一個熟悉的例子就是三維空間中的叉積（cross-product）運算。[19]如果你見過這種運算，您可能會對其看起來很奇怪的性質感到困惑。這個計算實際上使三維空間成為李代數！

事實上，這是李群 *SO*(3)的李代數。因此，看起來神祕的叉積運算是承繼球體旋轉組合規則。

您可能會想，既然李代數的計算看起來那麼奇怪，我們為什麼還要關心李代數呢？為什麼不只研究李群呢？主要原因是，與通常是彎曲的李群（如圓）不同，李代數是平坦空間（如直線、平面等）。這使得李代數的研究比李群的研究簡單得多。

例如，我們可以談論循環群的李代數。[20]這些李代數，我們應該把它們看作是循環群的簡化版本，叫做**卡茨─穆迪代數**（Kac-Moody algebras），以兩位數學家的名字命名：卡茨（Victor Kac，出生於俄羅斯，移民到美國，現為麻省理工學院教授）和穆迪（Robert Moody，出生於英國，移民到加拿大，現為亞伯達大學教授）。他們從1968年開始獨立研究這些李代數。自那時以來，卡茨─穆迪代數的理論一直是數學中最熱門和發展最快的領域之一。[21]

這正是富克斯建議我作為下一個研究計畫的卡茨─穆迪代數。當我開始學習這些知識時，我發現我需要大量學習才能達到能夠自己進行研究的水準。但這個主題使我著迷。

富克斯住在莫斯科東北部，離火車站不遠，在那裡我可以搭

火車去我的家鄉。我以前每個週末星期五都回家，所以富克斯建議我每週五下午5點去他家，會議結束後搭火車回家。我通常會工作，陪他大約三個小時（他還請我吃晚餐），然後我會趕最後一班火車，在午夜時分抵達家門。那些會議在我的數學教育中發揮了重要作用。我們度過了一週又一週，然後是1986年的整個秋季學期，再然後是1987年的春季學期。

直到1987年1月，我才讀完費金和富克斯的長篇論文，覺得可以開始我的研究計畫了。那時，我拿到了莫斯科科學圖書館的通行證，這是一個巨大的圖書和期刊典藏室，不僅有俄文書（石油天然氣學院圖書館也有很多），還有其他語言的書籍。我開始定期去那裡翻閱數十本數學期刊，尋找關於卡茨—穆迪代數和相關主題的文章。

我也熱衷於了解它們在量子物理學中的應用，這對我來說當然是一個巨大的吸引力。如前所述，卡茨—穆迪代數在弦理論中扮演著重要角色，但也出現在二維量子物理學模型的對稱性中。我們生活在三維空間中，所以描述我們世界的現實模型應該是三維的。如果我們包括時間，就有四維。但在數學上，沒有什麼可以阻止我們建構和分析描述其他維度世界的模型。小於三維的模型比較簡單，我們更有機會解決。然後我們可以使用我們學到的知識來處理更複雜的三維和四維模型。

這事實上是所謂「數學物理」的主要思想之一——研究不同維度的模型，這些模型可能不直接適用於我們的物理世界，但共享一些現實模型的顯著特徵。

其中一些低維模型也有現實應用。例如,一層非常薄的金屬層可以被視為二維系統,因此可以用二維模型有效描述。著名的例子是所謂的易辛模型(Ising model),其描述了占據二維晶格節點的相互作用粒子。拉斯・昂薩格(Lars Onsager)對易辛模型的精確解,提供了對自發磁化或鐵磁性現象的寶貴見解。在昂薩格計算的核心是一種隱藏的對稱性,再次強調了對稱性在理解物理系統中極端重要。隨後人們明白這種對稱性是由所謂的維拉宿代數描述的,這是卡茨—穆迪代數的一個近親。[22](事實上,這正是費金和富克斯論文的主要研究對象)。還有一大類這類型的模型,其對稱性由真正的卡茨—穆迪代數描述。卡茨—穆迪代數的數學理論對理解這些模型至關重要。[23]

石油天然氣學院圖書館訂閱了一種叫做《參考期刊》(*Referativny Zhurnal*)的刊物。這個期刊對所有新文章進行簡短的評論,所有語言的文章都有,按主題組織,每篇文章都有簡短的摘要。我開始定期閱讀,結果發現它是非常寶貴的資源!每個月都會有關於數學論文的新出版期刊論文,我會在《參考期刊》相關部分中搜尋,試圖找到一些有趣的東西。如果我找到一些令人興奮的內容,我會記下參考文獻,並在下次訪問莫斯科科學圖書館時獲取。通過這種方式,我發現了很多有趣的東西。

有一天,當我翻閱《參考期刊》時,我偶然發現了一篇由日本數學家脇本實(Minoru Wakimoto)撰寫的論文評論,這篇論文發表在我非常關注的《數學物理通訊》(*Communications in*

Mathematical Physics）期刊上。評論內容不多，但標題提到了與球面旋轉群 $SO(3)$ 相關的卡茨─穆迪代數，所以我記下了參考文獻，並在下次前往科學圖書館時閱讀了這篇文章。

在文章中，作者建構了與 $SO(3)$ 相關的卡茨─穆迪代數的新發現。為了介紹精粹大意，我將使用量子物理的語言（這和量子物理相關，因為卡茨─穆迪代數描述了量子物理模型的對稱性）。現實的量子模型，比如描述基本粒子相互作用的模型，非常複雜。但我們可以建構更簡單的理想化「自由場模型」（free-field models），其中幾乎沒有或完全沒有相互作用。這些模型中的量子場是彼此「自由」的，因此得名。[24] 通常可以在這些自由場模型中完成複雜且有趣的量子模型。這使我們能夠解剖和解構複雜的模型，並進行其他方式無法完成的計算。因此，這些具體實現非常有用。然而，對於具有卡茨─穆迪代數作為對稱性的量子模型，已知的這類自由場實現（free-field realizations）範圍相當狹窄。

當我閱讀脇本實的論文時，我立即看到這個結果可以被解釋為在最簡單的卡茨─穆迪代數（即與 $SO(3)$ 相關的代數）的情況下給出了最廣泛的自由場實現。我理解這個結果的重要性，這讓我思考：這個實現是從哪裡來的？是否有方法將其推廣到其他卡茨─穆迪代數？我覺得我準備好處理這些問題了。

如何描述當我看到這個美麗的作品，並且意識到其潛力時的興奮呢？我想這就像經過長途跋涉後，突然看到一座山峰完全展現在你面前。你屏氣凝神，欣賞壯麗美景，你能說的只有

第十章　參與循環　187

「哇！」這是啟示的時刻。你還沒有到達山頂，甚至還不知道前面有什麼障礙，但吸引力是無法抗拒的，你已經想像自己在山頂了。現在它是你的征服目標了。但你是否有足夠的力量和耐力去完成呢？

第十一章　征服頂峰

　　到了夏天，我已經準備好與富克斯分享我的發現。我知道他會和我一樣對脇本實的論文感到興奮。我去見富克斯，在他的別墅，但是當我到達時，他告訴我有一個小問題：他不小心安排了我和他的合作夥伴兼前學生費金在同一天見面，他說這是無意的，儘管我並不相信（在很久以後富克斯確認這確實是故意的）。

　　幾個月前富克斯已經介紹我認識了費金。那是在蓋爾范德的一個研討會之前，就在我完成了有關辮群的論文，並開始閱讀費金和富克斯的文章之後不久。受富克斯的提示，我請教費金關於我應該閱讀哪些其他材料。當時，我稱他為鮑里斯・利沃維奇（Boris Lvovich），他三十三歲，但已被認為是莫斯科數學界最耀眼的明星之一。他穿著一條牛仔褲和一雙破舊的運動鞋，看起來非常害羞。一副厚厚的大眼鏡遮住了他的眼睛，在我們的對話中，他大部分時間都低著頭避免眼神接觸。毫無疑問，我也很害羞，對自己沒有太大信心：我只是個初學者，而他已經是著名的數學家。所以這次見面不是最具互動性的。但偶爾他會抬起眼睛，給我一個解除戒心的燦爛笑容，這打破了僵局。我能感受到他的真誠善意。

　　然而，費金最初的建議讓我吃驚：他告訴我應該讀朗道（Lev Davidovich Landau）和利夫希茨（Evgeny Lifshitz）合著的

《統計力學》（Statistical Mechanics），這在當時對我來說是一個可怕的前景，部分原因是那厚重的書與我們在學校必須學習的共產黨黨史教科書，在尺寸和重量上相似。

在費金強力辯護之下，這是一個很好的建議——這本書確實很重要，最後我的研究正是朝著這個方向發展的（儘管我必須承認，令人羞愧的是，我至今還沒有讀過這本書）。但在那時，這個想法完全沒有引起我的共鳴，也許這也是我們最初對話沒有進展的部分原因。事實上，除了在蓋爾范德的研討會上見到費金時說「你好」之外，我再也沒有和他說過話，直到那天在富克斯的別墅。

我到達後不久，通過窗戶看到費金下了他的自行車。打完招呼，聊了幾句閒話後，我們都坐在廚房的圓桌旁，富克斯問我：「有什麼新鮮事嗎？」

「嗯……我找到了一篇由日本數學家脇本實撰寫的有趣論文。」

「嗯……」。富克斯轉向費金：「你知道這件事嗎？」

費金搖了搖頭，富克斯對我說：「他總是知道一切……但他沒看過這篇論文，所以聽你講也會很有意思。」

我開始向他們兩人描述脇本實的工作。果然，他們都非常感興趣。這是我第一次有機會與費金深入討論數學概念，我立刻感覺到我們合拍了。他聽得很認真，並且問了所有關鍵問題。他顯然理解這些東西的重要性，儘管他的態度仍然放鬆和隨意，但他似乎對此感到興奮。富克斯大多在旁觀察，我肯定他很高興他的

祕密計畫成功，讓費金和我更親密地認識對方。這真的是一次了不起的對話。我感覺自己正處於某個重要時刻的邊緣。

富克斯似乎也有同感。當我離開時，他告訴我：「幹得好。我希望這是你的論文。但我想你現在已經準備好將其提升到一個新水準了。」

我回家後繼續研究脇本實的論文提出的問題。脇本實沒有對他的公式提出任何解釋。我所做的相當於法醫工作——試圖找到他公式背後的主要重點的痕跡。

幾天後，這個主要重點開始浮現。在我的宿舍房間里踱步時，我突然意識到脇本實的公式來源於幾何。這是一個令人震驚的發現，因為脇本實的方法完全是代數的——沒有任何幾何的提示。

為了解釋我的幾何詮釋，讓我們重新審視球面對稱群$SO(3)$及其循環群。如前一章所述，$SO(3)$的循環群的一個元素是$SO(3)$的元素集合，每個循環群點對應一個$SO(3)$元素。每個$SO(3)$元素通過特定旋轉作用於球面上。這意味著$SO(3)$的循環群的每個元素導致球面的循環空間的對稱性。[1]

我意識到可以利用這些資訊來獲得與$SO(3)$相關卡茨—穆迪代數的表示。我還沒有看過脇本實的公式過程。如果要求得這些公式，我們必須以某種激進的方式修改。可以想像為要將外套翻面來穿。我們可以翻面穿外套，但在大多數情況下，外套翻面之後，會變得無法穿——我們也不能公開穿。然而，有些外套可以雙面穿。脇本實的公式也是如此。

第十一章　征服頂峰　191

有了這個新的理解，我立即嘗試將脇本實的公式推演到其他更複雜的卡茨—穆迪代數。第一種幾何步驟運行良好，就像 $SO(3)$ 的情況一樣。但當我嘗試把公式「翻轉過來」時，結果一團糟。結果數學根本不成立。我試圖調整公式，但找不到解決問題的方法。我必須考慮到這個結構可能僅適用於 $SO(3)$，而不適用於更一般性的卡茨—穆迪代數。無法確定這個問題是否有解決方案，如果有，是否可以使用現有方法獲得。我只能盡我所能並希望得到最好的結果。

一週過去了，該再次見富克斯了。我計劃告訴他我的計算並尋求建議。當我抵達別墅時，富克斯告訴我他妻子必須去莫斯科辦事，他得照顧兩個小女兒。

「但你知道嗎，」他說：「費金昨天來過，他對你上週告訴我們的東西感到非常興奮。為什麼不去拜訪他——他的別墅只需要十五分鐘路程。我告訴他今天會把你送到他那裡，所以他在等你。」

他給我指路，我去了費金的別墅。

費金確實在等我。他熱情地迎接我，介紹了他迷人的妻子茵娜（Inna）和他三個孩子：兩個活潑的男孩羅馬（Roma）、振亞（Zhenya），分別八歲和十歲，還有一個可愛的兩歲女兒麗莎（Lisa）。我當時不知道我將來會與這個美好的家庭非常親近。

費金的妻子給我們送上了茶和餡餅，我們在露台上坐下。那是美麗的夏日午後，陽光透過樹葉間的縫隙照進來，鳥兒在唱歌——田園詩般的鄉村風光。但當然，我們很快就把話題轉向了脇

本實的結構。

結果，費金也在思考這個問題，並且沿著類似的思路。在我們對話的開始，實際上我們幾乎是在完成對方的句子。這是一種特別的感覺：他完全理解我，而我也理解他。

我開始告訴他我無法將這個結構推導到其他卡茨—穆迪代數。費金認真地聽著，靜靜地坐了一會兒，思考著這個問題，然後他吸引了我的注意，指出了一個我忽略的重要點。在嘗試推廣脇本實的結構時，我們需要找到一個合適的球體進行廣義化——即 $SO(3)$ 通過對稱作用的流形。在 $SO(3)$ 的情況下，這個選擇幾乎是唯一的。但對於其他群來說，有許多選擇。在我的計算之中，我理所當然地認為球體的自然廣義化，是所謂的射影空間。但這不一定是正確的；我無法取得進展可能只是因為我選擇的空間不合適。

正如我上面所解釋的，最終，我需要將公式「翻過來」。整個構造依賴於一種期望，即奇蹟般地，結果公式仍然有效。在脇本實的案例，對於最簡單的群 $SO(3)$，這就是發生了。我的計算表明，對於射影空間，情況並非如此，但這並不意味著找不到更好的結構。費金建議我嘗試所謂的旗流形（flag manifolds）。[2]

對於 $SO(3)$ 群來說，旗流形是熟悉的球體，所以對於其他群，這些空間可以被視為球體的自然替代品。但旗流形比射影空間（projective spaces）更豐富，更靈活，所以有可能脇本實結構的類似物對它們有效。

天已經黑了，該回家了。我們同意下週再見，然後我向費金

的家人揮手告別，返回火車站。

在回家的火車上，我在一節空的車廂裡，打開的窗戶讓溫暖的夏日空氣流入，我無法停止思考這個問題。我必須試著在當下解決。我拿出一支筆和一個便籤，開始寫下最簡單的旗流形的公式。舊火車車廂發出斷斷續續的噪音，不停地來回搖晃，我無法讓筆穩住，我在寫公式時到處亂寫，我幾乎看不懂自己在寫什麼。但在這混亂之中，一個模式開始浮現。對於旗流形來說，確實比我上週嘗試但未能駕馭的射影空間更好用。

再做幾行計算，然後……我發現了！成功了。「翻過來」的公式像脇本實的工作一樣運作得很好。這個構造很漂亮地廣義化了。我滿心歡喜：這是真正的成果。我做到了，我找到了卡茨—穆迪代數的新自由場實現（new free-field realizations）！

第二天早上，我仔細檢查了我的計算。一切都正常運行。費金的別墅沒有電話，所以我不能打電話告訴他我的新發現。我開始把我的發現用信的形式寫下來，當我們下週見面時，我告訴他我的新結果。

這是我們共同工作的開始。他成為了我的導師、顧問和朋友。一開始我用傳統的俄式方式稱呼費金為鮑里斯・利沃維奇，包括父名。但後來他堅持我改用更隨意的稱呼博里亞（Borya）。

我在老師方面非常幸運。彼得羅夫向我展示了數學的美麗，使我愛上了它。他還幫助我學習了基礎知識。在莫斯科國立大學入學考試災難後，富克斯拯救了我，並且重啟了我搖擺不定的數

學事業。他帶領我完成了我的第一個嚴肅的數學計畫，給了我對自己能力的信心，並引導我進入數學與物理交界地帶令人興奮的研究領域。最後，我已經準備好進入高級聯賽。費金證明了他是在我職業生涯這個階段最好的顧問。就像我的數學事業正被加速增壓一樣。

費金毫無疑問是他那一代人中全世界最具原創性的數學家之一，是一位具有最深數學理解力的先知。他引導我進入現代數學的仙境，充滿了神奇的美麗和崇高的和諧。

現在我有了自己的學生，我更加理解費金為我所做的一切（以及彼得羅夫和富克斯之前為我所做的一切）。當老師是一項艱苦的工作！我想在很多方面就像養育孩子。你必須犧牲很多，不求回報。當然，獎勵也可能是巨大的。但你如何決定向學生指引哪個方向，何時給予他們幫助，何時將他們推向深水並讓他們學會自己游泳？這是一門藝術。沒有人能教你如何做到這一點。

費金非常關心我和我朝向數學家的發展。他從未告訴我該做什麼，但與他交談和向他學習總是給我一種方向感。不知何故，他能確保我總是知道接下來想做什麼。並且，有他在我身邊，我總是感到自信，相信自己在正確的軌道上。我非常幸運能有他作為我的老師。

那已經是1987年秋季學期的開始，我在石油天然氣學院的第四年。我當時十九歲，生活從未如此激動人心。我仍然住在宿舍，和朋友們一起玩耍，戀愛中……我也在繼續學習。到那時，

第十一章　征服頂峰

我大多數課都跳過了，只在考試前幾天自學。我仍然拿著全A，唯一的例外是馬克思主義政治經濟學得了B（真可恥）。

我對大多數人保密，我有一個「第二生活」——這占用了我大部分時間和精力——我和費金的數學工作。我通常每週會見費金兩次。他的正式工作是在固態物理研究所，但他不需要做太多工作，每週只需去一次。其他日子，他會在母親的公寓工作，那裡離他家只有十分鐘的步行路程，也靠近石油天然氣學院和我的宿舍。這是我們通常的會面地點。我會在上午晚些時候，或下午早些時候來，我們會一起研究計畫，有時一整天。費金的母親下班回來會給我們做晚飯，我們常常在晚上9、10點左右一起離開。

我們的首要任務是，我和費金寫了一個簡短的結果摘要，並將其寄給《俄羅斯數學調查》（*Russian Mathematical Surveys*）期刊。按數學期刊的標準，在一年內就發表了，算是相當快了。[3] 解決了這件事後，我和費金專注於進一步發展我們的計畫。我們的結構非常強大，開闢了許多新的研究方向。我們利用結果更好理解卡茨—穆迪代數的表示法。我們的工作還使我們能夠開發二維量子模型的自由場實現。這使我們能夠在這些模型中進行以前無法完成的計算，很快吸引了物理學家對我們工作的興趣。

那段時間非常激動人心。在我和費金不見面的日子，我自己工作，平日在莫斯科，週末在家。我繼續去科學圖書館，狼吞虎嚥更多密切相關的書籍和論文。我就在這些東西之間飲食、生活，彷彿沉浸在這個美麗的平行宇宙中，我想留在那裡，越來越

深入這個夢境。隨著每一種新發現、新想法,這個神奇的世界也逐漸變成了我的家。

但在1988年秋天,當我進入石油天然氣學院的第五年,也是最後一年時,我被拉回了現實。是時候開始考慮未來了。儘管我在班上名列前茅,但我的前景看起來很黯淡。反猶太主義排除了進入研究所,以及畢業之後可以得到的最佳工作。我沒有莫斯科的居住證,這讓情況更加複雜。清算的日子,即將來臨。

第十二章　知識樹

儘管我知道我永遠不會受到允許留在學術界追求職業生涯，但我仍然繼續做數學研究。索爾在他的文章中談到了這一點（用我小名艾迪克代稱）：[1]

> 是什麼驅使艾迪克和其他人像是許多鮭魚，繼續逆流而上？一切跡象表明他們在大學階段面臨的歧視，將延續到他們的職業生涯。那麼，為什麼他們還要在如此困難的情況下，如此強烈地將數學當作未來職業？

我不期望除了純粹智性追求的喜悅和熱情之外，會得到任何回報。我想將我的一生奉獻給數學，僅僅因為我熱愛數學。

在蘇聯時期的停滯生活，有才能的年輕人無法將精力投入到事業之中；在產業中，沒有私營部門。相反，在嚴密的政府控制之下。同樣，共產主義意識形態控制著人文、經濟和社會科學領域的智性追求。這些領域的每本書或學術文章都必須以馬克思（Karl Marx）、恩格斯（Friedrich Engels）和列寧（Vladimir Lenin）的引用開頭，並且明確支持馬克思主義觀點。要撰寫一篇關於外國哲學的論文，唯一的方法就是將其作為對哲學家「反動的資產階級觀點」的譴責。那些不遵守這些嚴格規則的人，將被譴責和迫害。這一點同樣適用於藝術、音樂、文學和電影。任

何可能被認為對蘇聯社會、政治或生活方式有批評意味的東西——或僅僅是偏離了「社會主義現實主義」規範的東西——都被立即審查。那些敢於堅持自己藝術願景的作家、作曲家和導演被禁止表現，他們的作品被封存或銷毀。

許多科學領域也受共產黨的路線支配。例如，遺傳學被禁止了很多年，因為其發現被認為與馬克思主義教義相互矛盾。即使是語言學也未能倖免：史達林在寫了他那篇臭名遠播的〈關於語言學問題〉（On Certain Questions of Linguistics）文章之後，讓整個領域都被簡化為對那篇基本上毫無意義的文章解釋，不遵守的人受到壓制。

在這種環境之下，數學和理論物理學成為了自由的綠洲。儘管共產主義官僚想要控制生活的各層面，但這些領域對他們來說太過抽象和難以理解。史達林就從未敢對數學發表任何宣言。同時，蘇聯領導人也意識到這些看似晦澀和神祕的領域對核武器發展的重要性，這就是為什麼他們不想「惹上」這些領域。因此，從事原子彈計畫的數學家和理論物理學家（其中許多人是勉強的，我必須補充）被老大哥容忍，有些甚至受到優待。

因此，一方面數學是抽象的且不昂貴；另一方面，在蘇聯領導人深切關注的領域中是有用的——尤其是國防，這確保了政權的生存。這就是為什麼數學家被大體上允許進行研究，沒有受到其他領域所施加的限制（除非他們試圖干涉政治，如我之前提到的「九十九位學者的陳情信」）。

我認為，這是為什麼那麼多有才華的年輕學生選擇數學作為

他們職業的主要原因。在這個領域中，他們可以進行自由的智性追求。

但儘管對數學的熱情和喜悅，我仍然需要一份工作。正因如此，在與費金祕密進行主要數學研究工作的同時，我還必須在石油天然氣學院進行一些「正式」研究。

我在石油天然氣學院的顧問是雅可夫・伊薩耶維奇・庫普金（Yakov Isaevich Khurgin），他是應用數學系的教授，也是最具魅力和尊敬的教師之一。庫普金是蓋爾范德以前的學生，當時已經六十多歲，但他是我們最「酷」的教授之一。由於他迷人的教學風格和幽默感，他的課堂學生出席率最高。儘管我從三年級開始跳過了大多數講座，我總是嘗試來上他的機率論和統計學講座。我在三年級開始與他合作。

庫普金對我非常友善。他確保我受到良好的待遇，並且每當我需要幫助時，他總是在我身邊。例如，當我在宿舍遇到問題時，他利用他的影響力進行干預。庫普金是一個聰明的人，他學會了如何使用「操作系統」：儘管他是猶太人，但他在石油天然氣學院占著具有聲望的職位，是全職教授，也是從事從石油勘探到醫學等領域工作的實驗室負責人。

他也是數學的普及者，為非專業人士寫了幾本暢銷的數學書籍。我特別喜歡其中一本名為《然後呢？》（*So What?*）的書。這本書是關於他與科學家、工程師和醫生的合作。通過與他們的對話，他以簡明有趣的方式解釋了有趣的數學概念（主要是關於機率和統計學，他的主要專業領域）及其應用。書名旨在代表數

學家用來解決現實生活問題的好奇心。這些書籍和他將數學概念公之於眾的熱情，極度激勵了我。

多年來，庫普金與醫生合作，主要是泌尿科醫生。他的最初動機是個人的。當他在力學與數學系讀書時，他被召到二戰前線，在冰冷的戰壕中染上了嚴重的腎臟病。這對他來說其實是幸運的，因為他被送往醫院，這拯救了他的生命——他在軍隊中的大多數同學都在戰鬥中喪生。但從那時起，他不得不面對腎臟問題。在蘇聯，醫療是免費的，但醫療服務的品質很差。要得到好的治療，需要與醫生有個人關係，或是賄賂醫生。但是庫普金擁有別人沒有的東西：他擁有數學家的專業知識。他運用這一點，來結交莫斯科最好的泌尿科專家。

這對他來說是一筆很棒的交易，因為每當他的腎臟出問題時，他會在莫斯科最好的醫院獲得頂級泌尿科醫生的最佳治療。這對醫生們來說也是一筆很棒的交易，因為他會幫助他們分析數據，這往往揭示了有趣的和以前未知的現象。庫普金常說醫生的思維方式，非常適合分析特定患者，並且依據個案進行決定。但這也有時使他們難以專注於大局，並試圖找到一般性模式和原則。這就是數學家變得有用的地方，因為我們的思維方式完全不同：我們受過訓練，擅長尋找和分析這些類型的一般模式。庫普金的醫生朋友們很欣賞這一點。

當我成為他的學生時，庫普金讓我參與他的醫學計畫。最終，在與庫普金合作的兩年半時間裡，我們開展了三種不同的泌尿學計畫。這些成果被三位年輕的泌尿科醫生用於他們的博士論

文（在俄羅斯，醫學有進一步的學位，高於醫學專科博士M.D.，相當於哲學博士Ph.D.，需要撰寫包含原創醫學研究的論文）。我成為醫學期刊上發表文章的共同作者，甚至共同撰寫了一項專利。

我記得第一個計畫項目開始的情景。我和庫普金去見一位年輕的泌尿科醫生維利卡諾夫（Alexei Velikanov），他是莫斯科頂尖醫生的兒子。庫普金是老維利卡諾夫的老朋友（和患者），老維利卡諾夫請庫普金協助他的兒子維利卡諾夫，他向我們展示了一張巨大的海報紙，上面記錄了大約一百名接受攝護腺肥大切除術的患者的各項數據（這是一種在老年男性中常見的前列腺良性腫瘤）。數據包括手術前後的各種特徵，如血壓和其他檢查結果。他希望利用這些數據得出一些結論，關於何時進行手術更有可能成功，從而使他能夠提出何時應該切除腫瘤的一系列建議。

他需要協助分析數據，希望我們能達成。後來我才知道，這是典型的情況。醫生、工程師和其他人經常希望數學家有某種神奇的魔杖，能夠迅速從他們蒐集的數據中得出結論。當然，這是一廂情願的想法。我們確實知道一些強大的統計分析方法，但這些方法通常不能應用，因為數據不精確，或者因為有不同類型的數據：有一些客觀數據，有一些主觀數據（例如描述患者的「感受」）；或者有一些定量的數據，例如血壓和心跳率，還有一些定性的數據，如對某些特定問題的「是」或「否」的回答。如果將這樣不均勻的數據輸入統計公式，得出正確結果是非常困難的。

另一方面，有時候問對問題可能會讓人了解到有些數據是無關緊要的，應該不要去應用。根據我的經驗，醫生蒐集的資訊中只有大約10%到15%會被納入診斷或治療建議。但是如果你問他們，他們永遠不會直接告訴你這一點。他們會堅持認為所有資訊都是有用的，甚至會試圖提出某些情境，說明他們會考慮這些資訊。然而，要說服他們其實在所有這些情境之下，他們忽略了大部分數據，並且僅依據少數幾個關鍵指標進行決策，這需要一段時間。

對於這樣的問題，當然有時候可以通過簡單地將數據輸入一些統計程式來回答。但是在這些專案的工作中，我逐漸意識到我們數學家對醫生來說最有用的地方不僅在於我們對這些統計程式的了解（畢竟這本身並不難，任何人都可以學習），而在於我們能夠提出正確的問題，然後進行冷靜和無偏見的分析得到答案。這種「數學思維」對那些沒有經過數學家訓練的人來說，似乎最有用。

在我的第一個專案計畫中，這種方法幫助我們篩選出無關數據，然後在剩餘的參數之間找到一些難以證明的連結或相關性。這並不容易，花了我們幾個月的時間，但我們對結果非常滿意。我們寫了一篇關於我們發現的聯合論文，維利卡諾夫將其用於博士論文。庫普金和我受邀參加了論文口試，還有另一位石油天然氣學院的學生，我的好朋友利夫希茨（Alexander Lifshitz），他也參與了這個專案的工作。

我記得在論文口試時，一位醫生問我們使用哪種電腦程式來

得出這些結果,而維利卡諾夫回答說,這些名字是「弗倫克爾、利夫希茨」。這是真的:我們沒有使用電腦,而是用手工或簡單的電腦進行所有計算。重點不是計算(這是簡單的部分),而是提出正確的問題。一位著名的外科醫生在博士論文口試上評論說,非常令人印象深刻,數學在醫學中竟然如此有用,或許在未來的歲月裡會變得更加有用。我們的工作得到了醫學界的好評,庫普金非常高興。

不久之後,他邀請我參與另一個與腎腫瘤有關的泌尿科專案(另一篇博士論文),我也成功地完成了。

第三位,也是最後一位,我參與的醫學專案對我來說是最有趣的一個。一位年輕的醫生阿魯秋尼揚(Sergei Arutyunyan),他也需要協助來分析他的論文數據,而我們之間有很好的互動。他正在研究那些免疫系統排斥移植腎臟的病人。這種情況之下,醫生必須迅速決定是保留腎臟還是將其切除,這會帶來深遠的後果:如果保留腎臟,病人可能會死亡,但如果移除腎臟,病人將需要另外一顆腎臟,這將會非常難找到。

阿魯秋尼揚希望找到一種方法來判斷基於量化的超音波診斷的建議,哪一種在統計上最可行。他在這方面有豐富的經驗,蒐集了大量數據。他希望我能幫助他分析這些數據,並提出有意義的客觀決策標準,對其他醫生有所幫助。他告訴我,沒有人能做到這一點;大多數醫生認為這是不可能的,更願意依賴自己的**臨機應變**方法。

我查看了數據。和我們以前的專案一樣,每位病人測量了大

約四十個不同的參數。在我們的定期會議中，我會向阿魯秋尼揚提出尖銳的問題，試圖弄清哪些數據是相關的，哪些不是。但這很難。像其他醫生一樣，他會根據具體案例給出回答，這並不是很有幫助。

我決定使用不同的方法。我想，「這個人每天都在作這些決定，顯然他非常擅長這一點。如果我設法學會『成為他』，即使我對這個問題的醫學方面了解不多，我也可以嘗試學習他的決策過程，然後使用這些知識來制定一套規則。」

我建議我們玩一種遊戲。[2]阿魯秋尼揚蒐集了大約兩百七十名患者的數據。我隨機選擇了其中三十名患者的數據，並將其餘的數據放到一邊。我會查看這些隨機選擇的患者的病史，並讓坐在辦公室另一端的阿魯秋尼揚，向我提出有關患者的問題，而我會通過查詢資料來回答。我的目標是嘗試了解他提問的模式（即使我無法像他那樣完全理解這些問題的意義）。例如，有時候他會問不同的問題，或者相同的問題但順序不同。這種情況下，我會打斷他：「上次你沒有問這個問題，為什麼現在問這個問題？」

他會解釋說：「因為對於上一次的患者，腎臟的體積是這樣的大小，這也排除了某種病況。但對於現在的患者，腎臟的體積不一樣，所以這種病況是很有可能的。」

我會記錄所有這些，並盡可能內化這些資訊。即使過了這麼多年，我仍能清楚地記得：阿魯秋尼揚坐在他辦公室的角落裡，深思熟慮地像老菸槍一樣地抽著香菸。我覺得試圖解構他的思維

第十二章　知識樹　205

方式非常有趣——這就像試圖拆解拼圖一樣,找到其中的關鍵部分。

阿魯秋尼揚的回答給了我極其寶貴的資訊。他總能在不超過三到四個問題後得出診斷。然後我會將其與每位病人的實際情況進行比較。他總是非常準確。

在經過幾十個案例後,我已經可以按照在詢問他過程中學到的簡單規則自己作出診斷。再過幾個案例後,我幾乎與他一樣擅長預測結果。事實上,阿魯秋尼揚在大多數情況下遵循的是一個簡單的算法。

當然,總會有少數案例中這個算法不起作用。但即使能夠有效且快速地為90%至95%的患者推導出診斷,這已經是一項相當大的成就。阿魯秋尼揚告訴我,在現有的超音波診斷文獻中,沒有這樣的內容。

完成了我們的「遊戲」後,我設計了一個明確的算法,我將其繪製成如下的決策樹。從樹的每個節點,有兩條邊連接到其他節點;在第一個節點上的特定問題的答案,決定了用戶在兩個可能節點之一,應該前往的下一個節點。例如,第一個問題是關於移植腎臟內血管的外周阻力(peripheral resistance, PR)指數。這是阿魯秋尼揚在他的研究中提出的一個參數。如果其值大於0.79,那麼很可能腎臟正在被排斥,病人需要立即手術。在這種情況下,我們移動到右邊的黑色節點。否則,我們移動到左邊的節點,並問下一個問題:腎臟的體積(volume, V)是多少?依此類推。每個病人的數據因此產生了一條在這棵樹上的特定路

徑。這棵樹在四步或更少的步驟之後終止（目前我們不關心其餘的兩個參數，TP和MPI是什麼）。終端節點包含判斷，如這張圖所示：黑色節點表示「手術」，白色節點表示「不動手術」。

我將先前擱置的檔案中，約兩百四十位病患的資料輸入，結果令人驚訝。演算法針對95%的案例進行準確的診斷。

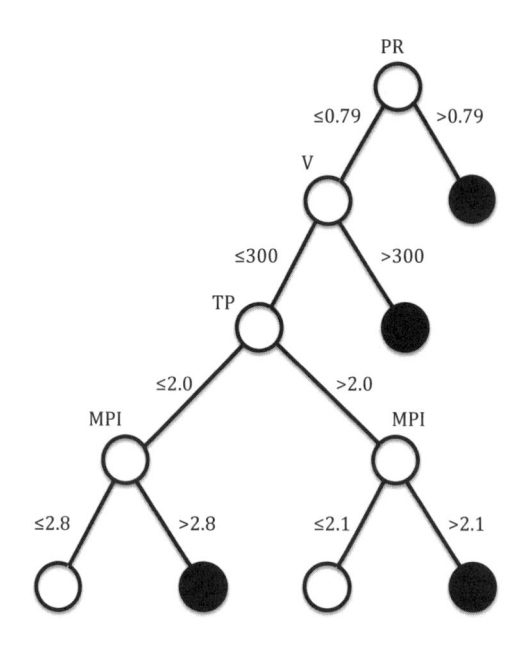

這個算法用簡單的術語，描述了醫生在做決定時的思維過程，並顯示了哪些描述患者病情的參數與最相關的診斷方式。這些參數只有四個，將初始的大約四十個參數縮小範疇。例如，該算法顯示了阿魯秋尼揚所開發的外周阻力指數的重要性，這是測

量腎臟內血流量的參數。這個參數在決策中起了這麼重要的作用，本身就是一個重要的發現。所有這些都可以在該領域的進一步研究中使用。其他醫生可以將算法應用於他們的患者，進行測試，並可能進行微調以提高效率。

我們寫了一篇關於這個主題的論文，成為了阿魯秋尼揚博士論文的基礎，並申請了一項專利，該專利在一年後獲得批准。我為自己與庫普金的工作感到驕傲，他也為我感到驕傲。儘管我們關係很好，我還是將我的「另一個」數學生活——與富克斯和費金的工作等等——對他和大多數人保密。這就像應用數學是我的配偶，而純數學是我的祕密情人。

不過，當我需要找工作時，庫普金告訴我，他會試著在石油天然氣學院的實驗室裡聘請我當助手。這樣一來，一年後我就可以成為那裡的博士生了。這條路在可預見的未來為我的就業打開了一條明確的道路。這聽起來像是一個絕佳的計畫，但有很多障礙，尤其是當我的父親在我申請石油天然氣學院之前去那裡時，他已經被警告過，我將再次面臨反猶太主義。

當然，庫普金對此非常清楚。他在石油天然氣學院已經工作了幾十年，知道一切是如何運作的。他其實是由院長維諾格拉多夫（Rector Vinogradov）親自聘請的，庫普金對他非常尊敬。

我的派令問題將由中階官僚處理，而不是由維諾格拉多夫處理，那些人肯定會對任何聽起來像猶太人名字的人，關閉所有的大門，但庫普金知道如何處理這個系統。在我在石油天然氣學院的最後一年的春季學期開始時，我的就業問題變得緊迫，他打了

一封信，聘任我到他的實驗室。他隨身攜帶這封信，以便如果有機會親自和維諾格拉多夫談論到我，他會作好準備。

機會很快就出現了。一天，他在進入石油天然氣學院時遇到了維諾格拉多夫。維諾格拉多夫很高興見到他，問道：「庫普金，你最近怎麼樣？」

「糟透了，」庫普金嚴肅地回答（他可以是一個好演員）。

「發生了什麼事？」

「我們的實驗室過去做了很多了不起的事情，但我們現在不能再這樣做了。我無法吸引新的人才。我有一位非常優秀的學生今年畢業，但我無法聘僱他。」

我想維諾格拉多夫想要向庫普金展示誰是老闆——這正是庫普金的目的——所以他說：「別擔心，我會處理這件事的。」

這時，庫普金拿出了我的派令。維諾格拉多夫別無選擇，只能簽字。

通常，這封信在到達維諾格拉多夫的桌子上之前，需要由十幾個人簽字：當地共青團組織和共產黨的領導人，以及各種其他官僚。他們肯定會想辦法拖延過程，讓這件事永遠不會發生。但現在它已經有了維諾格拉多夫的簽名！所以他們能怎麼辦呢？他是老闆，他們不可能違抗他的意願。他們會咬牙切齒並拖延一段時間，但最終他們都會放棄並簽字。你應該看看當他們看到維諾格拉多夫的簽名在派令下方時，他們的臉色多難看！庫普金巧妙地在系統中發揮得淋漓盡致。

第十三章　哈佛的召喚

總之，1989年3月，在壓力和不確定性中，我收到了一封來自美國的信，信件抬頭是哈佛大學的信箋。

尊敬的弗倫克爾博士：
　　茲因數學系的推薦，台端獲哈佛大學獎學金，敬邀請您1989年秋季到哈佛大學訪問。

　　　　　　　　　　　　　　　　　　　　哈佛大學校長
　　　　　　　　　　　　　　　　德里克・博克（Derek Bok）敬上

我之前聽說過哈佛大學，但我必須承認當時並沒有真正意識到其學術界之重要性。不過，我還是非常高興。作為獎學金得獎者受邀到美國，聽起來是一種很大的榮譽。大學校長親自給我寫信！而且即使我還沒有獲得博士學位，他也稱呼我為「博士」（當時是我在石油天然氣學院的最後一個學期。）

這是怎麼回事呢？我們與費金合作的工作的消息傳開了。我們的第一篇簡短的論文已經發表，我們還在完成另外三篇較長的論文（全都是英文）。來自瑞典的物理學家拉爾斯・布林克（Lars Brink）正在莫斯科訪問，為一本他在編輯的期刊徵集了一篇我們的論文。我們給了他我們的論文，並請他製作大約二十份副本，寄給我們認為會對我們的工作感興趣的國外數學家和物

理學家。我從莫斯科科學圖書館提供的已發表論文中找到他們的地址,並把名單給了布林克。當時,因為他知道我們自己寄送複印件會有多困難,所以他好心答應幫助我們。那篇論文變得廣為人知,部分原因是它在量子物理學中的應用。

這是在網際網路普及之前的幾年,但科學文獻的傳播系統相當有效:作者在發表前會傳閱他們的打字稿(稱為預印本)。接收者會將其複印,並轉發給他們的同事以及大學圖書館。布林克寄出的二十多份論文也一定是這樣被廣為傳播的。

與此同時,蘇聯正在發生巨大變革:這是戈巴契夫(Mikhail Gorbachev)發起的改革開放時期。其結果之一是人們可以更自由地出國旅行。在此之前,像費金和富克斯這樣的數學家們收到了許多參加會議和訪問西方大學的邀請,但國外旅行受到政府的嚴格管制。在獲得另一個國家的普通入境簽證之前,必須先獲得允許離開蘇聯的出境簽證。由於擔心人們不會回來(事實上,許多獲得出境簽證的人確實沒有回來),這些簽證幾乎都被駁回,通常是以虛假的理由。富克斯曾告訴我,他已經多年沒有嘗試申請出境簽證了。

但突然在1988年秋季,有幾個人被允許出國,其中之一是蓋爾范德。另一個是年輕有才的數學家,也是費金的朋友貝林森(Sasha Beilinson),他也前往美國拜訪他的前合作者伯恩斯坦(Joseph Bernstein),後者幾年前移民並成為哈佛大學的教授。

同時,西方的一些科學家也意識到變革即將到來,並試圖利用這個機會邀請蘇聯的學者。其中一位是賈菲(Arthur Jaffe),

一位著名的數學物理學家，當時是哈佛大學數學系的主任。他決定為有才華的年輕俄羅斯數學家創建一個新的訪問學者職位。1988年秋季，獲得過哈佛榮譽學位的蓋爾范德來訪時，賈菲請求他的幫助，說服了蓋爾范德的老朋友哈佛大學校長博克，為這個計畫提供資金和支持，部分資金也由蘭登・克萊（Landon Clay）提供，他後來創立了克萊數學研究所。賈菲稱這個計畫項目為「哈佛獎學金」。

一旦計畫就緒，問題就變成了邀請誰，賈菲向各位數學家徵求建議。顯然，我的名字被幾個人（包括貝林森）提到，這就是為什麼我被選為首批獲獎者之一的原因。

很快，博克校長的信之後，接著來了一封來自賈菲本人較長的信件，詳細描述了邀請的細節。我可以到哈佛三到五個月；我將成為訪問教授，但除了偶爾發表關於我的工作的講座之外，不會有任何正式義務；哈佛會支付我的旅行機票、住宿和生活費用。實際上，哈佛唯一沒有提供的就是蘇聯的出境簽證。幸運的是，讓我非常驚訝的是，我在一個月內就獲得了簽證。

賈菲在信中寫道，我最早可以在8月底過去，並待到1月底，但我選擇了待三個月，這是信中指定的最短停留期。為什麼呢？嗯，我沒打算移民到美國，我打算回來。此外，我感到內疚，因為我不得不請假離開庫普金為我找到的石油天然氣學院的工作。

在我拿到出境簽證，並確認我的旅行即將實現之後，我不得不向庫普金坦白我的「課外活動」：我與費金的數學工作和哈佛的邀請。自然，他非常驚訝。他一直以為我全心投入在與他合作

的醫學計畫上。他的第一反應相當消極。「那你去哈佛，誰來在我的實驗室工作呢？」他問道。

就在這時，庫普金的妻子阿列克謝夫娜（Tamara Alekseevna）站了出來，她總是在他們家熱情歡迎我。

「庫普金，你在練什麼瘠話，」她說。「這孩子收到了哈佛的邀請。這是個好消息！他絕對應該去，回來後還會繼續和你一起工作。」

庫普金勉強同意了。

夏天過得很快，出發的日期——1989年9月15日——到了。我從莫斯科飛往紐約的甘迺迪國際機場，然後到波士頓。賈菲不能親自來機場接我，但他派了一位研究生來接我。我被帶到數學系為我和另一位哈佛獎學金得獎者雷謝蒂欽（Nicolai Reshetikhin）租的兩個房間的公寓，他將在幾天後抵達。這個公寓在植物園，是哈佛擁有的公寓群，距哈佛園不到十分鐘的步行路程。一切看起來都不同，且令人興奮。

到了公寓的時候已經是深夜了。因為時差的關係，我立刻上床睡覺。第二天早上，我去了附近的農夫市場，買了一些蔬菜。回家後，我開始做沙拉，這時才發現我沒有鹽。公寓裡沒有鹽，所以我只好吃了沒加鹽的沙拉。

就在我吃完沙拉之後，門鈴響了，是賈菲。他提議開車帶我在城市周圍轉一轉。這對一個二十一歲的小伙子來說真是太酷了，被哈佛數學系的主任開車帶著在城市中溜達。我看到了哈佛園、查爾斯河、美麗的教堂，以及波士頓市中心的摩天大樓。天

氣非常好,這座城市給我留下了深刻的印象。

在兩小時的旅程結束回來的路上,我告訴賈菲我需要買鹽,他說:「沒問題,我帶你去附近的超市。」

他帶我去了波特廣場的「星超市」,說會在車裡等我。

這是我第一次去超市,這是一個令人震驚的經歷。當時俄羅斯食品短缺。在我的家鄉科洛姆納,人們只能買到麵包、牛奶和基本的蔬菜,比如馬鈴薯。要買其他食品得去莫斯科,即使在莫斯科,能買到的最好的東西也只是一些低品質的莫塔德拉香腸和奶酪。每個週末,當我從莫斯科回家時,我都會帶一些食品給父母。所以看到超市裡一排排擺滿各種食品的貨架,簡直令人難以置信。

「你們怎麼在這裡找到東西呢?」我心想。我開始在貨架間走來走去找鹽,但我找不到。可能是被超市裡的豐富物品搞得有點暈了,不管怎樣,我甚至沒有注意到上面的標誌。我問了一個在超市工作的人:「鹽在哪裡?」但我聽不懂他說的話。我的英語夠好,可以講數學課,但對於日常口語英語,我沒有任何經驗。濃重的波士頓口音,讓我聽不太懂。

過了半個小時,我真的快絕望了,像在巨大的迷宮裡迷失了一樣,徘徊在星超市。最後,我找到了一包混有大蒜的鹽。「這樣也好,」我心想,「趕快出去吧。」我付了錢,走出商店。可憐的賈菲很擔心──這孩子在裡面混了四十五分鐘,到底在做什麼?──所以他已經開始找我了。

「在資本主義的豐盛之中,迷失了自我,」我心想。

我的美國適應之旅就這樣開始了。

其他兩位在秋季學期到達的哈佛獎學金得獎者是雷謝蒂欽（我與他共用一個公寓，他在一週之後抵達）和齊甘（Boris Tsygan）[1]。他們兩人都比我大十歲，並且已經在數學領域進行了開創性的貢獻。我知道他們的工作，但之前從未親自見過他們。在那個學期期間，我們成為了終生的朋友。

雷謝蒂欽，人稱科利亞（Kolya），來自聖彼得堡。他已經以所謂量子群的發明者之一而聞名，量子群是普通群的一種推廣。更確切地說，量子群是李群的某些變形——我們之前談過的數學對象。這些量子群在許多數學和物理領域中現在與李群一樣無處不在。例如，雷謝蒂欽和另一位數學家圖拉耶夫使用它們來建構「結」和「三維流形」的不變量。

齊甘是我老師費金的長期合作者。齊甘來自烏克蘭基輔，大學剛畢業時就有一種大型創意，這導致了在「非交換幾何」領域的突破。像是其他猶太數學家一樣，他在大學畢業之後被禁止進入研究所。因此，他在大學畢業之後，不得不在基輔的一家重型機械廠工作，整天被嘈雜的機器包圍。然而，正是在這些不完美的條件下，他獲得重大發現。

人們往往認為數學家總是工作在無菌的環境中，坐著看電腦螢幕或天花板，在整潔的辦公室裡。但是事實上，一些最好的想法往往在你最意想不到的時候出現，可能在惱人的工業噪音中迸發出來。

在哈佛園裡走動,欣賞磚瓦建築的老式建築風格,哈佛的雕像,古老教堂的尖頂,我不禁感受到這個地方的獨特性,哈佛大學擁有悠久的追求知識的傳統,以及對於發現永不停止的迷戀。

哈佛大學數學系設在科學中心,一座位於哈佛園外現代風格的大樓。它看起來像一艘巨大的外星飛船,恰好落於麻薩諸塞州劍橋,並決定停留在那裡。數學系占了其中的三層樓。內部設有與辦公室混合的公共區域,配有咖啡機和舒適的沙發。還有一個設計良好的數學系圖書館,甚至還有一張乒乓球桌。所有這些創造了一種溫馨的氛圍,即使在半夜,你也能在那裡找到許多人——不論老少,在進行工作、在圖書館閱讀、在走廊裡緊張地踱步、進行熱烈的討論,有些人甚至在沙發上打盹……你會感覺永遠不需要離開這個地方(而且看起來有些人真的從未離開過)。

相比其他學校,這個系非常小:教職人員包括不超過十五位專任教授,以及大約十位擁有三年教職的博士後研究員。當我到達時,教職人員中有我們這個時代的一些偉大數學家,如伯恩斯坦、博特(Raoul Bott)、格羅斯(Dick Gross)、廣中平祐(Heisuke Hironaka)、卡茲丹(David Kazhdan)、馬祖爾(Barry Mazur)、泰特(John Tate)、丘成桐(Shing-Tung Yau)。見到他們並向他們學習,是一種千載難逢的機會。我對充滿魅力的拉烏爾・博特,有著美好的回憶,這位白髮蒼蒼的友善巨人,當時已經六十多歲了,會在走廊裡把我拉到一邊,用他洪亮的聲音問我:「你怎麼樣,年輕人?」

還有大約三十名研究生,他們都擁有位於中層樓的小隔間。

我們三個俄羅斯人——雷謝蒂欽、費金和我——受到了大家的熱情歡迎。儘管我們是隨後幾年湧入美國大學的俄羅斯科學家的先驅，但是在當時，來自蘇聯的訪客仍是非常不尋常的事。不過，在劍橋待了一週左右後，我感覺自己完全融入了這裡。一切都顯得如此自然，如此的酷。我買了最時髦的牛仔褲和索尼隨身聽（記住，這是1989年！），戴著耳機在城裡四處走動，聽著最酷的音樂。對陌生人來說，我看起來像一個典型的二十一歲學生。我的會話英語還有待提高。為了改進，我每天都會買一份《紐約時報》，並用字典閱讀至少一小時（後來我才讀懂最晦澀的英語詞彙）。我還迷上了深夜電視節目。

大衛・萊特曼（David Letterman）的節目（當時在NBC午夜12點35分播出）是我的最愛。第一次看時，我一句話都聽不懂。但不知怎地，很明顯這是我的節目，如果我能明白主持人在說什麼，我會非常享受。所以這給了我一些額外的動力。我每晚堅持看這個節目，漸漸地開始理解笑話、內容和背景。這是我發現美國流行文化的方式，我對這些內容如飢似渴。有些夜晚，當我不得不早一點睡時，我會錄下節目，第二天早上吃早餐時觀看。萊特曼的節目對我來說成了一種宗教儀式。

雖然我們這些獎學金得主沒有任何正式義務，但我們每天都會來到系館，進行我們的計畫，與人交談，並且參加大量的研討會。我最常交流的兩位教授是兩位俄羅斯僑民：伯恩斯坦和卡茲丹。兩位都是傑出的數學家，都是蓋爾范德以前的學生，彼此也

是好朋友，但他們的性格截然不同。

伯恩斯坦安靜而謙遜。如果有人問他問題，他會靜靜地聽，慢慢思考，並且常常會說他不知道答案，但仍會告訴你他對這個問題的看法。他的解釋清晰明瞭，且通俗易懂，他經常會實際上解釋他聲稱不知道的答案。他總是讓你感覺不需要是天才才能理解這些東西──這對一個有抱負的年輕數學家來說，是一種很棒的感覺。

另一方面，卡茲丹是一個活力四射的人──極其敏銳、機智而快速。他的百科全書知識、瀟灑和偶爾的急躁表現讓人想起他的老師蓋爾范德。在研討會上，如果他認為演講者解釋得不好，他會直接走上講台，從演講者手中奪過粉筆，自己來講──當然，這是在他對這個主題感興趣的情況之下。否則，他可能會直接打瞌睡。很少聽到他回答問題時說「我不知道」──他確實幾乎什麼都知道。我這些年來與他長時間交談，學到了很多。後來，我們還合作了一個聯合計畫，這是一個非常寶貴的經歷。

在哈佛的第二週，我遇到了命運的邂逅。除了哈佛，劍橋還有另一所知名度較低的學校，通常用其名稱的縮寫來稱呼⋯⋯麻省理工學院（當然，我在開玩笑）！哈佛大學和麻省理工學院之間一直存在一些競爭，但事實上，兩個數學系聯繫非常緊密。比如，哈佛的學生通常會有麻省理工學院的教授作為指導教授，反之亦然。兩校的學生經常參加對方學校提供的課程。

貝林森是費金的朋友兼論文共同作者，受聘為麻省理工學院的教授，我參加了他在那裡的講座。在第一次講座上，有人指出

坐在幾排遠處的一位英俊的中年男子。「這是卡茨。」哇！這是卡茨—穆迪代數及其他許多成果的創造者，我已經研究了他的作品好幾年了。

講座結束後，我們被介紹給卡茨認識。他熱情地迎接我，並告訴我他想更多地了解我的工作。當他邀請我在他的每週研討會上演講時，我非常興奮。結果我在他的研討會上連續三個星期五進行了三次演講。這是我第一次用英語進行研討會，我覺得我做得還不錯：出席率很高，人們似乎很感興趣，並且問了很多問題。

卡茨把我視為他的門徒。我們經常在麻省理工學院他那寬敞的辦公室裡見面，討論數學，他還經常邀請我去他家吃晚飯。我們後來一起合作了幾個計畫。

大約在我抵達一個月之後，費金也來到了劍橋。貝林森給他發了邀請，讓他在麻省理工學院訪問兩個月。我很高興費金來到了劍橋：他是我的老師，我們關係非常親近。我們還有一些正在進行的數學計畫，這是個很好的機會來進行這些計畫。我一開始沒有意識到他的訪問，也會讓我的生活陷入極大的動盪。

莫斯科國門向西方敞開的消息，以及數學家們可以自由出國訪問美國和其他國家大學的消息，很快在莫斯科數學界傳播開來。許多人決定逮住這個機會永久移居美國。他們開始向各大學提交申請，並致電他們在美國的同事，告訴他們自己在找工作。由於沒有人知道這種「開放」政策會持續多久（大多數人預計幾

個月之後國境會再次封閉），這在莫斯科引起了一種狂熱——所有的對話都導向同一個問題：「如何最好離開？」

這又有什麼不同呢？這些人中的大多數必須應對蘇聯的反猶太主義和其他各種障礙。他們無法在學術界找到工作，不得不在業餘時間演算數學。雖然蘇聯的數學界非常強大，但在很大程度上與世界其他地方隔絕。在西方有著蘇聯根本不存在的職業發展機會。當國外的更好生活機會出現時，怎能指望這些人忠於一個拒絕他們並試圖阻止他們在他們所愛的領域工作的國家呢？

當費金來到美國時，他立刻看到即將到來的大規模「人才流失」，這是無法阻止的。在俄羅斯，經濟正在崩潰，食品短缺隨處可見，政治局勢變得越來越不穩定。而在美國，生活水準高得多，物資豐富，學術界的生活看起來非常舒適。這種對比是巨大的。經歷了這一切之後，怎麼可能讓任何人回到蘇聯？頂尖數學家或任何能找到工作的人，大量離開俄羅斯似乎是不可避免的，而且會發生得非常迅速。

儘管費金一生都在與反猶太主義鬥爭，對蘇聯的情況也沒有任何幻想，但他還是決心返回莫斯科。他被莫斯科大學錄取（在1969年他申請時，一些猶太學生仍被錄取），但他不被允許進入博士學位課程。他不得不在省會城市雅羅斯拉夫爾的大學註冊，獲得他的博士學位。之後他很難找到工作，直到他能在固體物理研究所找到一個職位。儘管如此，費金對這種逃離潮感到不安。他認為在這個巨大動盪的時期大規模地離開俄羅斯是不道德的，就像老鼠逃離正在下沉的船一樣。

費金極為悲傷的是，偉大的莫斯科數學學校即將消失。他多年來生活在其中的緊密數學家社群正要在他的眼前消失。他知道自己很快就會在莫斯科幾乎孤身一人，失去了他生命中最大的樂趣：與朋友和同事一起演算數學。

這自然成為我與費金談話的主要主題。他試圖說服我應該回去，不要屈服於他所認為的那些試圖逃往西方的人們的集體瘋狂。他還擔心我在美國無法成為一個好數學家。他認為美國的「消費社會」會扼殺一個人的動力和工作倫理。

「看，你有才華，」他會對我說，「但它需要進一步發展。你必須努力工作，就像你在莫斯科工作一樣。只有這樣，你才能實現你的潛力。在這裡，在美國，這是不可能的。這裡有太多的干擾和誘惑。這裡的生活全是關於快樂、享受、即時滿足。在這裡你怎麼可能專心工作？」

我並不完全接受他的論點。我知道我對數學有著強烈的動力。但是我只有二十一歲，而費金比我大十五歲，是我的導師。我所有作為數學家的成就都歸功於他。他的話讓我停下來思考──如果他是對的呢？

哈佛大學的邀請成為我人生的一個轉折點。就在五年前，我在莫斯科國立大學的考試中失敗了，看起來我成為數學家的夢想已經破碎，無法挽回。來到哈佛是對我在莫斯科這五年來所有辛勤工作的獎勵。但是我想繼續前進，做出新的發現。我想成為我能成為的最好的數學家。我把哈佛的邀請看作是長期旅程中的一個階段。這是一種進步：賈菲和其他人相信我，並給了我這個機

會。我不能讓他們失望。

在劍橋,我很幸運地得到了像卡茨這樣優秀數學家的支持,他們鼓勵我,並在各方面幫助我。但是我也感受到了一些同事的嫉妒:這個人為什麼這麼快就得到了這麼多?他做了什麼值得擁有這些?我感到有義務履行我的承諾,向大家證明我的第一批數學工作並不是僥倖,我可以在數學上做得更好、更深,更宏大。

數學家們形成了一個小社群,就像所有人類一樣,他們會議論誰有多少價值。在哈佛的短短時間裡,我已經聽夠了關於小時了了的故事。我聽過一些對他們不寬容的評論,比如,「記得某某嗎?他的第一批研究作品真棒。但是他在過去三年裡沒有做出重要的研究。真可惜!」

我害怕在三年後他們會這樣說我,所以我總是感到壓力,必須不斷產出和成功。

同時,蘇聯的經濟狀況迅速惡化,前景非常不確定。我的父母從內部觀察到了這一切,並確信我在蘇聯沒有未來,他們定期打電話給我,敦促我不要回來。在那個時候,從蘇聯打電話到美國非常困難(而且昂貴)。我的父母擔心他們的家用電話被監聽,因此他們會前往莫斯科中央郵政總局,從那裡打電話。這樣的行程幾乎會花費他們整整一天的時間。但他們決心,即使非常想念我,也要竭盡全力說服我留在美國。他們完全確信這是為了我的最佳利益。

費金也關心我的最佳利益,但他部分基於道德立場。他逆流而行,我對此非常欽佩。然而,我也不得不承認,他能夠這樣

做是因為他在莫斯科的情況相對舒適（儘管這種情況很快就會改變，他將被迫每年在國外待幾個月——主要是在日本——來養家餬口）。我的情況完全不同：我在莫斯科沒有住處，只有臨時的居住證。雖然庫普金為我在石油天然氣學院確保了一個臨時的助理工作，但這份工作提供的工資微薄，勉強夠在莫斯科租一個房間。由於反猶太主義，進入研究所將是一場艱苦的鬥爭，我的未來就業前景看起來更為黯淡。

11月底，賈菲打電話叫我去他的辦公室，提出讓我在哈佛的停留延長到5月底。我必須迅速作出決定，但我很矛盾。我喜歡在波士頓的生活方式。我覺得這是我的歸宿。擁有哈佛大學和麻省理工學院，劍橋是數學的頂尖中心之一。全世界上一些最聰明的人在這裡，我可以敲開他們的門，問他們問題，向他們學習。這裡還有大量的研討會，幾乎所有令人興奮的發現，都會在發表之後不久進行報告。我被最聰明的學生包圍著。這是年輕有抱負的數學家所能想像的最有激勵性的環境。莫斯科曾經是這樣的地方，但現在不再是了。

但是這是我第一次離家這麼長時間。我想念我的家人和朋友。而我的老師費金是我在劍橋最親近的人，他堅持認為我應該按照計畫在12月回去。

每天早上我醒來都感到恐懼，想著「我該怎麼辦？」回想起來，這個決定看起來很明顯。但在如此多不同的力量同時碰撞的情況之下，作出這個決定並不容易。最終，在一些痛苦的考慮之後，我決定聽從父母的建議，留下來，並告訴了賈菲。我的朋友

第十三章　哈佛的召喚　223

雷謝蒂欽和齊甘也做了同樣的決定。

　　費金對此感到不滿，我感覺讓他失望了。當我在12月中旬送他去洛根機場返回莫斯科時，那是一個充滿悲傷和巨大不確定性的時刻。我們不知道未來會如何；我們甚至不知道是否能很快再次見面。我忽視了費金的建議。但我仍然害怕我可能會步入了他的擔憂。

第十四章　捆綁智慧

春季學期帶來了更多訪客,其中之一是德林費爾德,他改變了我的研究方向,在很多方面改變了我的數學生涯,而這一切都因為朗蘭茲綱領。

我之前聽說過德林費爾德。他當時只有三十六歲,但已經是一個傳奇人物。我們見面後的六個月,他被授予數學界最負盛名的獎項之一,許多人認為相當於諾貝爾獎的菲爾茲獎。

德林費爾德在十七歲時發表了他的第一篇數學論文,到二十歲時,他已經在朗蘭茲綱領中開創了新的領域。德林費爾德來自烏克蘭哈爾科夫,他的父親是一位知名的數學教授,德林費爾德在1970年代初期就讀於莫斯科大學。(在那個時候,猶太人也難以進入莫斯科國立大學,但仍有一定比例的猶太學生被錄取。)當他從莫斯科國立大學獲得學位時,他因其工作已經在世界範圍內享有盛譽,並且被錄取為研究生,這對猶太學生來說是非同尋常的。他的導師是世界上最原創和最有影響力的數學家之一的馬寧(Yuri Ivanovich Manin)。

然而,即使是德林費爾德,也無法完全逃避反猶太主義。獲得博士學位後,他無法在莫斯科找到工作,不得不在烏拉爾山脈的一個工業城市烏法的省級大學工作三年。德林費爾德不願意去烏法,因為那裡沒有數學家在他關心的領域工作。但後來在烏法逗留的結果,德林費爾德與當地數學家索科洛夫(Vladimir

Sokolov）一起在可積分系統理論方面做出了重要工作，這個主題與他的興趣相距甚遠。他們創建的可積分系統現在被稱為德林費爾德─索科洛夫系統（Drinfeld-Sokolov systems）。三年之後，德林費爾德終於能在他的家鄉哈爾科夫低溫物理研究所找到一份工作。這是一份相對舒適的工作，他可以與家人保持親近，但在哈爾科夫，德林費爾德與主要集中在莫斯科，以及部分集中在聖彼得堡的蘇聯數學界隔離開來。

儘管如此，德林費爾德基本上獨自工作，仍然在數學和物理的不同領域取得了驚人的成果。除了在朗蘭茲綱領中證明重要猜想，並與索科洛夫一起開創了可積分系統理論的新篇章外，他還發展了量子群的一般理論（最初由雷謝蒂欽和他的共同作者發現），以及許多其他領域的工作。他的貢獻之廣令人驚歎。

曾有人試圖在莫斯科聘用德林費爾德。例如，物理學家貝拉文（Alexander Belavin）曾試圖將德林費爾德帶到莫斯科附近的蘭道理論物理研究所。為了提高成功的機會，貝拉文和德林費爾德一起解決了重要問題，即「經典楊─巴克斯特方程式」（classical Yang-Baxter equation）解之分類，這當時引起了許多物理學家的興趣。他們的論文在蓋爾范德的期刊《泛函分析及其應用》（*Functional Analysis and Applications*）上發表，並受到了廣泛讚譽（我相信這是蓋爾范德發表過的最長的文章，這說明了其重要性）。正是這項工作引導德林費爾德進入了量子群理論，這一理論革命了數學的許多領域。不幸的是，這些聘用計畫都沒有成功。反猶太主義和德林費爾德在莫斯科缺乏居住證是致命的

組合。德林費爾德留在了哈爾科夫，很少訪問莫斯科。

1990年春季，德林費爾德受邀訪問哈佛，這對我來說是一次機緣巧合。他在1月下旬到達。聽過所有關於他的傳說後，我一開始有點害怕，但他其實非常友善和慷慨。說話溫和，斟酌字詞，德林費爾德在談論數學時也是清晰的典範。當他向你解釋事情時，他不會以自我誇大的方式進行，好像他在揭示一個你永遠無法自己完全理解的神祕（不幸的是，這是我們一些同事的情況，我姑隱其名）。相反，他總是能以最簡單和最清晰的方式表達，所以在他向你解釋完某件事之後，你會覺得自己一直都了解這件事。

更重要的是，德林費爾德馬上告訴我，他對我與費金的合作非常感興趣，並希望將其用於他與朗蘭茲綱領相關的新計畫。

讓我們回想一下第九章中韋伊的「羅塞塔石碑」的三個石柱：

　　　　數論　　　　有限域上的曲線　　　　黎曼曲面

　　朗蘭茲綱領最初是在左柱和中柱內發展起來的：數論和有限域上的曲線。朗蘭茲綱領的想法是建立伽羅瓦群表示和自守函數之間的關係。伽羅瓦群的概念在「羅塞塔石碑」的左柱和中柱中完全有意義，並且在數學的另一個領域—調和分析中可以找到合適的自守函數。

　　在德林費爾德的工作之前，不清楚朗蘭茲綱領是否在右柱，即黎曼曲面理論中有類似的對應。將黎曼曲面包括進來的方法，在1980年代早期的德林費爾德的工作中開始出現，隨後是法國數學家洛蒙（Gérard Laumon）的工作。他們意識到可以對朗蘭茲綱領進行幾何改寫，這在韋伊的「羅塞塔石碑」的中柱和右柱中都是有意義的。

　　在「羅塞塔石碑」的左柱和中柱，朗蘭茲綱領關聯伽羅瓦群和自守函數。為了在黎曼曲面幾何理論中找到伽羅瓦群和自守函數的正確對應，我們已經在第九章中看到，在幾何理論中，伽羅瓦群的角色由黎曼曲面的基本群扮演。但我們沒有探討自守函數的幾何對應物（geometric analogues）。

　　事實證明，正確的幾何對應物不是函數，而是數學家稱為層（sheaves）的東西。

　　為了解釋它們是什麼，讓我們談談數字。我們有自然數：1、2、3等，當然它們有很多用途。其中之一是測量維度。如我們在第十章中討論的，一條線是一維的，一個平面是二維的，對

於任何自然數n，我們都有一個n維空間，也稱為向量空間。[1]現在想像一個世界，在這個世界中，自然數被向量空間取代；也就是說，數字1被一條線取代，數字2被一個平面取代等。

在這個新世界中，數字的加法被數學家稱為向量空間的直接加總所取代。給定兩個各自具有其座標系的向量空間，我們創建一個新的空間，該空間結合了兩個向量空間的座標，因此其維度是兩個維度的總和。例如，一條線有一個座標，一個平面有兩個座標。將它們結合起來，我們得到一個三維空間。這就是我們的三維空間。

自然數的乘法被另一個向量空間計算所取代：給定兩個向量空間，我們生成第三個空間，稱為它們的張量積。我不會在這裡給出張量積的精確定義；重要的是，如果我們開始的兩個向量空間的維度是m和n，那麼它們的張量積的維度是$m·n$。

因此，我們在向量空間上的計算，類似於自然數的加法和乘法計算。但是這個向量空間的平行世界比自然數的世界豐富得多！一個給定的數字沒有內在結構。例如，數字3本身並沒有對稱性。但三維空間有。事實上，我們已經看到，李群$SO(3)$的任何元素都會導致三維空間的旋轉。數字3只是三維空間的影子，僅反映了這個空間的一種屬性，它的維度。但這個數字無法展現向量空間的其他方面，例如它的對稱性。

在現代數學中，我們創建了一個新的世界，在這個世界中，數字以向量空間的形式活了起來。每個數字都有豐富而充實的個人生活，並且它們之間的關係也更加有意義。當我們處理數學概

第十四章　捆綁智慧　229

念時，有些問題不能簡單地歸結為加法和乘法。我們只能以一種方式從2中減去1，但我們可以以多種不同方式將一條線嵌入一個平面。

不同於自然數形成的集合，向量空間形成了一種更複雜的結構，數學家稱之為範疇（category）。給定的範疇中有「對象」（objects），[2]如向量空間，但除此之外，還有從任何對象到任何其他對象的「態射」（morphisms）。例如，範疇中從對象到自身的態射，實際上是該對象在該範疇內允許的對稱性。因此，範疇的語言使我們能夠集中注意力於對象如何相互作用，而不是它們由什麼組成。因為這樣，範疇的數學理論特別適應於電腦科學。[3]函數式編程語言的發展，如Haskell，只是最近眾多應用中的一個例子。[4]看起來不可避免的是，未來幾代電腦將基於範疇論，而不是集合論，範疇將進入我們的日常生活，無論我們是否意識到。

從集合到範疇的典範轉移也是現代數學的驅動力量之一，稱為範疇化（categorification）。本質上，我們正在創造一個新的世界，其中熟悉的概念被提升到更高的層次。例如，數字被向量空間取代。下一個問題是：在這個新世界中，函數應該變成什麼？

為了回答這個問題，讓我們重新審視函數的概念。假設我們有一個幾何形狀，如球體或圓，或甜甜圈的表面。我們將其稱為S。如前所述，數學家將這些形狀稱為流形。流形S上的函數f是一個規則，將S中的每個點s對應到一個數字，稱為函數f在點s的

值。我們將其表示為f(s)。

函數的一個例子是溫度,我們的流形S只是我們生活的三維空間。在每個點s我們都可以測量溫度,這是一個數字。這為我們提供了一個規則,將每個點分配一個數字,因此我們得到了函數。同樣地,氣壓也為我們提供了一個函數。

對於一個更抽象的例子,讓S為圓。圓的每個點由一個角度決定,我們將其稱為φ。讓f為正弦函數。那麼對應於角度φ的圓點上這個函數的值是$\sin(\varphi)$。例如,如果φ=30度(或$\pi/6$,如果我們用弧度而不是度數來測量角度),則正弦函數的值為1/2。如果φ=60度(或$\pi/3$),則為$\sqrt{3}/2$等。

現在讓我們用向量空間替代數字。因此,函數將成為一個規則,將流形S中的每個點s分配給一個向量空間。這樣的規則稱為層(sheaf)。如果我們用符號$\mathcal{F}$表示一個層,那麼分配給點s的向量空間將表示為$\mathcal{F}(s)$。

因此,函數和層的區別在於我們為流形S的每個點分配什麼:對於函數,我們為點分配數字;對於層,我們為點分配向量空間。對於給定的層,這些向量空間對於不同的點s可以有不同的維度。例如,在下面的圖片中,大多數這些向量空間是平面(即二維向量空間),但有一個是直線(即一維向量空間)。層是函數的範疇化,正如向量空間是數字的範疇化一樣。

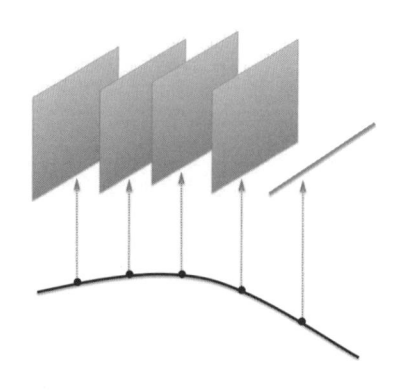

雖然這超出了這本書的範疇，但一個層（sheaf）其實不僅僅是分配給我們在流形上的各點之向量空間的不相交集合（disjoint collection）。在不同點的給定層的纖維必須通過一套精確的規則彼此關聯。[5]

我們此刻關心的是，在函數和層之間存在著一種由偉大的法國數學家亞歷山大・格羅滕迪克（Alexander Grothendieck）發現的深刻類比。

格羅滕迪克對現代數學的影響幾乎是無與倫比的。如果你問誰是20世紀下半葉最重要的數學家，許多數學家會毫不猶豫地說：格羅滕迪克。他不僅幾乎憑一己之力創立了現代代數幾何，還改變了我們對數學整體的思考方式。我們在朗蘭茲綱領的幾何重述中使用的函數和層之間的專業辭典，是格羅滕迪克工作中特有的深刻見解的優秀範例。

為了提供你一個格羅滕迪克思想的要旨，我回想了第八章中的有限域的概念。對於每個質數p，有一個具有p個元素的有限

域：{0,1, 2, ..., p-1}。如我們所討論的，這些p個元素構成了一個數字系統，具有加法、減法、乘法和模p的除法運算，這些運算遵守與有理數和實數上的對應運算相同的規則。

但是，這個數字系統也有一些特別之處。如果你將有限域{0,1, 2, ..., p-1}中的任何元素按照我們之前討論的模p算術提升到p次方，你會求得相同的數字！換句話說

$$a^p = a \quad \text{模} \ p$$

這公式是由提出費馬大定理的數學家費馬證明的。然而，與後者的證明不同，上述公式的證明相當簡單，甚至可以寫在書的邊緣。我已經將其放在這本書的後面。[6]為了與費馬大定理（有時也被稱為費馬最後定理）區分開來，這個結果被稱為費馬小定理。

例如，設p=5，那麼我們的有限域是{0, 1, 2, 3, 4}。讓我們把每個數提升到第五次方。當然，0的任何次方都是0，1的任何次方都是1，所以這裡無須驚訝。接下來，讓我們把2提升到第五次方：我們求得32。但是32=2+5·6，所以模5這是2——我們求得了2，如預期一樣。讓我們取3的第五次方：我們求得243，但這是3+5·48，所以它是模5的3。再一次，我們求得了原來的數字。最後，讓我們對4做同樣的計算：它的第五次方是1024，這是模5的4。太棒了！我鼓勵你檢查一下$a^3=a$模3和$a^7=a$模7（對於較大的質數，你可能需要計算器來驗證費馬小定理）。

第十四章　捆綁智慧　233

還值得注意的是，類似的方程式構成了網路銀行中廣泛使用的RSA加密算法的基礎。[7]

這公式$a^p=a$不僅僅是一個巧妙的發現——意味著提升數字到第p次方的計算，將a發送到a^p，是有限域的伽羅瓦群的元素。被稱為弗羅貝尼烏斯對稱（Frobenius symmetry），或簡稱弗羅貝尼烏斯（Frobenius）。事實證明，有限域p個元素的伽羅瓦群是由這個弗羅貝尼烏斯生成的。[8]

當然，這段文字講述了格羅滕迪克的想法。我們從韋伊的「羅塞塔石碑」的中間列開始。然後我們研究有限域上的曲線和更一般的有限域上的流形。這些流形是由一系列多項式方程式定義的，例如

$$y^2+y=x^3-x^2$$

這是我們在第九章中談到的。

假設我們在這樣的流形上有一個層（sheaf）。它是一種規則，將向量空間分配給流形的每個點，但實際上有更多結構。層的概念是這樣定義的：我們的流形所定義的數字系統的任何對稱性——在這裡是一個有限域——都會引起這個向量空間的對稱性。特別是，弗羅貝尼烏斯，即有限域的伽羅瓦群的一個元素，必然會引起這個向量空間的對稱性（如旋轉或縮放）。

現在，如果我們有一種向量空間的對稱性，我們可以從中

產生一個數字。有一種標準的技術來做到這一點。例如，如果我們的向量空間是一條線，那麼從弗羅貝尼烏斯得到的這個空間的對稱性將是一個縮放：每個元素z會被轉換為Az，其中A是某個數字。那麼我們分配給這個對稱性的數字就是A。而對於維度大於一的向量空間，我們取所謂的對稱性的跡數（trace）。[9]通過取弗羅貝尼烏斯在空間F(s)上的跡數，我們將一個數字分配給點s。

最簡單的情況是弗羅貝尼烏斯作為向量空間的恆等對稱性。那麼它的跡數等於向量空間的維度。所以在這種情況下，通過取弗羅貝尼烏斯的跡數，我們將向量空間的維度分配給它。但是如果弗羅貝尼烏斯不是恆等的，這個結構會將一個更一般的數字分配給向量空間，這個數字不一定是自然數。

結果是，如果我們在有限域$\{0,1, 2,...,p-1\}$上有一個流形S（這就是我們在韋伊的「羅塞塔石碑」的中間列中的情況），並且我們在S上有一個層$\mathscr{F}$，那麼我們可以為S的每個點s分配一個數字。這給了我們在S上的一個函數。因此，我們看到在韋伊的「羅塞塔石碑」的中間列中，我們有一種方法可以從層轉換為函數。

格羅滕迪克稱這為「層到函數的專業辭典」（sheaves-to-functions dictionary）。然而，這是一種奇特的專業辭典。依賴於上述程序，我們可以從層轉換到函數。此外，層上的自然運算與函數上的自然運算相同。例如，取兩個層的直接相加運算，類似於取兩個向量空間的直接相加運算，與取兩個函數的相加運算相同。

第十四章　捆綁智慧

但是，從函數返回到層，是沒有自然方法的。[10]事實證明，我們只能對某些函數這麼計算，而不是對所有函數。但如果我們可以這麼做，那麼這個層將攜帶許多函數沒有的額外資訊。這些資訊可以用來深入了解該函數的本質。值得注意的事實是，在朗蘭茲綱領（位於韋伊的「羅塞塔石碑」的第二列）中出現的大多數函數確實來自層。

數學家們研究函數這種數學的中心概念，已經有幾個世紀了。這是一種我們可以通過考慮溫度或氣壓直觀理解的概念。但在格羅滕迪克之前，人們沒有意識到的是，如果我們在有限域上的流形的背景之下（如有限域上的曲線），我們可以超越函數，轉而處理層。

函數是舊數學的概念，而層是現代數學的概念。格羅滕迪克展示了層在許多方面更為基本；好的函數只是層的影子。

這一大發現極大地促進了20世紀後半葉數學的進步。原因在於，層是更為重要且萬用的對象，具有更多的結構。例如，層可以有對稱性。如果我們將函數提升到層，我們可以利用這些對稱性，從而學到更多知識。

對我們特別重要的是，層在韋伊的「羅塞塔石碑」的中間列和右列中都有意義。這開啟了將朗蘭茲綱領從中間列移動到右列的途徑。

在「羅塞塔石碑」的右列，我們考慮的是在複數上的流形。例如，我們考慮的是像球面或甜甜圈表面這樣的黎曼曲面。在這

種情況下，出現在韋伊的「羅塞塔石碑」的左列和中間列的自守函數，並沒有太多意義。但對於層來說，是有意義的。因此，一旦我們在中間列中用層取代函數（因為我們有格羅滕迪克專業辭典，我們可以這樣做），我們重新得到了韋伊的「羅塞塔石碑」中間列和右列之間的類比。

讓我們總結一下：當我們從韋伊的「羅塞塔石碑」的中間列移動到右列時，我們需要對朗蘭茲綱領所設想的關係的兩側進行一些調整。這是因為伽羅瓦群和自守函數的概念在黎曼曲面的幾何中，沒有直接對應物。首先，伽羅瓦群在黎曼曲面的基本群中找到了其類比，如第九章所解釋的。其次，我們使用格羅滕迪克專業辭典，並且考慮滿足類似於自守函數性質的層，而不是自守函數。我們稱它們為自守層（automorphic sheaves）。

這通過以下圖表進行說明，其中我們有「羅塞塔石碑」的三列，每列中的兩行包含特定於該列的朗蘭茲關係兩側的對象之名稱。

數論	有限域上的曲線	黎曼曲面
伽羅瓦群	伽羅瓦群	基本群
自守函數	自守函數或自守層	自守層

問題在於如何建構這些自守層。這證明是一個非常困難的問題。在1980年代初，德林費爾德提出了在最簡單情況下的第一個這樣的結構〔基於德利涅（Pierre Deligne）未發表的早期作

品〕。德林費爾德的想法在幾年後由洛蒙進一步發展。

當我見到德林費爾德時，他告訴我，他想出了一種建構自守層的全新方法。但他設想的新結構依賴於一種他認為我可以從我和費金在卡茨—穆迪代數上的研究中推導出的某個猜想。我簡直不敢相信：我的工作對朗蘭茲綱領有用嗎？

我能夠做與朗蘭茲綱領相關工作的機會，使我渴望了解關於其所有已知資訊。那個春天，我幾乎每天都去德林費爾德在哈佛大學的辦公室，並且不斷問他關於朗蘭茲綱領的問題，他耐心地回答。他還會問我關於我和費金的工作的細節，這對他正在嘗試做的事情至關重要。一天的其餘時間，我會在哈佛圖書館裡狼吞虎嚥任何我能找到關於朗蘭茲綱領的資料。這個主題如此迷人，我每晚都試圖儘快入睡，這樣早晨會來得更快，我可以更深入地沉浸在朗蘭茲綱領之中。我知道我正在著手進行我生命中最重要的計畫之一。

在春季學期快結束時，發生了一件讓我再次回到莫斯科大學考試的卡夫卡式經歷的事件。

有一天，卡茨在劍橋打電話給我，告訴我有人邀請莫斯科大學校長阿納托利・洛古諾夫（Anatoly Logunov）在麻省理工學院的物理系演講。卡茨和他的許多同事對麻省理工學院給這個在莫斯科國立大學入學考試中對猶太學生的歧視負有直接責任的人擔任論壇講座感到憤慨。卡茨和其他人認為他的行為形同於犯罪，因此這項邀請是個醜聞。

洛古諾夫是一個非常有權勢的人：他不僅是莫斯科國立大學的校長，還是高能物理研究所的所長，蘇聯共產黨最高蘇維埃代表等。但為什麼麻省理工學院會有人邀請他？無論如何，卡茨和他的幾位同事抗議並要求取消訪問和演講。經過一些談判，達成了一個妥協：洛古諾夫會來進行他的演講，但在演講後會有一個公開討論莫斯科國立大學情況的會議，人們將有機會對他進行質詢，這會像一個市政廳會議一樣。

當然！這段文字描述了卡茨要求我參加那次會議，以作為在洛古諾夫領導下莫斯科國立大學發生情況的一手證據。我有點不情願這麼做。我確信洛古諾夫會有「助手」陪同，記錄一切。記住，這是1990年5月，比1991年8月的未遂政變早一年多，那次政變開始了蘇聯的解體。而且我即將回家過暑假。如果我向洛古諾夫這樣高階蘇聯官員說了什麼稍微有些尷尬的話，我會很容易惹上麻煩。至少，他們可以阻止我再度從蘇聯出境返回哈佛。然而，我不能拒絕卡茨的請求。我知道我的證詞在這次會議上是多麼重要，所以我告訴卡茨我會來，如果需要，我會講述我的故事。卡茨試圖安慰我。

「別擔心，艾迪克，」他說，「如果他們因為這件事把你關進監獄，我會盡全力把你弄出來。」

即將到來的事件迅速傳開，講堂擠滿了來聽洛古諾夫演講的人。大家並不是來學習他的講座的。每個人都知道洛古諾夫是一個試圖證明愛因斯坦相對論錯誤（我想知道為什麼），並靠此發跡的遜咖物理學者。正如預期的那樣，他的演講——關於他

第十四章　捆綁智慧　239

「新」的引力理論——幾乎沒有實質內容。但在許多方面這都相當不同尋常。首先，洛古諾夫不會說英語，他用俄語講授，並由一位身穿黑色西裝打著領帶，說著完美英語的高個子男人即席翻譯。他的額頭上好像寫著大大的「克格勃」。他的黨羽〔如電影《駭客任務》（The Matrix）中的複製人〕坐在觀眾中四處張望。

在演講前，麻省理工學院的主持人以非常奇特的方式介紹洛古諾夫。他展示了一張十年前由洛古諾夫和其他幾個人共同撰寫的英文論文的首頁幻燈片。我想這個目的是展示洛古諾夫並不是一個完全的白痴，實際上他還有一些在審稿期刊上的論文發表。我從來沒見過有人這樣介紹別人的。很明顯，洛古諾夫並不是因為他的科學才能受邀到麻省理工學院的。

講座上沒有抗議活動，儘管卡茨在觀眾中分發了一些譴責文件的影印本。其中一個是十年前一位猶太姓氏的人的成績單。他所有科目都得了A，然而在莫斯科國立大學最後一年因「學業不及格」被開除。一個簡短的註釋告知讀者這個學生在遭到派遣特務發現出現於莫斯科猶太會堂。

演講結束後，人們去了另一個房間，圍坐在一張大長方形桌子旁。洛古諾夫坐在一邊，靠近一端，由兩位便衣「助手」護持，他們在翻譯；卡茨和其他指控者則坐在他們正對面。我和幾個朋友安靜地坐在桌子的另一端，靠近洛古諾夫，他沒有注意到我們。

起初，卡茨和其他人說，他們聽到了很多關於猶太學生未被莫斯科國立大學錄取的故事。他們問洛古諾夫，作為莫斯科大學

的校長,他是否會對此發表評論。當然,不管他們對他說什麼,他都一口否認一切。在某個時刻,其中一個便衣人員用英語說:「你們知道,洛古諾夫教授是一個非常謙虛的人,所以他永遠不會告訴你這些。但我會告訴你。他實際上幫助了許多猶太人發展他們的事業。」

另一個便衣人員接著對卡茨和其他人說:「你們要麼拿出證據來,要麼閉嘴。如果你們有任何具體的案例想要談論,那就提出來。否則,洛古諾夫教授非常忙,他還有其他事情要處理。」

此時,卡茨當然說:「其實,我們確實有一個具體的案例要和你們談,」然後他示意我。

我站了起來。所有人都轉向我,包括洛古諾夫和他的「助手」,他們的臉上流露出一些焦慮。我現在面對著洛古諾夫。

「非常有趣,」洛古諾夫用俄語說——這將被翻譯成英語給大家聽——然後他悄悄對助手們說,但我能聽到:「別忘了記下他的名字。」

我必須說,這有點嚇人,但我已經到了不能回頭的地步。我介紹了自己並說:「六年前,我在參加力學與數學系的入學考試時被淘汰了。」

然後我簡要描述了考試時發生的事情。房間安靜了下來。這是一個來自洛古諾夫政策受害者的「具體」目擊證詞,沒有辦法否認這件事的發生。兩位助手急忙減少損失。

「所以你在莫斯科國立大學落榜了。之後你申請了哪裡?」其中一位問。

第十四章 捆綁智慧 241

「我去了石油天然氣學院」，我說。

「他去了石油天然氣學院」，助手翻譯給洛古諾夫，然後洛古諾夫熱烈地點頭——當然，他知道這是莫斯科少數幾個可以接納像我這樣學生的地方之一。

「嗯，」助手繼續說，「也許石油天然氣研究所的競爭不如莫斯科國立大學那麼激烈。也許這就是你進了前者但沒進後者的原因？」

這是錯的：我確信在未被歧視的情況下，力學與數學系的競爭非常小。我被告知四門考試中得到一個B和三個C就足夠進入。而石油天然氣學院的入學考試相反，非常有競爭力。此時卡茨插話說：「弗倫克爾在學生時期做了一些突破性的數學工作，在莫斯科國立大學落榜不到五年之後，他以二十一歲的年齡被邀請成為哈佛的訪問教授。你是在暗示哈佛的職位競爭，也比莫斯科國立大學的入學考試低嗎？」

長時間的沉默。然後，突然，洛古諾夫變得非常激動。

「我對此感到憤怒！」他喊道。「我會調查並懲罰那些讓這個年輕人落榜的人。我不會允許這種事情在莫斯科國立大學發生！」

他這樣繼續了幾分鐘。

有誰能對此說什麼呢？在座的沒有人相信洛古諾夫的情緒爆發是真誠的，也沒有人認為他真的會做什麼。洛古諾夫非常聰明。通過對一個案例表達假裝的憤怒，轉移了更大的問題：即成千上萬的其他學生因為經過精心策劃的歧視政策而遭到無情的淘

汰，而這一種政策顯然得到了莫斯科國立大學高層的批准，包括校長本人。

我們不可能在那次會議上提出這些案例，並證明在力學與數學系的入學考試中存在反猶太政策。而且，雖然我能直接面對我的折磨者，迫使他承認我的確被他的下屬冤枉，這帶來了一定的滿足感，但我們都知道更大的問題依然沒有得到回答。

洛古諾夫的主持人，顯然因為他訪問期間的負面宣傳感到尷尬，想辦法儘快結束這件事。他們宣布會議結束，並迅速帶走了他。他再也沒有被邀請回來。

第十五章　精湛的舞蹈

　　1990年秋天，我成為了哈佛大學的博士生，這是我從訪問教授轉變為更為固定的職位所必須做的事情。伯恩斯坦同意成為我的指導教授。那時，我已經有足夠多的材料來寫一篇博士論文，賈菲說服院長為我免除通常的兩年註冊要求，讓我可以在一年之內獲得博士學位。基於這一種原因，我從教授降級為研究生的時間並不長。

　　事實上，我在那一年完成了一個新計畫並寫了我的博士論文。一切都開始於春天我與德林費爾德討論朗蘭茲綱領。以下是其中一段對話，以劇本形式呈現。

　　　　　　　　△淡入。
　　　　　　　　△內景：哈佛大學德林費爾德辦公室。

　　　　　　　　△德林費爾德在黑板前踱步。弗倫克爾坐在椅子
　　　　　　　　　上做筆記，旁邊的桌子上放著一杯茶。

德林費爾德：因此，志村─谷山─韋伊猜想給我們提供了三次方
　　　　　　程式與模形式之間的聯繫，但朗蘭茲比這走得更
　　　　　　遠。他設想了一個更廣義的關係，其中模形式的角
　　　　　　色由李群的自守表示所扮演。

弗倫克爾： 什麼是自守表示？

德林費爾德：（停頓了很久）準確的定義現在並不重要。不過，你可以在書中讀到。重要的是，它是李群G的一個表示——例如，球體旋轉的$SO(3)$群。

弗倫克爾： 好吧。那麼這些自守表示與什麼有關呢？

德林費爾德：這是最有趣的部分：朗蘭茲預測它們應該與另一個李群的伽羅瓦群表示有關。[1]

弗倫克爾： 我明白了。你的意思是這個李群不是同一個G群？

德林費爾德：不！它是另一個李群，稱為G的朗蘭茲對偶群。

△德林費爾德在黑板上寫下了符號^LG。

弗倫克爾： L是指朗蘭茲嗎？

德林費爾德：（微笑）嗯，朗蘭茲的原始動機是理解所謂的L函數，所以他稱這個群為L群。

弗倫克爾： 讓我看看我是否理解。對於每個李群G，都有另一個李群稱為^LG，對嗎？

德林費爾德：是的。它出現在朗蘭茲關係中，大致如下圖。

△德林費爾德在黑板上畫了一個圖表：[2]

| representations of the Galois group in ^LG | ⟷ | automorphic representations of the group G |

第十五章 精湛的舞蹈 245

弗倫克爾： 我不明白……至少，還不明白。但是讓我問你一個更簡單的問題：比如說，$SO(3)$的朗蘭茲對偶群是什麼？

德林費爾德：這很簡單：它是$SO(3)$的雙重覆蓋。你見過杯子戲法嗎？

弗倫克爾： 杯子戲法？哦，是的，我記得……

△淡入轉場。
△內景：哈佛大學研究生聚會
△大約十幾個二十出頭的學生在談話，喝啤酒和葡萄酒。弗倫克爾在和一名學生交談。

學生： 這是其運作原理。

△該學生拿起一個裝著葡萄酒的塑料杯，放在她右手的掌心上。然後她開始旋轉手掌和手臂（如下面的一系列照片所示）。當她轉一整圈（360度）之後，她的手臂會扭曲。保持杯子直立，她繼續旋轉，經過另一整圈——驚訝！——她的手臂和杯子回到初始的未扭曲狀態。[3]

另一名學生：我聽說菲律賓人有一種傳統的葡萄酒舞，他們會用雙手做這個。[4]

△他拿起兩杯啤酒，試圖同時旋轉它們，但他的手不穩，迅速從兩杯中噴灑出啤酒。大家都笑了。

△淡入轉場。
△內景：回到德林費爾德的辦公室。

德林費爾德：這個戲法說明了在$SO(3)$群上有一條閉合路徑是複雜的，但如果我們走這條路徑兩次，我們得到的是一條簡單的路徑。[5]

弗倫克爾：　哦，我明白了。第一次完整的轉動杯子時會扭曲你的手臂，這就像是$SO(3)$上的一條複雜的路徑。

△他從桌子上拿起一杯茶，進行第一次扭轉的動作。

弗倫克爾：　你會認為第二次轉動會使手臂扭曲得更厲害。但事實上，第二次轉動解開了手臂的扭曲。

△弗倫克爾完成了這個動作。

德林費爾德：沒錯。[6]

弗倫克爾： 這和朗蘭茲對偶群有什麼關係？

德林費爾德：$SO(3)$的朗蘭茲對偶群是$SO(3)$的雙重覆蓋，所以……

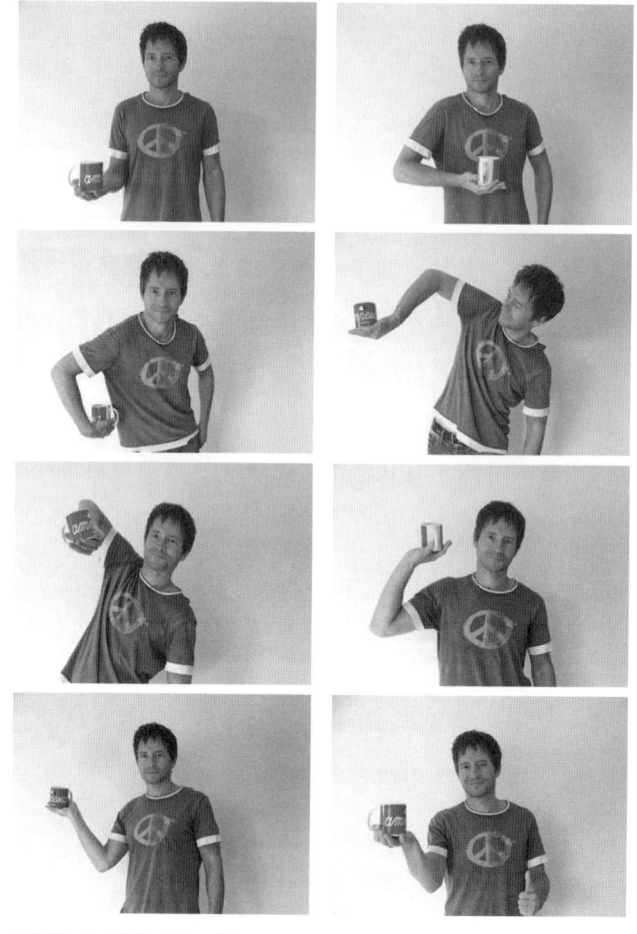

杯子技巧（從左到右，從上到下閱讀）。
攝影：安德里亞・楊（Andrea Young）。

弗倫克爾：　所以對於$SO(3)$的每個元素，朗蘭茲對偶群有兩個元素。

德林費爾德：正因如此，這個新群[7]不會有任何複雜的閉合路徑。

弗倫克爾：　那麼轉換到朗蘭茲對偶群是一種擺脫這種有趣扭曲的方法？

德林費爾德：沒錯。[8]乍看之下，這似乎是一個細微的區別，但事實上，它有重大影響，例如物質建構基礎（如電子和夸克）和傳遞它們之間相互作用的粒子（如光子）行為的差異。對於更一般的李群，該群和其朗蘭茲對偶群之間的區別更加明顯。事實上，在許多情況下，這兩個對偶群之間沒有明顯的聯繫。

弗倫克爾：　為什麼對偶群出現在朗蘭茲關係中？這看起來像魔法……

德林費爾德：我們其實並不知道。

　　　△畫面漸暗。

　　朗蘭茲對偶性為李群建立了成對關係：對於每個李群G，都有一個朗蘭茲對偶李群^{L}G，^{L}G的對偶是G自身。[9]朗蘭茲綱領將數論調和分析中的兩種不同類型的對象聯繫起來已經夠讓人驚訝了，但事實上，這兩個對偶群G和^{L}G出現在這種關係的兩側，正如第245頁的圖表所示，這讓人感到不可思議。

　　我們已經談到了朗蘭茲綱領連接數學世界的不同大陸。以類

比的方式，假設這些大陸是歐洲和北美洲，我們有一種方式可以將歐洲的每個人與北美洲的一個人匹配，反之亦然。此外，假設在這種關係下，各種屬性，如體重、身高和年齡，完美匹配，但性別對調：每個男人都與一個女人匹配，反之亦然。那麼這就像在朗蘭茲綱領預測的關係下，李群與其朗蘭茲對偶群之間的轉換。

事實上，這種轉換是朗蘭茲綱領中最神祕的方面。我們知道幾種描述對偶群如何出現的機制，但我們仍然不明白為什麼會這樣發生。這種無知是我們試圖將朗蘭茲綱領的想法擴展到數學的其他領域（通過韋伊的「羅塞塔石碑」）以及量子物理學的原因之一，正如我們在下一章中將看到的那樣。我們希望找到更多出現朗蘭茲對偶群的例子，並希望這能給我們更多的線索，了解為什麼會發生這種情況，以及這意味什麼。

現在讓我們聚焦於韋伊的「羅塞塔石碑」的右列，這涉及黎曼曲面。正如我們在前一章中所建立的（見第237頁的圖表），在這一列中進行的朗蘭茲關係版本中，角色的分配是由李群G相關的自守函數（或自守表示）扮演的「自守層」。事實證明，這些自守層「居住」在附屬於黎曼曲面X和李群G的某個空間上，稱為X上的G纏結模空間。目前對我們來說，這是什麼並不重要。[10]在關係的另一側，如我們在第九章所見，伽羅瓦群的角色由黎曼曲面的基本群扮演。從第245頁的圖表中，我們發現幾何朗蘭茲關係（也稱為幾何朗蘭茲對應）應該大致如下圖所示。

| X的基本群在^LG中的表示 | ⟷ | X上G纏結模空間上的自守層 |

這意味著，對於基本群在^LG中的每個表示，我們應該能夠關聯一個自守層。德林費爾德對如何做到這一點有種全新的想法。

△淡入。
△內景：德林費爾德的辦公室

德林費爾德：所以我們必須找到一種系統的方法來建構這些自守層。我認為卡茨—穆迪代數的表示可以做到這一點。

弗倫克爾：　為什麼是這樣？

德林費爾德：我們現在處於黎曼曲面的世界。這樣的曲面可能有邊界，這些邊界由環組成。

△德林費爾德在黑板上畫了一幅圖。

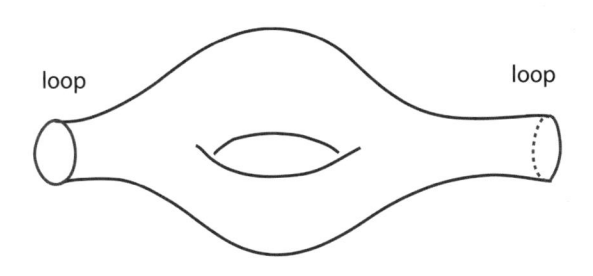

第十五章　精湛的舞蹈

德林費爾德：黎曼曲面上的環路，為我們提供了與環路群以及卡茨—穆迪代數的聯繫。利用這種聯繫，我們可以將卡茨—穆迪代數的表示，轉換為在我們的黎曼曲面上的G纏結模空間上的層。暫時忽略細節。從概念上講，我期望它能這樣運作。

△他在黑板上畫了一個圖表：

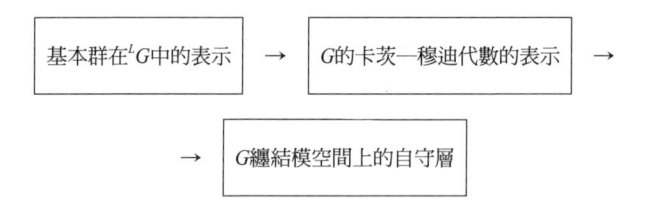

| 基本群在^LG中的表示 | → | G的卡茨—穆迪代數的表示 | → |

→ | G纏結模空間上的自守層 |

德林費爾德：第二個箭頭對我來說是清楚的。真正的問題是如何構造第一個箭頭。費金告訴我關於你在卡茨—穆迪代數表示上的運作。我認為你可以在這裡運用。

弗倫克爾：但是G的卡茨—穆迪代數的表示應該以某種方式「知道」朗蘭茲對偶群^LG。

德林費爾德：沒錯。

弗倫克爾：這怎麼可能？

德林費爾德：那就是你要解決的問題。

△畫面漸暗。

我感覺有點像電影《駭客任務》中尼歐與莫菲斯交談。這既令人興奮又有點嚇到我。我真的能在這個領域說出新鮮事嗎？

為了解釋我是如何處理這個問題的，我需要告訴你一種構造黎曼曲面基本群表示的有效方法。我們使用微分方程來完成這個工作。

微分方程是一種將函數及其導數聯繫起來的方程。例如，讓我們來看看在直路上行駛的汽車。道路有一個座標；我們把它記作x。汽車在時間t的位置由函數$x(t)$表示。例如，$x(t)$可能等於t^2。

汽車的速度是以時間段Δt內行駛的距離與這段時間的比率：

$$\frac{x(t+\Delta t)-x(t)}{\Delta t}$$

如果汽車以恆定速度行駛，那麼無論我們取哪個時間段Δt都無所謂。但是如果汽車在改變速度，那麼更小的Δt將給我們更準確的時刻t的速度近似值。為了獲得該時刻速度的精確瞬時值，我們必須在Δt趨近於0時，取這個比率的極限。這個極限就是$x(t)$的導數，用$x'(t)$表示。

例如，如果$x(t)=t^2$，那麼$x'(t)=2t$；更一般地，如果$x(t)=t^n$，那麼$x'(t)=nt^{(n-1)}$。推導這些公式並不困難，但這對我們現在來說並不重要。

許多自然規律可以表示為微分方程式，即涉及函數及其導數的方程式。例如，描述電磁學的馬克士威方程式（Maxwell's

equations）是微分方程式，我們將在下一章討論；描述引力的愛因斯坦方程式（Einstein equations）也是微分方程式。事實上，絕大多數數學模型（無論是在物理學、生物學、化學還是金融市場）都涉及微分方程式。即使是關於個人財務的最簡單問題，如如何計算複利，也會迅速引導我們進入微分方程式的領域。

這是一個微分方程的例子：

$$x'(t) = \frac{2x(t)}{t}$$

函數$x(t)=t^2$是這個方程式的解。事實上，我們$x'(t)=2t$，且$2x(t)/t=2t^2/t=2t$，所以將$x(t)=t^2$代入方程的左右兩邊，我們得到相同的表達式$2t$。此外，事實證明，這個方程的任何解都有形式$x(t)=Ct^2$，其中C是一個與t無關的實數（C代表「常數」）。例如，$x(t)=5t^2$也是一個解。

類似地，微分方程式

$$x'(t) = \frac{nx(t)}{t}$$

其解由公式$x(t)=Ct^n$給出，其中C是任意實數。

沒有什麼能阻止我們允許n為負整數。方程式仍然有其意義，公式$x(t)=Ct^n$仍然有意義，除了這個函數在$t=0$時不再定義。因此，讓我們排除$t=0$的情況。一旦這麼做，我們也可以允許n是

任意有理數，甚至是任意實數。

　　現在我們進一步假設：在這個微分方程式的最初形式中，我們將t視為時間，因此假設它是實數。但現在讓我們假設t是一個複數，所以它的形式為$r+s\sqrt{-1}$，其中r和s是實數。正如我們在第九章中討論的（見第161頁的圖），複數可以表示為平面上的點，座標為r和s。一旦我們將t變為複數，x(t)實際上成為平面上的一個函數。我們減去一個點的平面，因為決定x(t)可能不在t=0這個點定義，這是該平面上的原點（兩個座標r和s均為零），所以x(t)實際上是在排除原點平面上的定義。

　　接下來，我們將基本群引入討論。正如我們在第九章中討論過的，基本群的元素是閉合路徑。讓我們考慮去掉一個點的平面的基本群。那麼任何閉合路徑都有一個「繞行數」：這是路徑繞去掉的點的次數。如果路徑逆時針旋轉，我們將這個數字計為正號，如果順時針旋轉，計為負號。[11]閉合路徑的繞行數為+1和-1如圖所示。

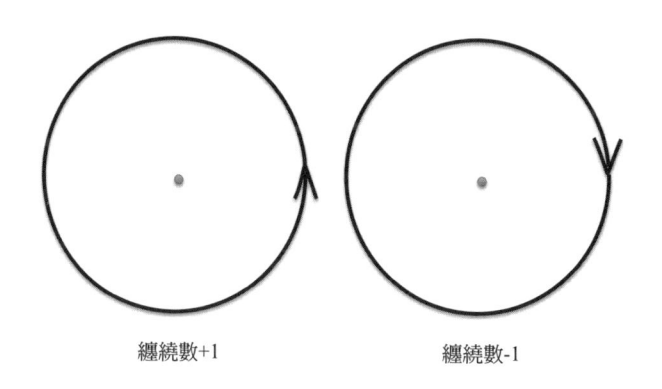

纏繞數+1　　　　　　纏繞數-1

如果一條路徑纏繞兩次並交叉回到起點，那麼它的繞行數為+2或-2，對於更複雜的路徑也是如此。讓我們回到我們的微分方程式：

$$x'(t) = \frac{nx(t)}{t}$$

其中 n 是任意實數，現在 t 取值為複數。此方程有解 $x(t)=t^n$。然而，讓人驚訝的是：如果 n 不是整數，則當我們沿著平面上的閉合路徑評估解，並回到同一點時，終點處解的值不一定是我們開始時的值。它將乘以一個複數。在這種情況之下，我們說該解沿這條路徑經歷了**單值性**（monodromy）。

說某些東西在繞一整圈時，會發生變化，乍聽之下可能不合常理，甚至自相矛盾。但這完全取決於我們所說的繞一整圈的含義。我們可能在空間位置這一特定屬性上繞了一條閉合路徑，回到了同一點。但其他屬性可能會發生變化。

考慮這個例子。里克在2010年3月14日的一次晚宴上遇見了伊爾莎，並立即愛上了她。伊爾莎起初對里克沒什麼感覺，但還是同意和他約會。然後再一次約會。伊爾莎開始喜歡里克；他幽默又聰明，對她照顧有加。很快，伊爾莎也愛上了里克，甚至把Facebook狀態改為「戀愛中」，里克也是如此。時間飛逝，很快又到了3月14日，這是他們初次見面的周年紀念日。從日曆的角度來看──如果我們只關注月份和日期，而忽略年份──里克和

伊爾莎繞了一圈。但事情變了。他們初次見面時，里克單戀，伊爾莎沒有。但一年之後，情況不再如此；事實上，他們可能同樣愛戀對方，或許伊爾莎愛得如癡如醉，里克只是一般般。甚至可能里克已不再愛伊爾莎，並開始祕密地和別人約會。我們不知道。對我們來說重要的是，即使他們回到了同一個日曆日期，3月14日，他們對彼此的愛可能已經改變。

現在，我的父親告訴我這個例子會造成混淆，因為似乎暗示里克和伊爾莎回到了同一時間點，這是不可能的。但我關注的是特定屬性：即月份和日期。在這方面，從2010年3月14日到2011年3月14日確實是繞了一圈。

但也許更好的是考慮空間中的閉合路徑。所以假設在一起時，里克和伊爾莎進行了一次環遊世界的旅行。他們旅行時，他們的關係在演變，所以當他們回到空間中的同一點——他們的家鄉——時，他們對彼此的愛情可能已經改變。

在第一個例子中，我們有一條時間上的閉合路徑（更精確地說，是月份和日期的日曆），在第二個例子中，有一條空間中的閉合路徑。但結論是相似的：關係可能沿著閉合路徑發生變化。這兩種情況都說明了一種現象，我們可以稱之為愛的單值性。

數學上，我們可以用一個數字 x 來表示里克對伊爾莎的愛，用一個數字 y 來表示伊爾莎對里克的愛。那麼他們在每一刻的關係狀態，可以用平面上的一個座標點 (x, y) 表示。例如，在第一種情況下，當他們初次見面時，這是點 $(1, 0)$。但隨著他們沿著閉合路徑（時間上或空間上）移動，這個點的位置改變了。因此，

第十五章 精湛的舞蹈

他們關係的演變由 xy 平面上的軌跡表示。單值性就是這條軌跡的起點和終點之間的差異。

舉一個不太浪漫的例子。假設你爬上一個螺旋樓梯並繞一整圈。就地板上而言，你的位置投影已經繞了一個完整的圓圈。但另一個屬性——你的高度——已經改變：你已經移到了下一層。這也是單值性。我們可以將這與我們的第一個例子聯繫起來，因為日曆就像一個螺旋：一年的三百六十五天就像地板上的圓圈，而年份就像高度。從特定日期（例如2010年3月14日）到一年之後的同一天，類似於爬樓梯。

讓我們回到我們的微分方程式的解。平面上的閉合路徑，就像地板上投影的閉合路徑，解值就像你在樓梯上的高度。從這個角度來看，我們繞一整圈後之解值，與初始值不同，應該不足為奇。

取這兩個值的比率，我們得到沿此路徑解之單值性。事實證明，我們可以將這個單值性，解釋為圓群的元素。[12]為了說明這一點，想像你可以將一根糖果棒彎曲成甜甜圈的形狀。然後沿著紅色螺旋線移動。沿著糖果棒移動，就像在我們的平面上沿著閉合路徑移動，螺旋線就是我們的解。當我們在糖果棒上繞一整圈時，螺旋線通常會回到與起點不同的點。這個差異就像我們解的單值性，其對應於糖果棒按某個角度的旋轉。

註釋12中的計算顯示，繞行數為+1的閉合路徑的單值性，是對應於360n度旋轉的圓群元素（例如，如果n是1/6，那麼這條路徑對應的旋轉是360/6=60度）。同樣，繞行數為w的路徑的單值

性,是360ωn度的旋轉。

這段討論的要點是,平面上不同路徑的單值性,給出了其基本群在圓群中之表示。[13]一般說法,我們可以通過評估定義在這個表面上的微分方程式的單值性,來建構任何黎曼曲面的基本群表示(可能刪掉一些點,就像我們的例子)。這些方程式將變得更複雜,但是在局部曲面上一個點的鄰域之內,它們都看起來類似於上述方程式。利用更複雜方程式解的單值性,我們可以採用類似的方式建構給定黎曼曲面在李群(如圓群)中的基本群之表示。例如,我們可以構造基本群在$SO(3)$群中之表示。

讓我們回到我面臨的問題:我們從一個李群G開始,取相應的卡茨—穆迪代數。德林費爾德的猜想要求找到這個卡茨—穆迪代數的表示與朗蘭茲對偶群^LG中的基本群表示之間的聯繫。

第一步是用單值性取值在^LG的合適微分方程式替換基本群之表示。這使問題更具代數性,因此更接近卡茨—穆迪代數的世界。這裡相關的微分方程式類型,早期由德林費爾德和索科洛夫在德林費爾德「流放」到烏法期間引入(本質上如上所述的刪掉一個點的平面情況)。貝林森和德林費爾德隨後將這項工作推廣到任意黎曼曲面,並將產生的微分方程式運算子稱為「opers」。這個詞來源於「operator」(運算符),但也附帶是個笑話,因為在俄語中是警察的俚語,如「cop」。

在我的論文中,基於我與費金在莫斯科的工作,我能夠建構由對應於朗蘭茲對偶群^LG的運算子「opers」參數化的卡茨—穆迪代數G的表示。這兩者之間的聯繫幾乎是奇蹟:與G相關的卡

茨—穆迪代數以某種方式「知道」朗蘭茲對偶群 ^LG，正如德林費爾德所預測的那樣。這使他的計畫按照以下方案運作：[14]

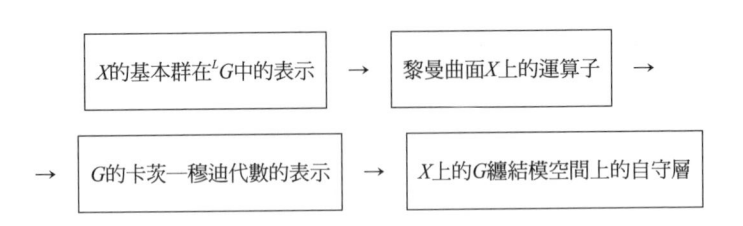

```
┌─────────────────────────┐     ┌─────────────────────────┐
│ X的基本群在 $^LG$ 中的表示 │ →  │ 黎曼曲面X上的運算子      │ →
└─────────────────────────┘     └─────────────────────────┘

      ┌─────────────────────────┐     ┌─────────────────────────────┐
  →  │ G的卡茨—穆迪代數的表示    │ →  │ X上的G纏結模空間上的自守層   │
      └─────────────────────────┘     └─────────────────────────────┘
```

我這一結果的證明在技術上相當複雜。我能夠解釋朗蘭茲對偶群是如何出現的，但即使是現在，二十多年後，我仍然覺得它的出現令人神祕。我解決了這個問題，但最終感到有些不滿意，因為感覺某些東西是從空氣中冒出來的。自那時候以來，我的研究部分是為了尋找更完整的解釋。

這種情況經常發生。有人證明了一個定理，其他人驗證，該領域基於這一種新穎的結果取得嶄新的進展，但真正理解其意義可能需要數年甚至數十年。我知道即使我找不到答案，也會有新一代的數學家接過這根火炬，最終弄明白。但當然，我希望自己能搞清楚這個問題的核心。

隨後，貝林森和德林費爾德在他們的幾何朗蘭茲關係結構中，使用了我論文中的定理（在韋伊的「羅塞塔石碑」的右列，見第251頁的圖表）。他們波瀾壯闊的工作開創了朗蘭茲綱領的新篇章，為這一主題帶來了一系列新的想法和見解，並進一步擴展。

後來，我總結了我在這一領域的研究〔其中一些是與費金合作，一些是與蓋茨戈里（Dennis Gaitsgory）合作〕，並在劍橋大學出版社出版了我的書《循環群的朗蘭茲對應》。[15]這本書在2007年出版，恰好是在我第一次寫出卡茨─穆迪代數自由場實現的公式二十年之後，那是在從費金的鄉間別墅回家的夜行火車上計算的，那次計算——我當時不知道——開始了我對朗蘭茲綱領的漫長旅程。

我書上的題詞，我選擇了康明斯1931年寫的一首詩中的這幾行，他是我最喜歡的詩人之一：

透明幾何同心圓微微

擠壓沉入驕傲的代數

內在性以螺旋式碰撞產生堅硬如鐵一般的算術⋯⋯

對我來說，這聽起來像是我們在朗蘭茲綱領中試圖達成的目標的詩意隱喻：幾何、代數和算術（即數論）的統一。一種現代煉金術。

貝林森和德林費爾德的工作，解決了一些長期存在的問題，但也提出了更多問題。這就是數學的特點：每一個新結果都掀開了覆蓋未知領域的面紗，但隨之而來的不僅僅是答案——還包括我們不知道還想要問的問題，我們不知道可以探索的方向。因此，每一項發現都激勵我們邁出新的步伐，永遠不會在追求知識的過程中感到滿足。

1991年5月，我參加了哈佛大學的畢業典禮。對我來說這是一種更加特別的時刻，因為畢業演講者是謝瓦爾德納澤（Eduard Shevardnadze），蘇聯改革的設計者之一。他當時剛辭去了外長職務，以抗議在波羅的海三個共和國宣布獨立的暴力事件，他警告說新興的獨裁政權正在崛起。

　　那是一段動盪的時期。我們不知道所有即將到來的動盪：同年8月的政變，隨後蘇聯的解體，大多數人們在經濟改革過程之中將要承受的巨大困難。我們也無法預見謝瓦爾德納澤作為他擔任喬治亞共和國總統時有爭議的任期。但在那個陽光明媚的哈佛校園光輝燦爛的日子裡，我想對這位協助解救我和數百萬同胞脫離共產黨政權的人說聲「謝謝」。

　　我在他演講結束後走上前告訴他，我剛從哈佛獲得了博士學位，如果沒有改革，是不可能做到的。他微笑著用帶有迷人喬治亞口音的俄語說：「我很高興聽到這個消息。祝你工作順利。」他停頓了一下，以正宗喬治亞語補充說：「祝你個人生活幸福。」

　　第二天早上我飛往義大利。卡茨邀請我參加他與義大利同事德孔奇尼在比薩組織的會議。從比薩，我去了科西嘉島參加另外一個會議，然後又去了日本京都的會議。這些會議聚集了對卡茨—穆迪代數及其在量子物理學應用感興趣的物理學家和數學家。我講解了我剛完成的工作。這是大多數參與者首次聽說朗蘭茲綱領，他們似乎對此很感興趣。回想那段日子，我驚訝於自那以來的變化。朗蘭茲綱領現在被認為是現代數學的基石，並在各種學

科之中,已經廣為人知。

　　這是我第一次踏上環遊世界的旅程。透過探索不同的文化,我發現數學作為我們共同的語言,讓人們彼此更加親近。每一天都充滿新知與刺激,世界彷彿是萬花筒,充滿無限可能。

第十六章　量子對偶性

當我們看到朗蘭茲綱領在數學的各個領域中引起迴響時，我們看到了從數論到有限域上的曲線，再到黎曼曲面的現象。甚至卡茨—穆迪代數表示也加入其中。通過朗蘭茲綱領的鏡頭，我們觀察到了這些不同數學領域中的相同模式和現象。它們以不同的方式表現，但總有一些共同特徵（如朗蘭茲對偶群的出現）可以識別出來。它們指向一個神祕的底層結構——我們可以說是所有數學的源代碼。正是在這個意義上，我們將朗蘭茲綱領稱為數學的大一統理論（Grand Unified Theory）。

我們也看到了在學校學習的數學中的一些最常見和直觀的概念：數字、函數、方程式——被扭曲、變形，有時甚至被粉碎。許多概念遠沒有看起來那麼基本。在現代數學中，有一些概念和思想更深刻、更靈活：向量空間、對稱群、質模數算術、層。因此，數學比表面看起來要豐富得多，朗蘭茲綱領讓我們開始看到以前看不到的東西。到目前為止，我們只能捕捉到隱藏現實的片段。現在，就像面對碎裂的鑲嵌畫的考古學家一樣，我們試圖拼湊出我們能蒐集到的證據。每一塊新的拼圖都給我們帶來了新的見解和新工具來解開謎團。每次，我們都為新出現的圖像的無窮豐富性所驚歎。

當德林費爾德將我的卡茨—穆迪代數運作與朗蘭茲綱領聯繫起來時，我找到了進入這個神奇世界的切入點。

自從我見識到了朗蘭茲綱領的廣闊以及其在數學中之無處不在，我就一直對它著迷不已。我變得渴望了解這本書中討論、計劃的各種路徑，從此以後，我的大多數研究不但直接涉及朗蘭茲綱領，而且在某種程度上受到了啟發。這使我不得不穿越數學系統的各個領域，學習不同的文化和語言。

像任何旅行者一樣，我注定會對我所見的事情感到驚訝。現在，我們最大的驚喜之一：原來朗蘭茲綱領也與量子物理學有著密不可分的聯繫。關鍵是對偶性，無論在物理學還是數學中。

在物理學中尋找對偶性似乎很奇怪，但在某種意義上，這是一種我們都已經熟悉的概念。以電和磁為例。儘管這兩種力看似非常不同，但它們實際上是由單一的數學理論描述的，這個理論叫做電磁學。該理論具有一個隱藏的對偶性（duality），可以交換電力和磁力（我們將在下面詳細討論）。在1970年代，物理學家試圖將這種對偶性推廣到所謂的非阿貝爾規範場論（non-abelian gauge theories）。這些理論描述了核力：保持夸克在質子、中子和其他基本粒子內部的「強力」；以及負責放射性衰變等現象的「弱力」。

每個規範場論的核心是一個李群，稱為規範群。從某種意義上說，電磁學是最簡單的規範場論，這裡的規範群就是我們的老朋友圓群（任何圓形物體的旋轉群）。這個群是阿貝爾群，即任何兩個元素的乘積不取決於順序：$a \cdot b = b \cdot a$。但對於強相互作用和弱相互作用的理論，對應的規範群是非阿貝爾群，即在規範群中 $a \cdot b \neq b \cdot a$。因此我們稱它們為非阿貝爾規範場論。

現在，在1970年代，物理學家發現，在非阿貝爾規範場論中存在電磁對偶性的類似物，但有一個驚人的扭曲。事實證明，如果我們從規範群為G的規範場論開始，那麼對偶理論將是具有另一個規範群的規範場論。瞧，這個群恰恰是朗蘭茲對偶群^LG，這是朗蘭茲綱領的關鍵成分！

這樣想：數學和物理學就像兩個不同的星球；比如地球和火星。在地球上，我們發現不同大陸之間的關係。在這種關係下，每個歐洲人都與北美洲的一個人匹配；他們的身高、體重和年齡都是一樣的。但他們有相反的性別（這就像交換李群及其朗蘭茲對偶李群）。然後有一天，我們接待了一位來自火星的訪客，他告訴我們，他們在火星上也發現了他們大陸之間的關係。事實證明，他們的每個火星人在一個大陸上可以與另一個大陸上的火星人匹配，他們的身高、體重和年齡也是一樣的，但……他們的性別是相反的。（誰能想到火星人也有兩種性別，就像我們一樣？）我們無法相信我們聽到的事情：看來我們在地球上的關係與他們在火星上的關係以某種方式相互聯繫。但是為什麼呢？

同樣地，因為朗蘭茲對偶群在數學和物理學中都出現，所以自然會假設數學中的朗蘭茲綱領與物理學中的電磁對偶性之間必然存在聯繫。但將近三十年，沒有人能找到中間的聯繫關係。

多年來，我曾多次與愛德華・威騰（Edward Witten）討論過這個問題。他是普林斯頓高等研究院的教授，被認為是當代最偉大的理論物理學家之一。他的一個驚人特質是能夠使用量子物理學中最複雜的工具，在純數學中做出驚人的發現和猜想。他的工

作啟發了好幾代數學家，並且他成為了第一位獲得數學界最負盛名的獎項之一——菲爾茲獎的物理學家。

出於對量子對偶性和朗蘭茲綱領之間可能聯繫的好奇，威騰不時會向我詢問此事。我們會在他來哈佛大學或麻省理工學院訪問時在我的辦公室裡討論，或者在我去普林斯頓大學時在他的辦公室裡討論。這些討論總是令人振奮，但我們從未取得重大進展。顯然，一些重要的元素仍然缺失，還有待發現。

我們從一個意想不到的來源得到了幫助。

在2003年5月的一次羅馬會議上，[1]我收到了一封來自我的老朋友兼同事維洛寧（Kari Vilonen）的電子郵件。維洛寧來自芬蘭，是我所認識的最愛交際的數學家之一。當我第一次來到哈佛

第十六章　量子對偶性　267

時,他和他的未婚妻馬蒂娜帶我去了波士頓的一家體育酒吧,看了一場紅襪隊的季後賽棒球比賽。遺憾的是,紅襪隊輸了,但這是一次難忘的經歷。從那時起,我們一直是朋友,幾年後我們與另一位數學家蓋茨戈里共同撰寫了幾篇關於朗蘭茲綱領的論文。我們特別共同證明了朗蘭茲關係的一個重要案例。

在電子郵件中,當時是西北大學教授的維洛寧寫道,國防高等研究計劃署的工作人員聯繫了他,想給我們提供一筆資金來支持朗蘭茲綱領的研究。DARPA是國防高等研究計劃署的縮寫,美國國防部的研究機構,成立於1958年,在蘇聯人造衛星發射後,使命是推動美國的科學和技術進步,以超前蘇聯當年發展人造衛星那樣驚人之技術。以下是我在國防高等研究計劃署網站上讀到的一段文字:[2]

> 為了實現其使命,該機構依靠多樣化的參與者運用多學科的方法,通過基礎研究推動知識的進步,並通過應用研究創造解決當前實際問題的創新技術。國防高等研究計劃署的科學調查範圍從實驗室工作到全規模技術示範之建立……為締建國防部的主要創新引擎,國防高等研究計劃署承擔了期限有限但創造持久革命性變革的計畫。

多年來,國防高等研究計劃署資助了許多應用數學和電腦科學的計畫;例如,負責創建了ARPANET,這是網際網路的前身。但據我所知,他們並未支持純數學的計畫。為什麼他們會想

支持朗蘭茲綱領的研究？

這個領域似乎是純粹和抽象的，沒有立即的應用。但我們必須認識到，基礎科學研究構成了所有技術進步的基礎。通常，數學和物理學中看起來最抽象和深奧的發現，隨後引領了我們現在日常生活中使用的創新。以質模數算術為例。當我們第一次看到它時，看起來如此抽象，以至於似乎不可能在現實世界中有任何應用。事實上，英國數學家哈代曾著名地指出「高等數學的大部分是無用的」。[3]但是這是他自己開自己的玩笑，許多看似深奧的數論結果（他的專業領域），現在在網路銀行等領域隨處可見。當我們進行在網路購物時，模數N的算術開始發揮作用（見第十四章註釋7中的RSA加密算法描述）。我們不應該試圖誤判數學公式或思想的潛在應用價值。

歷史表明，所有驚人的技術突破往往是在幾十年前的純研究進展之後。因此，如果我們限制對基礎科學的支持，我們就會限制我們的進步和力量。

還有另一個方面：作為一個社會，我們在很大程度上由我們的科學研究和創新來定義。這是我們文化和福祉的重要部分。勞勃・威爾遜（Robert Wilson）是費米國家實驗室的第一任主任，該實驗室創建了其時代最大的粒子加速器，他在1969年向國會原子能聯合委員會的證詞中這樣表述這一點。當被問到這台價值數百萬美元的機器是否有助於國家的安全時，他說：[4]

需要從長期技術發展的角度來看，粒子加速器可和下列景

仰對象相提並論，我們會是一位傑出畫家、傑出雕塑家，還有偉大的詩人嗎？我指的是在我們國家中我們真正敬和敬仰的所有事物，以及我們對此感到愛國榮譽。在此意義上，上述新知識與榮譽都和國家有關，但與防衛我們的國家沒有直接關係，除了讓國家值得受到防衛。

特瑟（Anthony Tether）從2001年至2009年擔任國防高等研究計劃署主任，認識到了基礎研究的重要性。他要求他的計畫經理找到純數學的好計畫。一位名叫科克倫（Doug Cochran）的經理認真對待這一挑戰。他在國家科學基金會（NSF）有一位朋友，名叫曼恩（Ben Mann）。專門研究拓撲學的曼恩離開了他的學術職位，來到華盛頓，在國家科學基金會的數學科學部擔任計畫主任。當科克倫請他推薦一個值得進行的純數學計畫時，曼恩想到了朗蘭茲綱領。儘管這不是他的專業領域，但他從提交給國家科學基金會的資助申請中看到了其重要性。計畫品質以及相同的思想在不同數學學科中的傳播，給他留下了深刻的印象。

因此，曼恩向科克倫建議，讓國防高等研究計劃署支持朗蘭茲綱領的研究，這就是為什麼維洛寧、我和另外兩位數學家被聯繫並被要求撰寫一份提案，讓科克倫提交給國防高等研究計劃署主任。如果主任批准，我們將獲得數百萬的資金來指導這一領域的研究。

老實說，我們一開始很猶豫。這是一片未知的領域：我們所知的數學家從未獲得過這樣規模的資助。通常，數學家從國家科

學基金會獲得經費相對較低的個人補助（少量的差旅費用、支持研究生的人事經費，或是一些暑期贊助）。在這裡，我們必須協調數十位數學家的運作，目的是在廣泛的研究領域中進行協同努力。由於資助金額如此龐大，我們將受到更大的大眾審查，可能還會遭到一些同事的懷疑和嫉妒。我們認識到，如果這個計畫沒有取得顯著進展，我們將受到嘲笑，而這種失敗可能會關閉國防高等研究計劃署對其他純數學計畫提供資助的門戶。

儘管我們懷著不安的心情，但我們希望在朗蘭茲綱領中有所作為。而以大量資金注入有前景的領域來取代傳統的、保守的數學研究資助模式，聽起來既吸引人又令人興奮。我們實在無法拒絕。

接下來的問題是我們應該在計畫中關注什麼。正如我們所見，朗蘭茲綱領是多方面的，與許多數學領域相關。我們可以輕鬆地就這個總體計畫主題撰寫半打計畫書。我們必須作出選擇，最後決定關注我們認為最大的謎團：朗蘭茲綱領與量子物理對偶性之間的潛在聯繫。

一週後，科克倫向國防高級研究計劃局主任展示了我們的提案，據所有說法，這次展示非常成功。主任批准了這個計畫三年的數百萬美元資助。據我們所知，這是目前為止最重要的一步。這是迄今為止授予純數學研究的最大資助。顯然，期望值很高。這是一個令人興奮的時刻，但也帶有一些焦慮。

幸運的是，曼恩從國家科學基金會轉到國防高等研究計劃署任職，成為負責我們項目的計畫經理。從我們與他第一次會議

起，就清楚地表明曼恩是這份工作的最佳人選。他有遠見和勇氣來承擔高風險／高回報的計畫，找到合適的人來實施，並協助他們充分發揮想法。他那充滿感染力的熱情使每個人都充滿活力。我們真的很幸運能有曼恩掌舵。沒有他的指導和支持，我們不可能完成我們所取得的成就。

首先，我給威騰發了一封電子郵件，告訴他我們獲得了這筆資助，並詢問他是否有興趣加入我們。考慮到威騰在物理學和數學中的獨特地位，我們必須讓他參與進來。遺憾的是，威騰的第一反應是不明確的。他祝賀我們獲得資助，但也明確表示他有很多計畫需要處理，我們不應依賴他的參與。

但是，幸運的是，發現非阿貝爾規範場論中電磁對偶性的物理學家之一的戈達德（Peter Goddard），即將成為普林斯頓高等研究院的主任。他最近的研究是關於卡茨—穆迪代數表示理論相關的事物，因此我在各種會議上遇到了戈達德。

我特別記得其中一次會議。那是在1991年8月，我們在日本京都大學參加一個關於數學和量子物理的大型研討會。會議進行到一半時，我們收到了蘇聯政變的驚人消息。看起來專制政權即將重新掌權，有限的改革自由即將被縮減。這意味著邊界將再次封閉，所以我可能多年無法見到我的家人。我的父母立刻給我打電話，告訴我如果這種情況發生，我不應該擔心他們，無論如何，我不應該試圖回到俄羅斯。當我們告別時，我們正準備迎接最壞的情況。甚至不確定我們在不久的將來能否再次通電話。

那些是動盪的日子。一天晚上，我的好朋友物理學家斯米爾諾夫（Fedya Smirnov）和我在其中一處旅館的休息室裡，觀看日本電視，試圖弄清楚莫斯科發生了什麼。大樓裡的其他人似乎都已經熟睡。突然，在凌晨3點左右，戈達德走進休息室，手裡拿著一瓶格蘭菲迪威士忌。他詢問我們最新的消息，我們一起喝了一杯。然後他回去睡覺了，但堅持讓我留下那瓶酒，表示友好。

第二天，政變結束了，讓我們大大鬆了一口氣。我和費金（他也在這次會議上）微笑著揮拳的照片出現在《讀賣新聞》——日本主要報紙之一的頭版。

在給戈達德的電子郵件中，我提醒他這一事件並告訴他我們獲得了國防高等研究計劃署的資助。我建議我們在高等研究院組織一次會議，讓物理學家和數學家聚在一起討論朗蘭茲綱領和物理學中的對偶性，試圖找到共同點，以便我們能夠一起解開這個謎團。

戈達德的回應是我們所希望的最佳結果。他全力支持組織這次會議。

該研究所是舉辦這種會議的完美場所。該研究所於1930年作為獨立的研究和思考中心成立，曾是愛因斯坦（他在那裡度過了人生最後的二十年）、韋伊、馮・諾伊曼（John von Neumann）、哥德爾（Kurt Gödel），以及其他著名科學家的住所。目前的教師同樣令人印象深刻：包括自1972年以來在那裡擔任教授（現已退休）的朗蘭茲和威騰。學院中的另外兩位物理學家，塞伯格（Nathan Seiberg）、馬爾達西納（Juan Maldacena），從事與量子

物理密切相關的領域的研究，還有幾位數學家，如德利涅（Pierre Deligne）、麥克弗森（Robert MacPherson），進行與朗蘭茲綱領相關的研究。

我與戈達德的電子郵件交流導致了2003年12月初的探索性會議的計畫，曼恩、維洛寧和我將前往普林斯頓，戈達德承諾參加。我們邀請了威騰、塞伯格，以及麥克弗森；另一位普林斯頓的數學家戈雷斯基，他與維洛寧和我共同管理國防高等研究計劃署計畫，也會加入我們（我們還邀請了朗蘭茲、馬爾達西納，以及德利涅，但他們當時在旅行，無法參加）。

會議定於上午11點在研究院自助餐廳旁邊的會議室開始。曼恩、維洛寧和我提前到了，大約會議前十五分鐘。那裡沒有其他人。當我在房間裡緊張地來回踱步時，我不禁想著：「威騰會來嗎？」他是唯一一位尚未確認參加的受邀者。

會議開始前五分鐘，門開了。是威騰！那一刻，我知道這一切都會有好的結果。

幾分鐘後，其他參與者也到了。我們圍坐在一張大桌子旁。寒暄和小聊過後，房間裡安靜下來，所有的目光都轉向我。

「謝謝大家來到這裡，」我開始說道。「我們知道朗蘭茲綱領和電磁對偶性之間有一些共同點已經有一段時間了，但儘管多次嘗試，我們仍未能確切理解發生了什麼。我認為是時候解開這個謎團了。現在，我們有了必要的資源，因為我們得到了國防高等研究計劃署的慷慨資助來支持這一領域的研究。」

桌上的人都點頭表示贊同。戈達德問道，「你打算如何進

行？」

在會議之前，維洛寧、曼恩和我預演了不同的方案，所以我準備充分。

「我建議我們在研究所組織一次會議。我們會邀請相關領域的物理學家，並安排數學家們的講座，介紹朗蘭茲綱領的現狀。然後，我們將一起討論與量子物理可能的聯繫。」

現在所有的目光都轉向了量子物理學的權威威騰。他的反應至關重要。

高大而體格健壯的威騰展現出巨大的智力力量，以至於有些人對他感到害怕。當他說話時，他的陳述精確且清晰，似乎是由堅不可摧的邏輯構成。他從不猶豫，會在回答前停頓思考。在這種時候，他常常閉上眼睛，將頭前傾。那一刻，他也是這樣做的。

我們都耐心等待。可能只過了不到一分鐘，但對我來說感覺像是永恆。終於，威騰說道，「這聽起來是個好主意。你們考慮什麼時候舉行會議？」

曼恩、維洛寧和我忍不住互相看了一眼。威騰參與了，這對我們來說是一個巨大的勝利。

經過簡短的討論，我們找到了大家合適的日期：2004年3月8日到10日。然後有人問，參與者和演講者會是誰。我們提到了幾個名字，並同意通過電子郵件最終確定名單，並很快發出邀請。至此，會議結束了。不過十五分鐘。

不用說，曼恩、維洛寧和我非常高興。威騰承諾幫助組織這次會議（這當然會吸引受邀者）並積極參與其中。我們還預計朗

第十六章 量子對偶性　275

蘭茲和其他對該主題感興趣的物理學家和數學家也會參加。我們的第一個目標實現了。

在接下來的幾天裡，我們最終確定了參與者的名單，一週後發出了邀請函。信中寫道：

> 我們寫信邀請您參加將於2004年3月8日至3月10日在高等研究所舉行的朗蘭茲綱領和物理學非正式研討會。本次研討會的目標是向物理學家介紹幾何朗蘭茲綱領的最新進展，以探索該主題與量子場論之間的潛在聯繫。我們將安排數學家的幾場介紹性講座，並有充足的時間進行非正式討論。本次研討會由國防高等研究計劃署資助。

通常，此類會議有五十到一百名參與者。經常發生的情況是，演講者發表演講時，大家都禮貌地聆聽。幾位參與者可能會在演講結束時提問，還有一些會在之後與演講者交流。我們設想了一個完全不同的動態事件，這更像是一個腦力激盪會議，而不是典型的會議。因此，我們希望舉辦一個小型會議，大約二十人。我們希望這種形式能夠鼓勵更多的互動和參與者之間的自由交談。

我們已經在2003年11月於芝加哥大學以這種形式舉行了第一次會議。邀請了少量數學家，包括幾年前在芝加哥大學擔任教授的德林費爾德和貝林森。那次會議取得了成功，證明這種形式是可行的。

我們決定讓維洛寧、戈雷斯基和我，以及我以前的博士生班學生本—茲維（David Ben-Zvi，當時是德克薩斯大學奧斯汀分校的教授）發言。我們將材料分為四部分，每人一部分。在我們的演講中，我們必須向不熟悉該主題的物理學家傳達朗蘭茲綱領的主要思想。這不是一件容易的事。

在為會議作準備時，我想了解更多關於電磁對偶性的知識。我們都很熟悉電力和磁力。電力是使帶電物體相互吸引或排斥的原因，這取決於它們的電荷是相同還是相反。例如，電子具有負電荷，而質子具有正電荷（相反的值）。它們之間的吸引力使電子在原子核周圍旋轉。電力產生所謂的電場。我們都在閃電中見過這種現象，閃電是由溫暖潮溼的空氣在電場中運動引起的。

攝影：肖恩李爾。NOAA照片庫。

磁力有不同的起源。它是由磁鐵或移動的帶電粒子產生的力量。磁鐵有兩個極：北極和南極。當我們將兩個磁鐵的相反極放在一起時，它們會相互吸引，而相同的極會相互排斥。地球是一個巨大的磁鐵，我們在使用指南針時利用了它產生的磁力。任何磁鐵都會產生磁場，如下面的圖片所示。

　　在1860年代，英國物理學家馬克士威（James Clerk Maxwell）開發了精美的電場和磁場數學理論。他用一組以他名字命名的微分方程來描述這些場。你可能會認為這些方程很長且複雜，但事實上它們相當簡單：只有四個方程式，並且看起來出奇地對稱。事實證明，如果我們在真空中考慮這個理論（即沒有任何物質存在），並且交換電場和磁場，方程組將不會改變。[5]換句話說，這兩個場的交換是一種對稱性，稱為電磁對偶性。這意味著電場和磁場之間的關係是對稱的：每個場都以完全相同的方式影響另一個場。

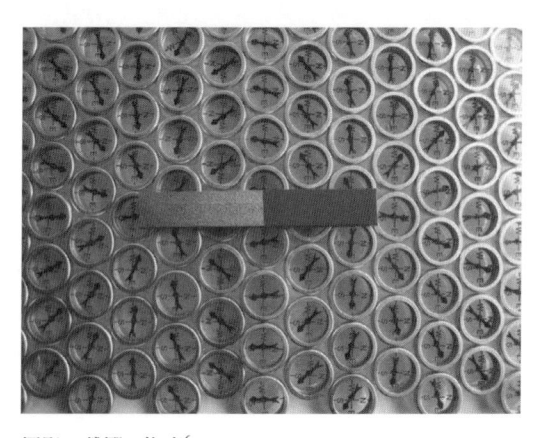

攝影：戴娜・梅森[6]

現在，馬克士威美麗的方程式描述了經典的電磁學，這個理論在長距離和能量低的情況之下，效果較好。但在較短距離和較高能量之下，這兩個場的行為由量子電磁理論描述。在量子理論之中，這些場由基本粒子（光子）承載，光子與其他粒子相互作用，這種理論被稱為量子場論。

為了避免混淆，我要強調「量子場論」（quantum field theory）這個術語有兩種不同的含義：廣義上，指的是用來描述基本粒子的行為和相互作用的一般數學語言；但也可以指特定的這種行為模型——例如，量子電磁學在這種意義上，是一種量子場論。我主要會以後者的意義使用這個術語。

在任何這樣的理論（或模型）之中，某些粒子（如電子和夸克）是物質的基本組成部分，而某些粒子（如光子）是力（forces）的媒介。每顆粒子都有各種特徵：其中一些是我們熟悉的，如質量和電荷，還有一些我們不太熟悉，如「自旋」。特定的量子場論是將其組合在一起的「配方」訣竅。

實際上，「配方」這個詞給我們帶來了一個有用的類比：把量子場論想像成烹飪配方。那麼我們烹飪的菜餚的成分，類似於粒子，而我們將其混合在一起烹調的方式，就像粒子之間的相互作用。

例如，讓我們來看看這道俄羅斯羅宋湯的配方，這在我的祖國是歷久不衰最受歡迎的菜餚。我的母親做的最道地（當然！）。這是羅宋湯長的樣子（照片是我的父親拍的）。

顯然，我必須保守我母親食譜的祕密。但這是我在網路上找到的食譜：

8杯高湯（牛肉或蔬菜）

1磅帶骨牛腿肉

1顆大洋蔥

4顆大甜菜，去皮

4個胡蘿蔔，去皮

1個大型馬鈴薯，去皮

2杯切片捲心菜

3/4杯新鮮的切碎蒔蘿

3湯匙紅酒醋

1杯酸奶油

鹽

胡椒

將這些成分當作是我們量子場論的「粒子成分」。在這脈絡當中,對偶性意味著什麼?僅僅意味著用其他成分(「粒子」)替換一些成分,以保持總成分不變。

這是對偶性如何運作的示範實例:

甜菜→胡蘿蔔
胡蘿蔔→甜菜
洋蔥→馬鈴薯
馬鈴薯→洋蔥
鹽→胡椒
胡椒→鹽

所有其他成分在對偶性下保持不變;也就是說:

高湯→高湯
牛腿肉→牛腿肉

依此類推。

由於交換的成分數量相同,結果將是相同的食譜!這就是對偶性的意義。

另一方面,如果我們將甜菜換成馬鈴薯,我們會得到一種不

同的食譜:這個食譜會有四個馬鈴薯而只有一個甜菜。我還沒有嘗試過,但是我猜味道會很糟糕。

從這個案例中應該清楚,食譜的對稱性是一種罕見的屬性,從中我們可以學到一些關於菜餚的知識。我們能夠在不影響結果的情況之下,交換甜菜和胡蘿蔔,這意味著我們的羅宋湯在它們之間達到了平衡。

讓我們回到量子電磁學。說這個理論中存在對偶性意味著有一種方法可以交換粒子,從而最終得到相同的理論。在電磁對偶性下,我們希望所有「電的東西」變成「磁的東西」,反之亦然。例如,一個電子(在我們的湯中類似於甜菜)攜帶電荷,因此應該與攜帶磁荷的粒子交換(類似於胡蘿蔔)。

這樣的粒子的存在與我們的日常經驗互相矛盾:磁鐵總是有兩極,無法分離!如果我們把磁鐵分成兩塊,每塊也會有兩極。

儘管如此,物理學家已經理論化了磁單極這種帶有磁荷的基本粒子的存在;第一個提出這一理論的是量子物理學的創始人之一的狄拉克(Paul Dirac),他在1931年表明,如果我們允許在單極的位置發生一些奇怪的事情〔這是數學家稱為磁場的「奇點」(singularity)〕,那麼將攜帶磁荷。

可惜的是,磁單極子尚未在實驗中被發現,所以我們還不知道它們是否存在於自然界中。如果它們不存在,那麼在量子層面上,精確的電磁對偶性在自然界中就不存在。

這一點目前仍未定論。無論如何,我們可以嘗試建構足夠接近自然並且展示電磁對偶性的量子場論。回到我們的廚房類比,

我們可以嘗試「烹調」具有對偶性的理論。我們可以改變已知食譜中的成分及其數量，刪掉一些成分，加入一些額外的成分，等等。這種「實驗性烹飪」可能會導致不同的結果。我們不一定會想「吃」這些想像中的菜餚。但不論是否可食用，在我們想像中的廚房裡研究其特性可能是值得的——其特性可能會給我們些關於可食用菜餚（即可以描述我們宇宙的模型）之線索。

這種試錯的「模型建構」是量子物理學數十年來取得進展的途徑（就像在烹飪藝術中一樣）。而對稱性是一個在創建這些模型之中，採用的強大指導原則。模型越對稱，分析起來就越容易。

在這一點上，需要注意的是，有兩種基本粒子：費米子（fermions）和玻色子（bisons）。前者是物質的基本組成部分（電子、夸克等），而後者是傳遞力的粒子（如光子）。最近在日內瓦的歐洲核子研究組織大型強子對撞機中發現的難以捉摸的希格斯粒子，也是一個玻色子。

這兩種類型的粒子之間有根本的區別：兩個費米子不能同時處於同一「狀態」，而任意數量的玻色子可以。由於它們的行為差異如此之大，長期以來，物理學家認為量子場論的任何對稱性，都必須保持費米子和玻色子部門之間的區別——自然界禁止其混合在一起。但在1970年代中期，一些物理學家提出了一個看似瘋狂的想法：可能存在一種新的對稱性，可以將玻色子與費米子交換。這被命名為超對稱性（supersymmetry）。

正如量子力學創始人之一的玻爾（Niels Bohr）對包立

（Wolfgang Pauli）所說的名言,「我們都同意你的理論是瘋狂的。區別在於我們是否認為其瘋狂到有可能是正確的。」

在超對稱性的情況下，我們仍然不知道是否在自然界中得以實現，但這個想法已經變得流行。原因是引入超對稱性可以消除許多困擾傳統量子場論的問題，超對稱理論通常更加優雅且易於分析。

量子電磁學不是超對稱的，但有超對稱性擴充。我們引入更多的粒子，包括玻色子和費米子，使得最終的理論展現出超對稱性。

特別是物理學家研究了具有最大可能量的超對稱性的電磁學擴展。他們表明，在這個擴展的理論中，電磁對偶性確實得到了實現。

總結來說，我們不知道在現實世界中是否存在某種形式的量子電磁對偶性。但我們知道，在理想化的超對稱性擴充理論中，電磁對偶性是明顯的。

還有一個重要方面是我們尚未討論過的。電磁學的量子場理論有一個參數：電子的電荷是負的，因此我們寫成$-e$，其中$e=1.602 \cdot 10^{-19}$庫侖。電子非常小。電磁學的最大超對稱性擴充具有類似的參數，我們也將其記作e。如果我們進行電磁對偶性，並將所有電之萬物，交換為所有磁之萬物，我們將得到一種理論，其中電子的電荷將不是e，而是其倒數$1/e$。

如果e很小，那麼$1/e$就很大。因此，如果我們從一種具有小的電子電荷的理論開始（如我們的世界情況），那麼對偶理論將

具有大的電子電荷。

這非常令人驚訝！以我們的湯類比來說，想像一下e是湯的溫度。那麼對偶性意味著交換胡蘿蔔和甜菜等成分，會突然將冷的羅宋湯變成熱的。

這種e的倒數，事實上是電磁對偶性的關鍵議題方面，擁有深遠的結果。量子場理論的設置方式，使得我們只能了解小參數值。我們甚至不知道理論在大參數值之下，是否具有意義。電磁對偶性告訴我們，大參數值不僅有意義，而且實際上等同於具有小參數值的理論。這意味著我們有機會描述所有參數值的理論。這就是為什麼這種類型的對偶性，被視為量子物理學的聖杯。

我們的下一個問題是，除了電磁學及其超對稱擴展之外，是否存在其他量子場理論的電磁對偶性。

除了電力和磁力之外，自然界還有另外三種已知的力：重力，我們都熟知和重視，以及兩種核力，名稱相當平凡：強力和弱力。強核力將夸克保持在如質子和中子等基本粒子內部。弱核力負責各種轉化原子和基本粒子的過程，例如所謂的原子β衰變（電子或中微子的發射）和氫融合，這為恆星提供能量。

這些力量看起來是完全不同的。然而，電磁力、弱力和強力的理論有一個共同點：它們是我們所謂的規範場論，或楊—米爾斯理論，以物理學家楊振寧和米爾斯（Robert Mills）的名字命名，他們在1954年撰寫了一篇開創性的論文。正如我在本章開頭提到的，規範場論有一個對稱群，稱為規範群，是一種李群，

我們在第十章中討論過這個概念。電磁理論的規範群是我在本書最初介紹的圓群（也稱為$SO(2)$或$U(1)$）。它是最簡單的李群，並且是阿貝爾。我們已經知道許多李群是非阿貝爾群，例如球體旋轉群$SO(3)$。楊振寧和米爾斯的想法是建構一種廣義化電磁學，在其中圓群被非阿貝爾群取代。結果表明，具有非阿貝爾規範群的規範場論，準確地描述了弱核力和強核力。

弱力理論的規範群是稱為$SU(2)$的群。它是$SO(3)$的朗蘭茲對偶群，大小是$SO(3)$的兩倍（我們在第十五章中討論過）。強核力的規範群被稱為$SU(3)$。[7]

因此，規範場論提供了一種普遍的形式主義，描述了自然界四種基本力中的三種（我們將電力和磁力視為電磁力的一部分）。此外，在隨後的幾年中，人們認識到這些不僅是三個獨立的理論，而是整體的一部分：有一種理論，通常稱為標準模型，其中包含了這三種力形成不同的部分。因此，我們可以稱之為「大一統理論」——愛因斯坦在他生命的最後三十年中未竟成功追尋的理論（雖然當時只知道兩種力：電磁力和重力）。

我們已經詳細討論了統一在數學中的重要性。例如，朗蘭茲綱領是一個統一理論，因為以相似的術語描述了不同數學學科中的一系列現象。建構基於盡可能以最簡潔原始的統一理論的原理想法，在物理學中特別具有吸引力，原因很明顯。我們希望對宇宙的內在運作有最完整的理解，我們希望最終的理論——如果存在的話——是簡單而優雅的。

簡單和優雅並不意味著容易。例如，馬克士威方程組很深

奧,需要努力才能理解意思。但方程式是簡潔的,因為它們以最經濟的方式來表達電力和磁力的真實面,也很優雅。愛因斯坦的重力方程式和「楊—米爾斯非阿貝爾規範場論方程式」也是如此。統一理論應該將其結合在一起,就像交響曲將不同樂器的聲音編織在一起。

標準模型是朝這個方向邁出的一步,其實驗確認(包括最近發現的希格斯玻色子)是一勝利。然而,這不是宇宙的最終理論:標準模型一方面不包括重力,重力被證明是最難捉摸的一種力量。愛因斯坦的廣義相對論讓我們對重力了解其經典理解,即在遙遙距離下之理解,但我們仍然沒有實驗上可測試的量子理論來描述短距離內的重力。即使我們只關注自然界的其他三種力量,標準模型仍然留下了太多未解的問題,並且無法解釋天文學家觀察到的大量物質(稱為「暗物質」)。因此,標準模型只是最終交響曲的部分草稿。

有一件事很清楚:最終交響曲的最終樂譜將用數學的語言書寫。事實上,在楊振寧和米爾斯撰寫著名的論文,介紹非阿貝爾規範場論之後,物理學家驚訝地意識到這些理論所需的數學形式主義,是數十年前由數學家們開發的,與物理學毫無關係。獲得諾貝爾獎的楊振寧這樣描述其敬畏之情:[8]

> 這不僅僅是種喜悅,還有一些更深奧的東西:畢竟,還有什麼比發現物理世界的結構與深奧的數學概念緊密相連更神祕,更令人敬畏的呢?這些概念僅源於邏輯和形式

之美。

愛因斯坦表達過類似的驚訝：[9]「數學，畢竟是一種獨立於經驗的人類思維產物，怎麼能如此完美地適用於現實世界的對象？」楊振寧和米爾斯用來描述自然界力量的概念早在數學中出現，因為在數學家遵循數學內在邏輯發展幾何學的典範中也是自然的。這是一種很好的例子，展示了另一位諾貝爾獎獲獎者、物理學家維格納（Eugene Wigner）所稱的「數學在自然科學中的非理性之有效性」。[10]儘管科學家們幾個世紀以來一直在運用這種「有效性」，但其根源仍然理解不足。數學真理似乎以客觀性存在，獨立於物理世界和人類大腦。毫無疑問，數學思想世界、物理現實和意識之間的聯繫是深刻的，需要進一步探索（我們將在第十八章中加以討論）。

我們也需要新穎想法來超越標準模型。超對稱性就是這樣的一種想法。它是否存在於我們的宇宙中是主要的辯論話題。到目前為止，尚未發現任何跡象。實驗是檢驗理論的最終審判，所以在實驗證明之前，不管這個想法多麼美麗和誘人，超對稱性仍然是一種理論結構。但即使最終證明超對稱性在現實世界中未能實現，仍提供了一種方便的數學工具，我們可以用來建構新的量子物理模型。這些模型與控制現實世界物理的模型差別不大，但由於展現了更高層次的對稱性，往往更容易分析。我們希望從這些理論中學到的東西，能對我們宇宙的現實理論產生影響，無論超對稱性是否存在。

就像電磁理論有種最大超對稱張力一樣，非阿貝爾規範場論也是如此。這些超對稱理論是通過混合更多粒子，包括玻色子和費米子，來達到最完美的平衡。因此，自然會問：這些理論是否擁有類似於電磁對偶性的東西？

物理學家蒙托寧（Claus Montonen）和奧利夫（David Olive）在1970年代末解決了這個問題。[11]在戈達德（未來的普林斯頓高等研究院主任）、努伊茨（Jean Nuyts）以及奧利夫早期工作的基礎上，[12]他們得出了驚人的結論：是的，在超對稱非阿貝爾規範場論中存在電磁對偶性，但這些理論通常並不像電磁學那樣自對偶。我們前面討論過，如果在電磁學中將所有電之萬物，交換成所有磁之萬物，反之亦然，我們將得到相同的理論，帶有電子的倒置電荷。但事實證明，如果我們在一般的具有規範群G的超對稱規範場論中進行相同操作，我們將得到一個不同的理論，仍然是一個規範場論，但具有不同的規範群（以及倒置的參數，類似於電子的電荷）。

那麼，對偶理論中的規範群會是什麼呢？結果它是^LG，即群G的朗蘭茲對偶群。

戈達德、努伊茨和奧利夫通過詳細分析具有規範群G的規範場論中的電荷和磁荷發現了這一點。在電磁學中，即具有圓群為規範群的規範場論中，兩種電荷的值都是整數。當我們交換時，一組整數與另一組整數交換。因此，理論保持不變。但是他們顯示，在一般規範場論中，電荷和磁荷取值於兩個不同的集合。我們稱它們為S_e和S_m，可以用規範群G在數學上表達（目前這一點

不重要）。[13]

　　結果表明，在電磁對偶性下，S_e變成S_m，S_m變成S_e。所以問題是是否存在另一個群G'，其S_e是G的S_m，S_m是G的S_e（這也應該相容於G和G'增加數據來確認）。看來我們不知道是否存在這樣一個群G'，但群G'展現其結構之存在。他們當時不知道，早在十年前朗蘭茲以類似的方式建構了這個G'，儘管朗蘭茲的動機截然不同。這個群G'就是朗蘭茲對偶群$^L G$。

　　為什麼電磁對偶性，會導致數學家在完全不同的背景下發現的相同的朗蘭茲對偶群，是我們在普林斯頓會議上要解決的大問題。

第十七章　發現隱藏的聯繫

　　距離紐約市僅約一小時火車車程的普林斯頓，看起來像一個典型的東北部郊區小鎮。普林斯頓高等研究院，位於普林斯頓郊區，真的是建在樹林之中。周圍靜謐，風景如畫：鴨子在小池塘裡游水，樹木倒映在靜止的水中。普林斯頓高等研究院是兩棟三層樓高的磚砌建築，有著1950年代的感覺，散發著智性力量。人們不禁會沉浸於其豐富的歷史，漫步在寂靜的走廊和愛因斯坦等巨人曾經使用過的主題圖書館中。

　　這就是我們在2004年3月舉行會議的地方。儘管通知時間短促，但我們在12月發出的邀請，得到了壓倒性積極的迴響。有大約二十名參與者──當我開會時，我請在場的人依次自我介紹。我覺得自己像是夾在中間：威騰和朗蘭茲坐在附近，戈達德也在場──以及數學學院和自然科學學院的幾位同事。蒙托寧、奧利夫，以及戈達德、努伊茨、奧利夫論文的共同作者，奧利夫也在場。當然，曼恩也在其中。

　　一切都按照計畫進行。我們基本上在重述你在這本書中閱讀的故事：朗蘭茲綱領在數論和諧波分析中的起源，過渡到有限域上的曲線，然後到黎曼曲面。我們還花了相當多的時間解釋貝林森─德林費爾德結構，以及我和費金在卡茨─穆迪代數上的工作，以及其與二維量子場理論的聯繫。

　　這和典型的會議不同，演講者與觀眾之間有很多互動。這是

一場緊張的會議，討論從研討室持續到自助餐廳，然後再回來。

整場會議中，威騰一直處於高效率狀態。他坐在前排，專心聆聽並且提問，不斷與演講者互動。在第三天早上，他對我說：「我想在下午發言；我覺得我有了一些想法。」

午餐後，他概述了兩個主題之間的可能聯繫。這是一個橋接數學和物理的新理論的開始，從那時起，他和他的合作者以及許多其他人一直在追求這一種理論。

正如我們所討論的，在韋伊的「羅塞塔石碑」的第三列中，朗蘭茲綱領的幾何版本圍繞著黎曼曲面。所有這些曲面都是二維的。例如，正如我們在第十章中討論的，球體——最簡單的黎曼曲面——有兩個座標：緯度和經度。這就是為什麼它是二維的。所有其他黎曼曲面也是二維的，因為每個點的小鄰域看起來像一塊二維平面的片段，因此可以用兩個獨立的座標進行描述。

另一方面，觀察到電磁對偶性的規範場論是在四維時空中定義的。為了橋接這兩者，威騰開始應用四維規範場論的「維數縮減」，從四維縮減到二維。

維數縮減實際上是物理學中的一種標準工具：我們通過關注某些自由度，而忽略其他自由度，以求取近似給定的物理模型。例如，假設你正在飛機上飛行，一位空服員站在走道中給你遞上一杯水。為了簡單起見，假設空服員手部的運動，與飛機的運動垂直。玻璃杯的速度有兩個分量：第一個分量是飛機的速度，第二個分量是空服員手部的速度，遞給你玻璃杯。但是前者分量比後者分量大得多，所以如果我們要從地面上靜止觀察者的角度，

描述空中的玻璃杯運動，我們可以忽略速度的第二個分量，只單純說玻璃杯以與飛機相同的速度進行運動。因此，我們可以將涉及兩個速度分量的二維問題簡化為涉及主導分量的一維問題。

在我們的脈絡當中，維數縮減的實現如下：我們考慮幾何形狀（或流形），是由兩個黎曼曲面的乘積。在這裡，「乘積」意味著我們考慮一種新幾何形狀，其座標是這些曲面中每個曲面的座標的組合。

我舉一個更簡單的例子，讓我們考慮兩條直線的乘積。每條直線有一個座標，所以乘積將有兩個獨立的座標。因此，這將是一種平面：平面上的每個點由一對座標表示，這些是兩條直線的座標的組合。

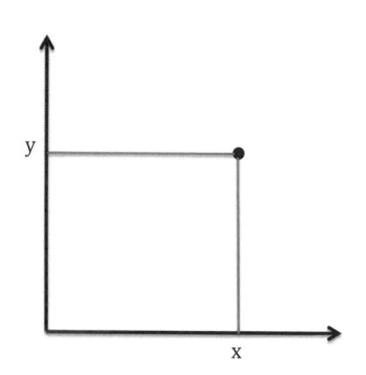

同樣地，直線和圓的乘積是圓柱體。圓柱體也有兩個座標；一個是圓的座標，另一個是線性座標。

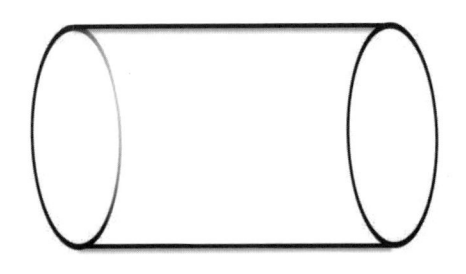

當我們進行乘積時，維度會相加。在我們剛剛考慮的例子中，每個初始物體都是一維的，它們的乘積是二維的。這裡有另一個例子：直線和平面的乘積是三維空間。其維度是3=1+2。

同樣，兩個黎曼曲面的乘積的維度，是其維度的總和，即2+2，這是4。我們可以畫出黎曼曲面的圖（我們之前看過一些圖），但我們無法畫出四維流形，因此我們只能使用數學方法來研究，使用我們可以更容易想像的低維形狀的方法。正如我們在第十章中討論的那樣，是展現數學抽象能力的極佳範例。

現在假設兩種黎曼曲面之一──稱為X──其中一種黎曼曲面大小，遠小於另一種黎曼曲面的大小，我們稱之為Σ。那麼，有效自由度將集中在Σ上，我們將能夠用Σ上的理論來近似描述這兩種曲面乘積上的四維理論，物理學家稱之為「有效理論」。這個理論將是二維的。當我們重新調整X的大小，使其越來越小，同時保持其形狀（注意這個有效理論仍然取決於X的形狀），這種近似值將變得越來越佳。這樣，我們就從X和Σ的乘積上的四維超對稱規範場論過渡到Σ上定義的二維理論。

在詳細討論這個理論的性質之前，讓我們來談談我們對量子

場理論的一般理解。例如，在電磁學中，我們在三維空間中研究電場和磁場。每個都是數學家所謂的向量場。其中一種有用的類比，是描述風場模式的向量場：在空間中的每一點，風以特定的方向吹拂，並具有特定的強度——這由附著在這一點上的虛線線段表示，數學家稱之為向量。這些附著在空間所有點上的向量集合是一種向量場。我們在天氣圖上都看過用向量場表示的風向。

同樣，給定的磁場在空間中的每一點，都有特定的方向和強度，這可以從第278頁的圖片中看出。因此，這也是一個向量場。換句話說，我們有一個規則，將向量分配給三維空間的每一個點。數學家毫無疑義，稱這樣的規則為從我們的三維空間到另外一處三維向量空間的「映射」（map）。如果我們追蹤一個給定磁場隨時間之變化，我們會得到一個從四維時空到三維向量空間的映射（這就像在電視上觀看天氣圖隨時間的變化一樣）。同樣，任何給定的隨時間變化的電場，也可以描述為從四維時空到三維向量空間的映射。電磁學是描述這兩種映射的數學理論。

在經典的電磁學理論中，我們感興趣的唯一映射，是對應於馬克士威方程解之映射。相反的，在量子理論之中，我們研究所有的映射。事實上，量子場論中的任何計算，都涉及所有可能映射的總和，但每個映射都是有權重的，即乘以規定的因子。這些因子的定義方式使得對應於馬克士威方程解的映射，產出主要貢獻，但其他映射也具有貢獻。

從時空到各種向量空間的映射，出現在許多其他量子場理論中（例如，非阿貝爾規範場論）。然而，並非所有的量子場理

論都依賴於向量。有一類量子場理論，稱為西格瑪（σ模型），在其中我們考慮從時空到曲線幾何形狀或流形的映射。這個流形稱為目標流形。例如，它可以是球體。儘管σ模型最早是在四維時空的情況之下進行研究，但如果我們將時空視為任何維度的流形，這種模型也是具有意義的。因此，對於目標流形的任何選擇，以及時空流形的任何選擇，都有一個σ模型。例如，我們可以選擇二維黎曼曲面當成我們所在的時空，選擇$SO(3)$李群作為目標流形。然後，對應的σ模型將描述從這個黎曼曲面到$SO(3)$的映射。

下面的圖片說明了這樣的映射：在左列，我們有一個黎曼曲面，在右列，我們有目標流形，箭頭表示它們之間的映射；即，將黎曼曲面的每個點分配給目標流形中的點之規則。

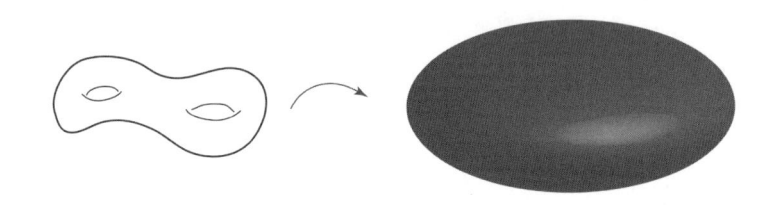

在經典的σ模型中，我們考慮從時空到目標流形的映射，這些映射解決了運動方程式（類似於電磁學的馬克士威方程式）；這些映射稱為調和映射。在量子σ模型中，所有感興趣的參量，如所謂的關聯函數，都是通過對所有可能的映射進行加權計算求得。

讓我們回到我們的問題：哪個二維量子場論描述了四維超對稱規範場論在規範群G，依據$\Sigma \times X$上進行維度縮減，隨著我們重新調整X的大小，使其變得非常小？事實證明，這個理論是從Σ到特定目標流形M的映射之σ模型的超對稱性擴充，是由黎曼曲面X和原始規範場論的規範群G決定。我們的符號應該反映這一點，因此我們將其記作$M(X, G)$。[1]

正如早先在群論中發生的情況一樣（見第二章），當物理學家偶然發現這些流形時，他們發現數學家早在他們發現之前就已經看到了這裡。事實上，這些流形有一個名字：希欽模空間（Hitchin moduli spaces），以英國數學家、牛津大學教授希欽（Nigel Hitchin）命名，他在1980年代中期引入並研究了這些空間。儘管很清楚為什麼物理學家會對這些空間感到興趣——這些流形出現於我們進行四維規範場論之維度縮減時——但是數學家對於這些空間的興趣的原因，似乎不太明顯。

幸運的是，希欽詳細講述了他發現的歷史，[2]這實際上是一種數學和物理之間微妙相互作用的絕佳範例。在1970年代後期，希欽、德林費爾德和另外兩位數學家，阿蒂亞（Michael Atiyah）和馬寧，研究了物理學家在研究規範場論時提出的所謂瞬子方程式（instanton equations）。這些瞬子方程式是在平坦的四維時空中寫成的。希欽隨後研究了在平坦的三維空間中，由瞬子方程式從四維縮減到三維求得的微分方程式，稱為單極子方程式。這些方程式從物理角度來看很有趣，並且也顯示出了有趣的數學結構。

第十七章　發現隱藏的聯繫

接下來，我們自然會考慮通過將瞬子方程式從四維縮減到二維求得的微分方程式。然而，物理學家們觀察到這些方程式在平坦的二維空間（即平面）中沒有任何複雜解，所以沒有進一步研究這些方程式。然而，希欽的洞察力在於這些方程式也可以寫在任何黎曼曲面上，如甜甜圈或蝴蝶餅的表面。物理學家們錯過了這一點，因為在那個時候（1980年代初），他們對在這些曲面上的量子場理論不太感興趣。但是希欽看到，從數學上來說這些曲面上之解是非常豐富的。他引入了他的模空間$M(X,G)$形成黎曼曲面X（在規範群G的情況）上的這些方程式解的空間。[3]他發現這是一個非凡的流形；特別是具有「超凱勒度量」（hyper-Kähler metric），當時只有少數例子被知道。其他數學家跟隨他的腳步。

大約十年後，物理學家們開始意識到這些流形在量子物理中的重要性，儘管這種興趣在威騰及其合作者的工作之前，並未真正流行（同樣有趣的是，希欽模空間最初出現在韋伊的「羅塞塔石碑」的右柱，最近發現其應用於朗蘭茲綱領中間柱，其中黎曼曲面的角色由有限域上的曲線扮演[4]）。

數學和物理之間的相互作用影響，是一種雙向過程，兩者都從對方汲取靈感。在不同時期，其中之一可能在發展某個特定想法上占據主導地位，然後隨著重點的轉移而轉移到另外一項主題。但總括來說，兩者在相互影響的良性循環之間互動。

現在，我們以數學家和物理學家的見解為武器，讓我們將電磁對偶性應用於具有規範群G的四維規範場論。然後我們將得

到具有規範群^LG的規範場論,即G的朗蘭茲對偶群(回想一下,如果我們將這種對偶性應用兩次,我們會回到原始群G。換句話說,^LG的朗蘭茲對偶群是G本身)。Σ上與G和^LG相關的有效二維σ模型也將是等價的,或對偶的。對於σ模型,這種類型的對偶性,稱為鏡像對稱。在其中一個σ模型中,我們考慮從Σ到對應於G的希欽模空間$M(X,G)$的映射;在另外一個模型中,我們考慮從Σ到對應^LG的希欽模空間$M(X,^LG)$的映射。這兩個希欽模空間及其σ模型,彼此先驗性無關,所以兩者之間的鏡像對稱性,就像四維原始規範場論的電磁對偶性一樣令人驚訝。

物理學家對這種類型的二維σ模型的興趣,源於其在弦理論中所扮演的重要角色。如我在第十章中提到的,弦理論假設自然界的基本對象不是點狀的基本粒子(沒有內部幾何結構,因此是零維度的),而是一維的延伸對象,稱為弦,可以是開弦或閉弦。前者有兩個端點,而後者是小環,就像我們在第十章中看到的那些環一樣。

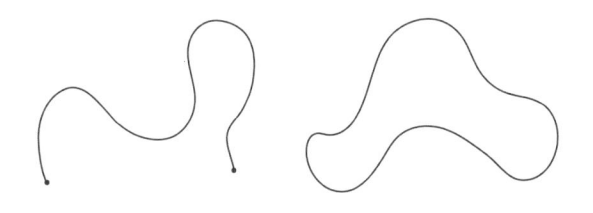

弦理論的思想是,這些微小弦在時空中運動時的振動會創造基本粒子及其間的力。

當我們開始考慮弦如何運動時，σ模型就進入了弦理論。在標準物理學中，當一個點狀粒子在空間中運動時，其軌跡是一個一維路徑。粒子在不同時間點的位置由該路徑上的點表示。

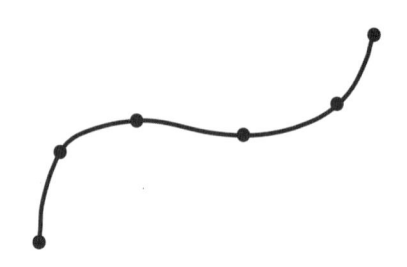

然而，如果一個閉合弦在運動，那麼其運動會掃過一個二維曲面。現在弦在某個特定時刻的位置，是這個曲面上的一個環。

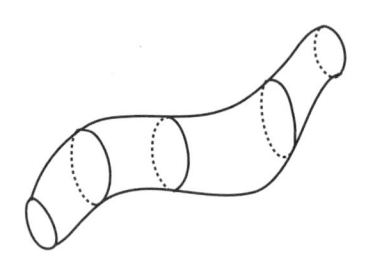

弦也可以相互作用：一根弦可以「分裂」成兩段或更多段，這些段也可以重新合併，如下圖所示。這給我們一個具有任意數量「孔洞」（和邊界圓）的更一般性的黎曼曲面。這稱為弦的世界面（worldsheet）。

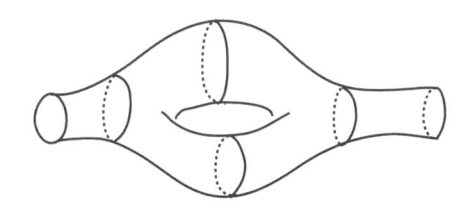

這樣的軌跡可以由嵌入時空S的黎曼曲面Σ表示,因此可以由Σ到S的映射表示。這些正是Σ上的σ模型中出現的映射類型,其目標流形為S。然而,事情現在顛倒過來:時空S現在是該σ模型的目標流形——即接收映射的對象——而不是映射的源頭,這與傳統的量子場理論(例如電磁學)相反。

弦理論的思想是通過在這些σ模型中進行計算,並對所有可能的黎曼曲面Σ(即所有在固定時空S中傳播的弦的所有可能路徑)進行總和,[5]我們可以再現我們在時空S中觀察到的物理現象。

不幸的是,目前理論存在一些嚴重問題〔特別是它允許「超光速粒子」(tachyon)的存在,這是一種速度超過光速的基本粒子,其存在是愛因斯坦的相對論所禁止的〕。如果考慮弦理論的超對稱性擴充,情況會大大改善。然後我們得到所謂的超弦理論。但再次出現問題:超弦理論只有在我們的時空S具有十維度時,數學演算結果才會一致,這與我們觀察到的只有四維(空間三維和時間一維)的世界互相矛盾。

然而,可能我們的世界,實際上是我們觀察到的四維時空和一個微小的六維流形M的乘積,如上所述,這個流形太小,我們無法用現有工具觀察得到。如果是這樣,我們將處於類似於上述

維度縮減（從四維到二維）的情況：十維理論將產生一個有效的四維理論。我們希望這個有效理論描述我們的宇宙，特別是包括標準模型以及量子重力理論。這種可能統一所有已知自然力的前景，係為超弦理論近年來受到廣泛研究的主要原因。[6]

但我們有一個問題：哪個六維流形是這個 M？

要知道這個問題有多麼艱鉅，讓我們假設超弦理論在六維而不是十維中，其數學之一致性。那麼只有兩個額外維度，我們必須找到一個二維流形 M。在這種情況之下，選擇不會很多：M 必須是一個黎曼曲面，如我們所知，其特徵是其虧格，意即「孔洞」的數量。此外，事實證明，為了使理論可以作用，這個 M 必須滿足某些附加屬性；例如，必須是所謂的卡拉比—丘（Calabi-Yau）流形，以兩位數學家卡拉比（Eugenio Calabi）和丘成桐（Shing-Tung Yau）命名，他們是最早在數學上研究這些空間的人（我可能會補充說，這是在物理學家對這個主題感興趣之前的許多年之前）。[7] 唯一具有這種特性的黎曼曲面是圓環面。因此，如果 M 是二維的，我們將能夠確定——必須是一個圓環面。[8] 然而，隨著 M 的維度增加，可能性的數量也會增加。如果 M 是六維的，那麼根據某些估計，有 10^{500} 種選擇——一個無法想像的超大數值。這些六維流形中的哪一個在我們的宇宙中實現，我們如何實驗驗證這一點？這是弦理論中仍然未解決的關鍵問題之一。[9]

無論如何，從這個討論中應該清楚，σ模型在超弦理論中相當重要，事實上其鏡像對稱性可以追溯到超弦理論中的一種對偶

性。[10]σ模型在弦理論之外，也有許多應用。物理學家們已經詳細研究了它們，不僅僅是那些目標流形M是六維的σ模型。[11]

所以，當威騰在2004年的我們的會議上發言時，他首先應用了維度縮減技術（從四維到二維），將兩個規範場論（具有規範群G和^LG）的電磁對偶性縮減為兩個σ模型的鏡像對稱性（目標是與這兩個朗蘭茲對偶群G和^LG相關的希欽模空間）。然後他問道：我們能否將這種鏡像對稱性與朗蘭茲綱領聯繫起來？

他提出的答案令人著迷。通常，在量子場理論中，我們研究所謂的關聯函數，描述粒子之間的相互作用；例如，一個這樣的函數可能用來描述兩個粒子碰撞之後，出現的某個粒子的機率。但事實證明，量子場理論的形式主義更加靈活：除了這些函數，理論中還存在各種更微妙的對象，類似於我們在第十四章中討論的與格羅滕迪克專業辭彙相關領域中的「層」。這些對象被稱為「D膜」或簡稱為「膜」。

膜（Branes）起源於超弦理論，其名稱是「膜」（membrane）這個詞的縮寫。在考慮目標流形M上的開弦運動時，膜自然出現。描述開弦兩端位置的最簡單方法是規定一個端點屬於M的特定子集B_1，另一個端點屬於另一個子集B_2。這在下圖中顯示，細線表示具有兩個端點的開弦，其中一個端點在B_1上，另一個端點在B_2上。

這樣，子集（或更恰當地說，子流形）B_1和B_2成為超弦理論和相應σ模型中的角色。這些子集是這些理論中出現的普通膜的

原型。[12]

　　兩個σ模型之間的鏡像對稱性，產生了這兩個σ模型中的膜之間關係。這種關係的存在，最初是由數學家康采維奇（Maxim Kontsevich）在1990年代中期提出的，名為「同調鏡像對稱」（homological mirror symmetry）。這一理論已被物理學家和數學家廣泛研究，特別是在過去十年中。

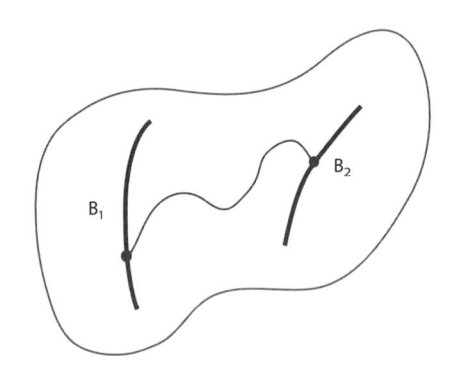

　　威騰在普林斯頓演講的主要思想是，同調鏡像對稱應該等同於朗蘭茲關係。

　　在這一點上，重要的是要注意σ模型有兩種形式，稱為「A模型」和「B模型」。我們正在考慮的兩個σ模型實際上是不同的：如果目標流形是希欽模空間$M(X,G)$的σ模型是A模型，那麼目標流形是$M(X,{}^LG)$的σ模型，就是B模型。因此，兩個理論中的膜分別稱為「A膜」和「B膜」。在鏡像對稱性下，對於$M(X,G)$上的每個A膜，應該有$M(X,{}^LG)$上的B膜，反之亦然。[13]

為了建立幾何朗蘭茲關係，我們需要將自同構層與X的基本群在^LG中的每個表示關聯起來。以下是威騰提出如何使用鏡像對稱來建構的大致方法。

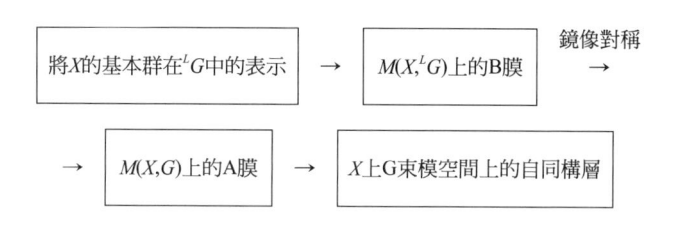

將X的基本群在^LG中的表示 → $M(X,{}^LG)$上的B膜 鏡像對稱→

→ $M(X,G)$上的A膜 → X上G束模空間上的自同構層

儘管仍有許多細節需要解決，但威騰的演講是一個突破；顯示了建立電磁對偶性與朗蘭茲綱領之間聯繫的清晰途徑。一方面，引入了許多數學家未曾想到的新概念（當然，這些概念並沒有與幾何朗蘭茲綱領相關聯）：膜的類別、希欽模空間在朗蘭茲綱領中所扮演的特殊角色，以及A膜和自同構層之間的聯繫。另一方面，這個聯繫也使物理學家能夠利用數學思想和見解，來推進對量子物理的理解。

在接下來的兩年裡，威騰在與加州理工學院的俄裔物理學家卡普斯廷（Anton Kapustin）的合作中詳細研究了他的提議。關於這個主題的論文（兩百三十頁長）於2006年4月發表，[14]並在物理學和數學界引起了轟動。論文的開篇段落描述了我們在本書中討論的許多概念：

第十七章　發現隱藏的聯繫　305

數域的朗蘭茲綱領統一了數論中的許多經典和當代結果，是一個廣泛的研究領域。綱領中強調有限域上的曲線的類比，也成為了許多著名運算的主題。此外，對於曲線的幾何朗蘭茲綱領已經得到了很大的拓展，無論是對於特徵為 p 的域上的曲線，還是對於普通的複黎曼曲面。……我們在本文中的重點是複黎曼曲面的幾何朗蘭茲綱領。我們旨在展現如何將本計畫理解為量子場理論中之一章。無須假設讀者對於朗蘭茲綱領預先知悉；相反的，我們假設讀者熟稔超對稱規範場論、電磁對偶性、σ模型、鏡像對稱性、膜和拓撲場論。本論文的主題是展現當這些熟悉的物理單元應用於適當的問題之時，幾何朗蘭茲綱領自然應運而生。

在前言的後段，卡普斯廷和威騰將我們在高等研究所的會議（特別是我以前學生本—茲維在那裡發表的演講）作為他們研究的起點。

在論文的主要部分，卡普斯廷和威騰進一步拓展了威騰在我們的普林斯頓會議上提出的構想。他們特別闡明了這幅圖像出現的A膜和B膜的結構，兩者之間的鏡像對稱性，以及A膜與自同構層之間的聯繫。

為了說明他們的結果，讓我們從一個更簡單的鏡像對稱性例子開始。在卡普斯廷和威騰的運算中，鏡像對稱性存在於兩個希欽模空間及其對應的σ模型之間。但現在讓我們將其中一個模空

間,替換為一個二維圓環面。

這樣的一個圓環面可以看作兩個圓的乘積。事實上,圖片上的網格清楚地顯示了圓環面就像一條串珠項鏈:

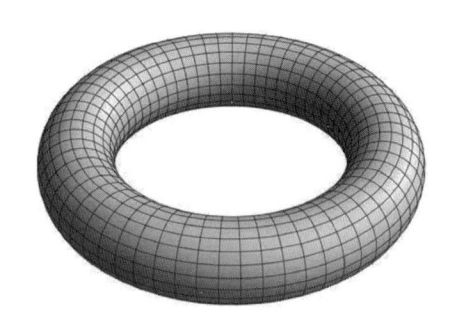

珠子的角色由網格中的垂直圓圈扮演,而項鍊上串珠鏈的角色由水平圓圈扮演,我們可以想像其穿過圓環面的中心。數學家會說,這個項鍊是一個「纖維化」,其「纖維」是珠子,其「基底」是鏈。同樣地,圓環面亦是一個纖維化,其纖維是圓圈,基底也是一個圓圈。

我們稱基底圓圈(鏈)的半徑為R_1,纖維圓圈(珠子)的半徑為R_2。結果顯示,鏡像對偶流形也將是圓環面,但將是半徑為$1/R_1$和R_2的圓圈的乘積。這種半徑的倒數類似於電磁對偶性下電荷的倒數。

所以現在我們有兩個鏡像對偶的圓環面——其中一個稱為T,半徑為R_1和R_2,另一個稱為$T^\vee$,半徑為$1/R_1$和R_2。注意,如果T中的基底圓圈很大(即R_1很大),那麼$T^\vee$中的基底圓圈很小

第十七章　發現隱藏的聯繫　307

(因為$1/R_1$很小),反之亦然。這種「大小」之間的切換是量子物理中所有對偶性的典型特徵。

讓我們研究T上的B膜和T^V上的A膜。它們在鏡像對稱性下匹配,這種關係是眾所周知的(有時稱為「T對偶性」——T代表圓環面)。[15]

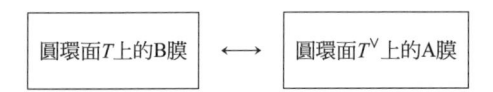

圓環面T上的B膜 ⟷ 圓環面T^V上的A膜

圓環面T上的B膜的典型例子,是所謂的零維膜,集中在T的一個點p處。事實證明,T^V上的對偶A膜恰恰相反,將「彌散」(smeared)在整個T^V上。我們所說的「彌散」需要解釋。這個T^V上的A膜實際上是帶有附加結構的T^V本身:其基本群在圓群中的表示(類似於我們在第十五章中曾討論)。這個表示由T中原點p的位置決定,因此實際上,T上的零維膜與T^V上的「彌散」A膜之間存在一對一的對應關係。

這種現象類似於在信號處理中廣泛使用的所謂傅立葉轉換(Fourier transform)下發生的情況。如果我們將傅立葉轉換應用於集中在特定時刻的信號,我們會得到一個看起來像波的信號。後者「彌散」在代表時間軸上,如圖所示。

傅立葉轉換還可以應用於許多其他類型的信號,並且有一個逆變換,允許我們恢復原始信號。通常,複雜的信號被轉換為簡單的信號,這就是為什麼傅立葉轉換在應用中很有用。同樣,在

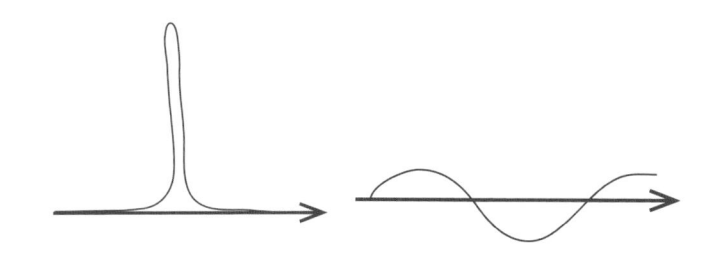

鏡像對稱性之下，此圓環面上的複雜膜對應於另一個圓環面上的簡單膜，反之亦然。

事實證明，我們可以使用這種環形鏡像對稱性，來描述兩個希欽模空間上的膜之間的鏡像對稱性。這裡我們需要使用這些模空間之重要屬性，這是由希欽自己描述的，即希欽模空間是一個纖維化產物。纖維化的基底是一個向量空間，纖維是圓環面。也就是說，整個空間是一組圓環面，每個基底點對應一個圓環面。在最簡單的情況下，基底和圓環面纖維都是二維的，纖維化看起來像這樣（注意不同基底點的纖維可能具有不同的大小）：

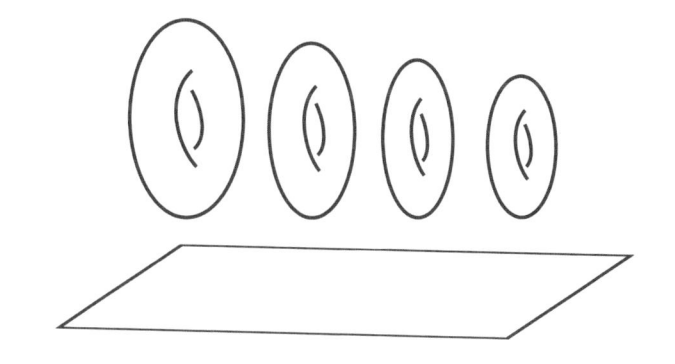

第十七章 發現隱藏的聯繫 309

將希欽纖維化想像成一個甜甜圈盒，不同的是這些甜甜圈不僅附著在紙箱底部的網格點上，而且附著在底部的所有點上。所以我們有無限多的甜甜圈——辛普森家族的荷馬・辛普森（Homer Simpson）一定會喜歡這個！

事實證明，與朗蘭茲對偶群相關的鏡像對偶希欽模空間，也是在相同基底上的甜甜圈／環纖維化。（「甜甜圈，有什麼是它們不能做的嗎？」）這意味著在這個基底的每個點上，我們有兩個環纖維：一個在A模型一側的希欽模空間中，另一個在B模型一側的希欽模空間中。此外，這兩個環在上面描述的意義上是彼此鏡像對偶（如果其中一個的半徑為R_1和R_2，則另一個的半徑為$1/R_1$和R_2）。

這個觀察讓我們有機會採用環纖維之間的鏡像對稱性，來研究兩個對偶希欽模空間之間的鏡像對稱性。

例如，設p為希欽模空間$M(X,{}^LG)$中的一個點。讓我們取集中在這一點的零維膜。那麼在$M(X,G)$上的鏡像對偶A膜是什麼呢？

點p屬於一個環，這是$M(X,{}^LG)$在基底某點b上的纖維（下圖左側的環，在B模型一側）。考慮對偶環，即$M(X,G)$在相同基底點b上的纖維（下圖右側的環，在A模型一側）。我們正在尋找的$M(X,G)$上的對偶A膜將是「彌散」在這個對偶環上的A膜。這將是我們在這兩個環之間的鏡像對稱性下獲得的相同對偶膜。

這種逐纖維描述鏡像對稱性的方法——使用雙重環纖維化——早先由斯特羅明格（Andrew Strominger）、丘成桐、扎斯洛（Eric Zaslow）在一種更為一般性的情況之下提出。現在稱為

B模型一側的纖維

A模型一側的對偶纖維

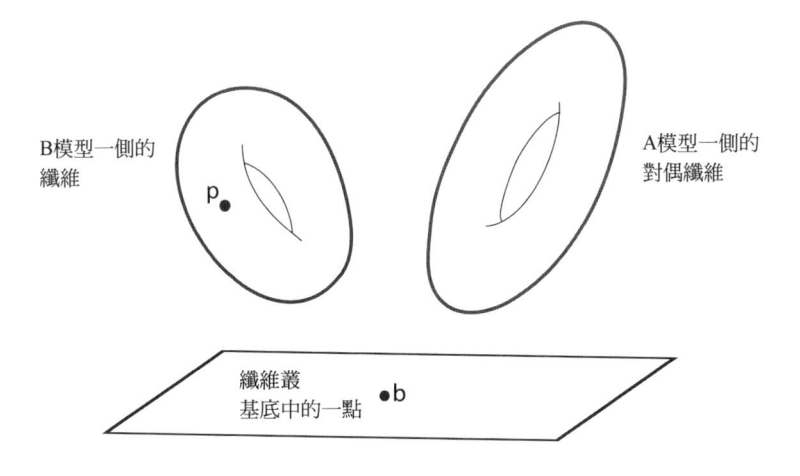

p●

纖維叢基底中的一點 ●b

SYZ猜想或SYZ機制。[16]這是一個強而有力的想法：雖然對偶環的鏡像對稱性已經很好理解，但一般流形（如希欽模空間）的鏡像對稱性仍顯得相當神祕。因此，我們可以通過將其簡化為圓環體（toric case）進而獲益。當然，為了能夠實現，我們需要將兩個鏡像對偶流形表示為在同一基底上的雙重環纖維化（這些纖維化還必須滿足某些條件）。幸運的是，在希欽模空間的情況下，我們確實有這樣的纖維化，所以我們可以實行SYZ機制。（一般來說，環纖維的維度大於二，但情況相似。[17]）

現在我們使用這種鏡像對稱性來建構朗蘭茲關係。首先，事實證明，希欽模空間$M(X, {}^LG)$的點正是黎曼曲面X在${}^LG$中的基本群之表示（見本章的註釋1）。讓我們取集中在這一點的零維膜。根據SYZ機制，對偶A膜將「彌散」在對偶環上（在基底同一點上的對偶希欽模空間中的纖維）。

第十七章 發現隱藏的聯繫 311

卡普斯廷和威騰不僅詳細描述了這些A膜，他們還解釋了如何將它們轉換為幾何朗蘭茲關係的自同構層。因此，朗蘭茲關係通過這個流程圖實現：

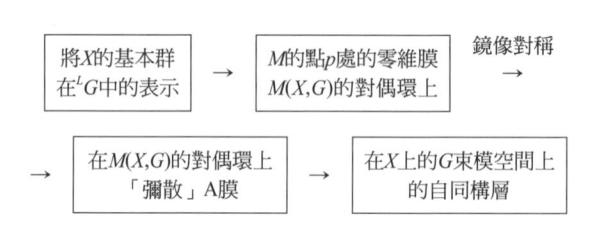

```
將X的基本群         M的點p處的零維膜        鏡像對稱
在 ᴸG中的表示   →   M(X,G)的對偶環上    →

  →   在M(X,G)的對偶環上   →   在X上的G束模空間上
       「彌散」A膜                 的自同構層
```

這一結構的核心要素是中間對象的出現：A膜。卡普斯廷和威騰提出可以通過兩個步驟建構朗蘭茲關係：首先使用鏡像對稱性建構A膜，然後從這個A膜建構自同構層。[18]到目前為止，我們只討論了第一步，即鏡像對稱。但第二步也非常有趣。事實上，A膜和自同構層之間的聯繫是卡普斯廷和威騰的一種突破性見解；在他們的運算之前，這種聯繫還未知悉。此外，卡普斯廷和威騰還提出在更一般性的情況下存在類似的聯繫。這種驚人的想法已經激發了許多數學研究。

正如我的父親所說，所有這些東西都很重：我們有希欽模空間、鏡像對稱、A膜、B膜、自同構層……試圖記住它們會讓人頭疼。相信我，即使在專家中，很少有人了解這些結構的所有細節。但我的目的不是讓你學會所有這些，而是指出這些對象之間的邏輯聯繫，展示科學家研究它們的創造過程：他們的驅動力是

什麼，他們如何互相學習，如何利用他們獲得的知識推進我們對關鍵問題的理解。

但是為了稍微減輕我們的負擔，這裡有一個圖表，說明了我們在韋伊的「羅塞塔石碑」的各列中討論過的對象之間的類比，並加上一個對應於量子物理學的額外列。圖表擴展了第237頁的圖表（我將韋伊的「羅塞塔石碑」的左列和中列合併，因為它們中出現的對象非常相似）。

數論與曲線／有限域	黎曼曲面X	量子物理
朗蘭茲關係	幾何朗蘭茲關係	電磁對偶性鏡像對稱
伽羅瓦群	X基本群的表示	X基本群
伽羅瓦群在^LG中的表示	^LG中的基群表示	$M(^LG,X)$上的零維膜
自同構函數	自同構層	$M(G,X)$上的A膜

看過這個圖表之後，我的父親問我：卡普斯廷和威騰是如何推進朗蘭茲綱領的？這當然是一個重要問題。首先，將朗蘭茲綱領與鏡像對稱性和電磁對偶性聯繫起來，使我們能夠利用這些量子物理領域的強大武器，在朗蘭茲綱領中取得新進展。反過來，朗蘭茲綱領的想法被移植到物理學中，激發了物理學家提出一些他們以前從未問過的關於電磁對偶性的問題。這已經導致了一些令人著迷的發現。其次，A膜的語言被證明非常適合朗蘭茲綱領。許多A膜的結構比自同構層簡單得多，而自同構層超難。因此，使用A膜的語言，我們可以揭示朗蘭茲綱領的一些謎團。

我想向你展示一個如何應用這種新語言的具體例子。讓我告訴你我隨後與威騰在2007年完成的運算。[19]為了解釋我們的運算，我必須告訴你一個我之前略過的問題。在上述討論中，我假裝出現在兩個希欽模空間中的所有纖維都是光滑的圓環面（像圖中的那些完美形狀的甜甜圈）。事實上，這只對大多數纖維來說是正確的。但有一些特殊的纖維看起來不同：它們是光滑圓環面的退化版（degeneration）。如果沒有退化，SYZ機制將給我們提供兩個希欽模空間上的膜之間鏡像對稱性的完整描述。但退化圓環面的存在，大大複雜化了這種鏡像對稱性。事實上，鏡像對稱性中最有趣和最複雜的部分是這些退化圓環面上「居住」的膜之情況。

卡普斯廷和威騰在他們的論文中只考慮了限制在光滑圓環面上的鏡像對稱性。這讓退化圓環面的問題懸而未決。在我們的論文中，威騰和我解釋了在最簡單的退化圓環面〔那些具有所謂「軌道奇點」（orbifold singularities）的圓環面，例如這個夾捏狀的金牛角圓環面〕情況下會發生什麼。

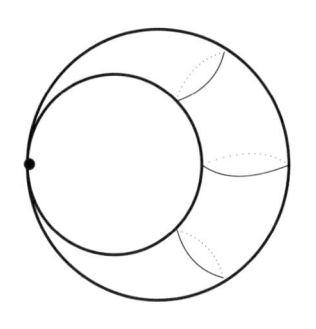

事實上，這是我們的黎曼曲面X本身是圓環面且群^LG是$SO(3)$的情況下出現的退化纖維圖片（直接取材自我與威騰的論文）。在這種情況下，希欽纖維化的基底是一個平面。對於這個平面上的每個點，除了三個特殊點，纖維是通常的光滑圓環面。因此，在這三個點之外，希欽纖維化只是一系列光滑的圓環面／甜甜圈。但在這三個特殊點的附近，環纖維／甜甜圈的「頸部」塌縮，如下圖所示，我們在圖中跟踪基底中某條路徑內點的纖維情況。

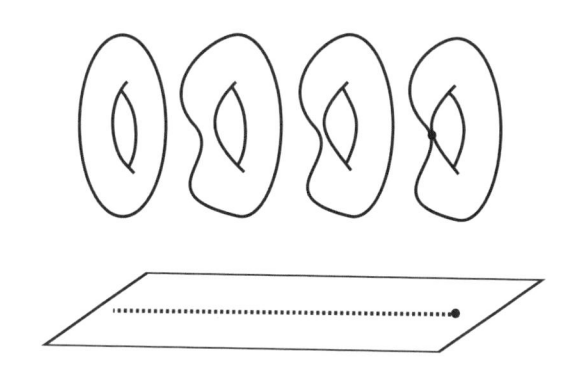

這就像《辛普森家庭》的荷馬・辛普森因為有一盒無限多的甜甜圈而太興奮，結果不小心踩到了一腳，壓壞了一些甜甜圈（但不用擔心荷馬；還會有無限多完美形狀的甜甜圈留下）。

當我們接近基底的標記點時（這是基底上的三個特殊點之一），纖維中的圓環面的頸部變得越來越細，直到在標記點處塌縮。標記點處的纖維從另一個角度顯示在上圖中。它不再是圓環

面;我們可以稱其為「退化」的圓環。

我們需要回答的問題是,當希欽模空間中的零維膜集中在退化圓環的特殊點(如上圖所標記的點,圓環頸部塌縮處)時,會發生什麼。數學家稱之為軌道奇點。

事實證明,這個點有一個附加的對稱群。在上面的例子中,它與蝴蝶的對稱群相同。換句話說,它由單位元素和另一個元素組成,對應於翻轉蝴蝶的翅膀。這意味著在這個點上不只有一個,而是有兩個不同的零維膜集中在這裡。問題是:在鏡像對偶希欽模空間中,對應的兩個A膜會是什麼?(注意,在這種情況下,G將是$SU(2)$群,它是$SO(3)$的朗蘭茲對偶群。)

誠如威騰和我在我們的論文中所解釋,在希欽纖維基底的三個特殊點中的每一個,鏡像對偶一側的退化圓環面將如下圖所示(圖片取自我們的論文):

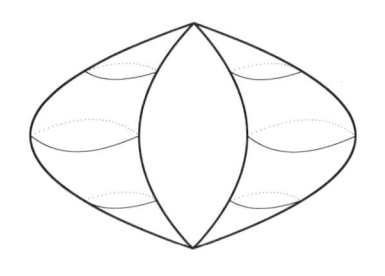

這些纖維在希欽纖維化中的出現方式與之前的圖片類似,只不過現在當我們接近基底的某個特殊點時,纖維中圓環面的頸部在兩處變得越來越細,並在到達基底的特殊點時塌縮。

對應的退化纖維與前面一種完全不同，因為現在圓環面在兩個點上塌縮，而不是一個。因此，這個退化的圓環有兩個部分。數學家稱它們為組成部分。現在我們可以回答我們的問題：我們正在尋找的兩個A膜（與集中在第一個退化圓環面奇點的兩個零維膜鏡像對偶），將是「彌散」在對偶退化圓環面的每個組成部分上的A膜。

　　這是一般情況下會發生的情況的原型。當我們將兩個希欽模空間看作在同一基底上的纖維化時，雙方都會有退化的纖維。但退化的機制會有所不同：如果在B模型一側有一個具有內部對稱群的軌道奇點（如上述例子中的蝴蝶群），那麼A模型一側的纖維將由幾個組成部分所組成，就像上圖中的兩個組成部分一樣。事實證明，這些組成部分的數量與B模型一側對稱群中的元素數量相同。這確保了集中在奇點的零維膜精確對應於「彌散」在那些不同組成部分上的A膜。

　　在我和威騰的論文中，我們詳細分析了這一現象。有點出乎意料的是，這不僅讓我們對黎曼曲面的幾何朗蘭茲綱領有了新的見解，還對韋伊的「羅塞塔石碑」中間的列（關於有限域上的曲線）有了新的認識。這是量子物理學中的概念和見解如何回溯到朗蘭茲綱領根源的絕佳例子。

　　這些聯繫的力道在此顯示出來。我們現在觀察韋伊的「羅塞塔石碑」中不再有三列，而是四列：第四列是量子物理學。當我們在這第四列中發現新東西時，我們會查看在其他三列中的類似結果，這很可能成為新想法和見解的來源。

我和威騰在2007年4月開始這個計畫，當時我在普林斯頓高等研究院訪問，我們的論文在10月31日萬聖節那天完成（我記得這個日期很清楚，因為在網上預行公布之後，我參加了一個萬聖節派對慶祝）。在這七個月期間，我來研究院三次，每次大約一週。每天我們都在威騰舒適的辦公室一起運算。其餘時間我們在不同的地方。我那時在柏克萊和巴黎之間分配時間，也花了幾個星期在里約熱內盧的數學研究所訪問。但我的所在地並不重要。只要有穩定的網路連接，我們就能有效合作。在最密集的期間，我們每天會交換十幾封電子郵件，思考問題，互相發送論文草稿等。由於我們名字相同，我們的電子郵件之間有一種鏡像對稱：每封郵件都以「親愛的愛德華」開始，以「祝好，愛德華」結束。

　　這次合作讓我有機會近距離觀察威騰。我對他的智商和工作倫理感到驚訝。我感覺到他對選擇工作問題非常慎重。我在本書早些時候談到過：有些問題可能需要三百五十年來解決，因此估計給定問題的重要性與在合理時間內邁向成功的可能性之配比是很重要的。我認為威騰對此有很好的直覺和品味。而一旦他選擇了問題，他會不懈地追求答案，像電影《落日殺神》（*Collateral*）中的湯姆・克魯斯（Tom Cruise）一樣。他的方法是澈底的、有條不紊的，不留任何遺漏。像其他人一樣，他有時也會困惑。但他總能找到出路。與他合作在很多方面都是令人鼓舞和充實的。

關於朗蘭茲綱領和電磁對偶性之間界面的研究，迅速成為一個熱門話題，並發展成為一個充滿活力的研究領域。在這個過程中，我們在聖塔芭芭拉的卡夫利理論物理研究所組織的年度會議起了重要作用。研究所所長、諾貝爾獎得主大衛・葛羅斯（David Gross）是我們的大力支持者。

2009年6月，我應邀在布爾巴基研討會（Séminaire Bourbaki）上講述這些新進展。這是世界上舉辦歷史最長的數學研討會之一，在數學界享有崇高的聲譽。數十位數學家吸引至巴黎龐加萊研究所的會議中，會議每年舉行三次，每次一個週末。這個研討會是在二戰之後不久由一群年輕而有抱負的數學家創辦的，他們以一個假名自稱為「布爾巴基合作者協會」（Association des collaborateurs de Nicolas Bourbaki）。他們的想法是使用基於19世紀後期康托爾（George Cantor）創立的集合論的新嚴謹標準來重寫數學基礎。他們僅有部分成功，但他們對數學的影響巨大。韋伊是創始成員之一，格羅滕迪克在後來也起了很大作用。

布爾巴基研討會的目的是報導數學中最令人興奮的發展。選擇主題和演講者的祕密委員會自成立以來一直遵循一個規則，即成員必須年齡在五十歲以下。布爾巴基運動的創始人顯然認為需要不斷注入新血，這一點一直對他們有利。委員會邀請演講者並確保他們提前寫好講稿。在研討會上會向聽眾分發影本。由於在研討會上演講被認為是一種榮譽，演講者都會配合要求。

我的研討會標題是「規範場論和朗蘭茲對偶」。[20]儘管我的演講更技術性，涉及更多公式和數學術語，但我基本上遵循了我

在這本書中講述的故事。我從韋伊的「羅塞塔石碑」開始，對其三列進行了簡短的介紹，就像我在這裡所做的那樣。因為韋伊是布爾巴基小組的創始人之一，我認為在研討會上談論他的想法特別合適。然後我集中討論了最新的發展，將朗蘭茲綱領與電磁對偶性聯繫起來。

我的演講受到了好評。我很高興看到前排有另一位布爾巴基的關鍵成員塞爾（Jean-Pierre Serre），他是一位傳奇人物。在我的演講結束後，他走到我面前。詢問了幾個尖銳的技術問題後，他進行觀察。

「我發現你把量子物理學視為韋伊的『羅塞塔石碑』中的第四列這一點很有趣，」他說。「你知道，韋伊並不特別喜歡物理學。但我認為，如果他今天在這裡，他會同意量子物理學在這個故事中扮演著重要角色。」

這是人們能得到的最好的讚美。

在過去的幾年裡，朗蘭茲綱領在韋伊的「羅塞塔石碑」的所有列中都取得了很多進展。我們仍然遠未完全理解朗蘭茲綱領中最深奧的謎團，但有一件事是清楚的：朗蘭茲綱領經受了時間的考驗。我們現在更清楚地看到引領我們走向數學和物理中一些最根本的問題。

這些想法今天仍然和朗蘭茲幾乎五十年前寫給韋伊的信件時一樣重要。我不知道我們是否能在未來五十年內找到所有答案，但毫無疑問，未來五十年將至少和過去五十年一樣令人興奮。也

許這本書的一些讀者將有機會為這個迷人的計畫作出貢獻。

朗蘭茲綱領一直是這本書的焦點。我認為這提供了一個現代數學的全景視圖：其深刻的概念結構、突破性見解、誘人的猜想、深刻的定理，以及不同領域之間的意外聯繫。這還展示了數學與物理之間的錯綜複雜的聯繫，以及這兩個學科相互之間豐富的對話。因此，朗蘭茲綱領例證了我們在第二章中討論的數學理論的四個品質：普遍性、客觀性、持久性，以及與物理世界的相關性。

當然，數學還有許多其他迷人的領域。有些已經在非專業文獻中展現出來，有些則沒有。正如梭羅（Henry David Thoreau）所寫的，「我們聽說過數學的詩意，但很少有人吟唱出來。」[21] 遺憾的是，在他寫下這些話的一百五十多年後，仍然響亮，這表明我們數學家需要做得更好，將我們學科的力量和美感展示給更為廣泛的受眾。同時，我希望朗蘭茲綱領的故事能激發讀者對於數學的好奇心，並激發學習更多的渴望。

第十八章　尋找愛情的公式

2008年，我受邀在巴黎進行研究並講授我的工作，成為巴黎數學科學基金會（Fondation Sciences Mathématiques de Paris）新設立的卓越講座的得獎者。

巴黎是世界數學中心之一，也是電影之都。身處那裡，我靈感湧現，想拍一部關於數學的電影。在流行電影中，數學家通常被描繪成怪胎和社會不適者，瀕臨精神疾病，強化了數學作為一門乏味且冷漠、與現實脫離的學科的刻板印象。誰會希望自己過這樣的生活，做著看似與任何事物都無關的工作？

2008年12月，我回到柏克萊時，感到有必要釋放我的藝術能量。我的鄰居湯瑪斯・法伯（Thomas Farber）是一位出色的作家，他在加州大學柏克萊分校教創意寫作。我問他：「我們一起寫個關於作家和數學家的劇本怎麼樣？」法伯喜歡這個主意，並建議我們把背景設置在法國南部的一個海灘上。我們決定電影會這樣開始：一位作家和一位數學家，在一個美麗的晴天，坐在海灘上的露天咖啡館相鄰的桌子前。他們欣賞周圍的美景，互相看著對方，開始交談。接下來會發生什麼？

我們開始寫作。這個過程與我與數學家和物理學家合作的方式相似，但也有所不同：找到合適的詞語來描述角色的情感，抓住故事的核心。這個架構比我之前習慣的方式，要更流動，且不受限制。而我和我非常尊敬和欽佩的一位偉大作家並肩作戰。幸

運的是，法伯沒有試圖強加他的意志在我身上，而是對等以待，溫和地讓我發展作為作家的能力。就像那些引導我進入數學世界的導師一樣，法伯幫助我進入了寫作的世界，這讓我永遠感激。

在一次對話中，數學家告訴作家關於「雙體問題」。它指的是僅相互作用的兩個物體（天體），例如一顆恆星和一顆行星（我們忽略所有其他作用力）。一旦我們知道它們之間的吸引力，就有一個簡單的數學公式可以準確預測它們未來的軌跡。然而，這與兩個人類之間的互動——兩個戀人或兩個朋友——卻大相逕庭。在這裡，即使雙體問題有解，也不是唯一的。

我們的劇本講述的是現實世界與抽象世界的碰撞：對於作家理查來說，是文學和藝術的世界；對於數學家菲利普來說，是科學和數學的世界。每個人都在各自的抽象領域中游刃有餘，但這如何影響他們在現實世界中的行為？菲利普試圖接受數學真理（他是專家）和人類真理（他不是專家）之間的二分法。他學到了以數學問題的方式處理生活問題，並不是很有幫助。

法伯和我還問：我們能否通過這兩個人的敘事來看到藝術和科學之間的異同——正如斯諾所稱的「兩種文化」？[1] 事實上，可以把這部電影看作是隱喻，關於同一角色的兩面：左腦和右腦，如果你願意的話。它們在不斷競爭但也互相啟發——兩種文化共存在一個大腦之中。

在我們的劇本中，角色們分享了過去關係的故事，找到並失去的愛情，心碎的故事。一天中他們還遇到了幾個女人，所以我們可以看到這兩個人利用他們對職業的熱情，作為誘惑的手段。

他們之間也有很多相互的興趣,但同時,一場衝突正在醞釀,最終達到一個意想不到的結局。

我們將這個劇本稱為《雙體問題》(*The Two-Body Problem*),並將其出版成書。[2]其劇場版本在柏克萊劇院上演,由獲獎導演芭芭拉・奧利弗(Barbara Oliver)執導。這是我第一次涉足藝術,我對觀眾的反應既感到驚訝又感到好笑。例如,大多數人將劇本中發生在數學家身上的所有事情都視為我的自傳。當然,我的許多真實生活經歷對《雙體問題》的寫作有所貢獻。例如,我在巴黎確實有一位俄羅斯女朋友,劇本中菲利普的女朋友娜塔莉亞的顯著特質靈感來自於她。劇本中的一些場景來自我的經歷,一些來自法伯的經歷。但作為一名作家,你最受驅動的是創造引人入勝的角色和有趣的故事。一旦法伯和我決定了我們想傳達的內容,我們必須以某種方式塑造角色。那些真實的生活經歷被如此美化和扭曲,以至於這些經歷不再是我們的經驗。《雙體問題》的主角成為了他們自己,這是為了成為藝術所必需的。

當我們開始尋找製片人來幫助我們將《雙體問題》製作成一部完整的劇情片時,我認為製作小型規模的電影計畫是值得的。當我在2009年4月返回巴黎繼續我的卓越講座時,我的數學家朋友沙皮拉(Pierre Schapira)介紹我認識了一位年輕而才華橫溢的電影導演瑞恩・格雷芙斯(Reine Graves)。她曾是時尚模特兒,此前執導過幾部原創且大膽的短片〔其中一部在巴黎審查電影節(Festival of Censored Films)上獲得了帕索里尼獎(Pasolini

Prize）〕。在沙皮拉安排的午餐會上，她和我一拍即合。我提議我們一起製作一部關於數學的短片，格雷芙斯喜歡這個主意。幾個月後，當被問及此事時，她說她覺得數學是剩下的少數仍然充滿真正激情的領域之一。[3]

當我們開始討論想法時，我向格雷芙斯展示了我之前製作的幾張照片，照片中我在人體上（數字化地）畫上了數學公式的紋身。格雷芙斯喜歡這些照片，我們決定嘗試製作一部涉及數學公式紋身的電影。

紋身成為一種藝術形式起源於日本。我曾十幾次訪問日本（在京都大學和費金一起工作，度過了夏天），並且對日本文化著迷。不出所料，格雷芙斯和我轉向日本電影尋求靈感。某部電影是偉大的日本作家三島由紀夫執導和主演的《愛與死之祭》（*Rite of Love and Death*），基於他的短篇故事。

這部電影以黑白拍攝，展開在典型日本能劇風格的嚴肅舞台上。電影沒有對話，但背景音樂是華格納的歌劇《崔斯坦與伊索德》（*Tristan and Isolde*）。影片中有兩個角色：帝國近衛軍的一名年輕軍官竹山中尉和他的妻子麗子。軍官的朋友發動了一場未遂的政變（這裡電影提到了1936年2月的實際政變事件，三島由紀夫認為這對日本歷史產生了戲劇性的影響）。中尉接到命令要處決政變的發動者，但他無法執行──他們是親密的朋友。但他也不能違抗天皇的命令。唯一的出路是儀式性的切腹自殺。

儘管這部電影只有二十九分鐘長，但深深觸動了我。我能感受到三島由紀夫的視野充滿犀利的張力。他的表現力強烈、真

實，毫無歉意可言。你可能不同意他的想法（事實上，他關於愛與死之間親密聯繫的看法，並不太吸引我），但我對這位作家的堅強和毫不妥協充滿了敬畏之意。

三島由紀夫的電影違背了電影的通常慣例：這部電影是無聲電影，電影的「篇章」之間有字幕來解釋接下來會發生什麼。這部電影具戲劇性，場景精心布置，幾乎沒有動作，但我被情感的暗潮所吸引（當時我還不知道三島由紀夫自殺和電影中發生的情節有著詭異的相似之處）。

也許這部電影如此打動我，是因為我和格雷芙斯也在試圖創作一部非傳統的電影，以前所未有的方式談論數學。我覺得三島由紀夫創造了我們尋找的美學架構和語言。我打電話給格雷芙斯。

「我看了三島由紀夫的電影，」我說，「這真是太棒了。我們應該拍一部這樣的電影。」

「好吧，」她說，「但這部電影會講什麼？」

突然間，話語從我嘴裡湧出。一切都變得非常清晰。

「一位數學家創造了一個愛的公式，」我說，「但隨後發現這個公式的另一面：公式既可以為惡，也可以為善。數學家意識到他必須隱藏這個公式，以防止它落入壞人手中，於是他決定將它紋在他所愛的女人的身上。」

「聽起來不錯。你覺得我們應該叫它什麼？」

「嗯……這樣如何：《愛與數學之祭》（*Rites of Love and Math*）。」

就這樣，這部電影的想法誕生了。

我們將其設想為一個寓言，表明數學公式可以像詩歌、繪畫或音樂作品一樣美麗。我們的想法是不訴諸理性，而是訴諸直覺和本能。讓觀眾首先感受而不是理解。我們認為強調數學的人性和精神元素會激發觀眾的好奇心。

數學和科學通常被呈現得冷酷無情。事實上，創造新數學的過程是一場充滿熱情的追求，是一種深刻的個人經歷，就像創作藝術和音樂一樣。它需要愛和奉獻，與未知和自我的鬥爭，激發強烈的情感。而你所發現的公式真的會深入你的內心，就像電影中的紋身一樣。

在我們的電影中，一位數學家發現了一個「愛的公式」。當然，這是一個隱喻：我們總是試圖達到完全理解，追求終極的清晰以了解一切。在現實世界中，我們只能滿足於部分的知識和理解。但是如果有人能夠找到終極真理；如果可以用數學公式表達呢？這將是愛的公式。

梭羅優雅地表達了這一點：[4]

> 任何真理的最清晰和最美麗的表述，最終都必須採取數學形式。我們可以如此簡化道德哲學和算術的規則，以至於一個公式可以同時表達。

即使一個公式不足以解釋一切，數學公式仍然是人類所認知的最純粹、最通用，以及最經濟的真理表達。數學傳遞著永恆且

珍貴的知識，不受時尚和潮流的影響，並向任何接觸數學的人傳遞相同的意義。數學所表達的真理是必然的真理，是引導人類穿越時空的穩固現實燈塔。

赫茲（Heinrich Hertz）證明了電磁波的存在，他的名字現在用作頻率單位，他這樣表達他的敬畏：[5]「人們無法擺脫這種感覺，認為這些數學公式擁有獨立存在和智慧，比我們智慧，甚至比其發現者還有智慧。」

赫茲的感受並不孤單。大多數數學從業者相信數學公式和思想居住在一個單獨的世界。朗蘭茲寫道：「數學經常以暗示的形式出現，一個詞暗示數學及其基本概念不僅僅存在於我們之外。這是一個難以置信的觀念，但對於一個專業的數學家來說，很難做不到這一點。」[6]這一點得到了另一位著名數學家馬寧的呼應（德林費爾德的指導教授），他談到：「偉大的數學城堡的願景，矗立在某個柏拉圖的理想世界中，[數學家]謙虛而虔誠地發現（而不是發明）。」[7]

從這個角度來看，伽羅瓦群是法國神童伽羅瓦發現的，而不是他發明的。在他發現之前，這個概念生活在數學理想世界的迷人花園之中，等待被尋找到。即使伽羅瓦的論文遺失了，他的發現沒有得到應有的認可，完全相同的群體也會被其他人發現。

與此相對，人類其他領域的發現不同：如果賈伯斯（Steve Jobs）沒有回到蘋果公司，我們可能從未看過iPod、iPhone和iPad。但是其他創新技術也會出現，但沒有理由期望其他人會發現相同的創新要素。相比之下，數學真理是必然的。

數學概念和思想所居住的世界,通常被稱為數學的柏拉圖世界,以希臘哲學家柏拉圖的名字命名,他是第一個主張數學實體獨立於我們的理性活動之外。[8]著名的數學物理學家彭羅斯在他的書《通往現實之路》中寫道,數學的柏拉圖世界所屬的數學命題:「剛好是那些客觀真實的命題,說明某些數學命題具有柏拉圖式存在,僅僅是說在客觀意義上是真實的。」同樣,數學概念「具有柏拉圖存在,因為數學是客觀概念」。[9]

像彭羅斯一樣,我相信數學的柏拉圖世界獨立於物理世界和精神世界。例如,考慮費馬大定理。彭羅斯在他的書中反問:「我們是否認為費馬的論斷早在費馬實際提出之前,就一直是真實的,或者其有效性是一個純粹的文化問題,取決於人類數學家群體的主觀標準?」[10]依據時間考驗的反證法論證傳統,彭羅斯展示了接受主觀解釋,很快會導致「歸謬法」的論斷,強調了數學知識的獨立於任何人類活動。

哥德爾的工作——特別是著名的不完備定理——澈底改變了數學邏輯,他是這一觀點的不折不扣的支持者。他寫道,數學概念「形成了一個客觀現實,我們無法創造或改變,只能感知和描述」。[11]換句話說,「數學描述了一種非感官的現實,獨立於人類心靈的行為和傾向存在,僅被人類心靈感知,並且可能感知得非常不完全。」[12]

數學的柏拉圖世界也獨立於物理現實。例如,正如我們在第十六章中討論的那樣,規範場論的裝置最初是由數學家開發的,與物理學無關。事實上,只有三個這些模型描述了已知的自然力

（電磁力、弱力和強力），分別對應於三個特定的李群（圓群、$SU(2)$和$SU(3)$），儘管對任何李群都有規範場論。與這三個李群相關的規範場論在數學上完全合理，但它們與現實世界之間沒有已知的聯繫。此外，我們談到了這些規範場論的超對稱擴充，我們可以在數學上分析它們，即使在自然界中還沒有發現超對稱，而且很可能根本不存在。類似的模型在不同於四維的時空中也在數學上有意義。有許多其他豐富的數學理論例子，並未直接與任何物理現實相關聯。

在彭羅斯的書《心靈的陰影》中，他談到了物理世界、精神世界和數學的柏拉圖世界之間的三角關係，其中是分開的，但彼此深深交織在一起。[13]我們仍然不完全了解如何聯繫在一起，但有一點是清楚的：每一種都深刻地影響著我們的生活。然而，雖然我們都認識到物理和精神世界的重要性，但我們中的許多人對數學世界仍然無知。我相信，當我們覺醒到這一隱藏的現實，並利用其未開發的力量時，這將導致我們社會的一次類似工業革命的轉變。

在我看來，數學知識的客觀性是其無限可能性的來源。此一性質將數學與其他任何類型的人類活動區分開來。我相信，理解此一性質背後的原因將揭示其物理現實、意識，及其之間相互關係的最深奧的謎團。換句話說，我們越接近數學的柏拉圖世界，我們就越有能力理解我們周圍的世界，以及我們在其中的地位。

幸運的是，沒有什麼能阻止我們深入此一柏拉圖現實，並將其融入我們的生活。真正值得注意的是數學的內在民主性：儘

管物理和精神世界的某些部分，可能不同的人以不同的方式感知或解釋，或者甚至可能對我們中的某些人來說，是不可及的，數學概念和方程式被以相同的方式感知，並且平等地屬於我們所有人。沒有人可以壟斷數學知識；沒有人可以聲稱數學公式或思想是其發明；沒有人可以對一個公式申請專利！例如，愛因斯坦不能對他的公式$E=mc^2$申請專利。這是因為正確之數學公式，表達的是宇宙的永恆真理。因此，沒有人可以聲稱擁有；數學是我們共同分享的。[14]富人或窮人、黑人或白人，年輕或年老——沒有人可以奪走這些公式。這個世界上沒有什麼比這些公式更深刻和優雅，同時又如此可及所有眾人。

《愛與數學之祭》中的簡樸裝飾的中心，賡續三島由紀夫的風格，是一幅掛在牆上的大幅書法作品。在三島的電影中，書法作品上寫著「真誠」（shisei）。他的電影關於真誠和榮譽。我們的電影關於真理，所以我們認為我們的書法應該寫「真理」。我們決定不用日文寫，而是用俄文。

「真理」這個詞在俄語中有兩個翻譯。更熟悉的pravda指的是事實真相，例如新聞頻道（因此蘇聯共產黨的官方報紙也稱為《真理報》）。另一個是真相（istina），意味著更深層次的哲學真理。例如，圓桌的對稱群是一個圓這一陳述是事實真相（pravda），但朗蘭茲綱領的陳述（在已經證明的情況下）是真相（istina）。顯然，電影中數學家為之犧牲的真理是真相（istina）。

在我們的電影中,我們希望反思數學知識的道德方面:一個具有如此強大力量的公式,可能也有其陰暗面,可能會被用於邪惡。想像一群20世紀初試圖理解原子結構的理論物理學家。他們認為這是一種純粹而高尚的科學追求,但無意中導致了原子能的發現。這給我們帶來了很多好處,但也帶來了破壞和死亡。同樣,作為我們知識追求的一部分,而發現的數學公式,也可能被證明是有害的。儘管科學家應該自由地追求他們的想法,但我也相信,我們有責任盡一切力量確保我們發現的公式不被用於邪惡。因此,在我們的電影中,數學家準備犧牲自己,以防止公式落入壞人手中。紋身是他隱藏公式並同時確保其存活的方法。

由於我從未有過紋身,我必須了解這個過程。如今的紋身是用機器製作的,但在歷史上(在日本),紋身是用竹尖雕刻的——這是一個更漫長、更煎熬痛苦的過程。我聽說在日本仍然可以找到使用這種古老技術的紋身店。我們在電影中就是這樣展示的。

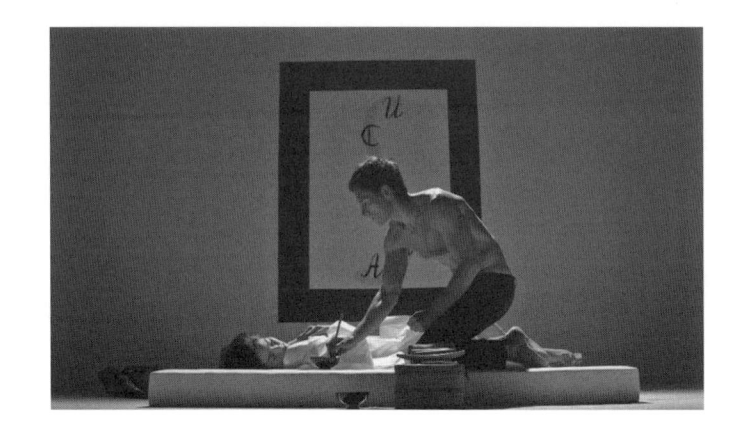

哪個公式應該扮演「愛的公式」的角色，是一個大問題。公式必須足夠複雜（畢竟這是一個愛的公式），但也要美觀。我們想要傳達的是，數學公式不僅在內容上，而且在形式上也可以是美麗的。而且我希望它是我的公式。

在為愛的公式進行「選角」時，我偶然發現了這個公式：

$$\int_{\mathbb{CP}^1} \omega F(qz, \overline{qz}) = \sum_{m,\overline{m}=0}^{\infty} \int_{|z|<\epsilon^{-1}} \omega_{z\overline{z}}\, z^m \overline{z}^{\overline{m}} dz d\overline{z} \cdot \frac{q^m \overline{q}^{\overline{m}}}{m!\overline{m}!} \partial_z^m \partial_{\overline{z}}^{\overline{m}} F \bigg|_{z=0}$$
$$+ q\overline{q} \sum_{m,\overline{m}=0}^{\infty} \frac{q^m \overline{q}^{\overline{m}}}{m!\overline{m}!} \partial_w^m \partial_{\overline{w}}^{\overline{m}} \omega_{w\overline{w}} \bigg|_{w=0} \cdot \int_{|w|<q^{-1}\epsilon^{-1}} F\, w^m \overline{w}^{\overline{m}} dw d\overline{w}.$$

它出現在一篇長達百頁的論文〈超越拓撲理論的瞬子I〉中的公式（5.7），這是我在2006年與我的兩位好友洛瑟夫、內克拉索夫一起撰寫的。[15]

這個方程看起來足夠複雜，如果我們在電影中把這個公式寫在黑板上並試圖解釋它的意思，大多數人可能會直接離開影院。但看到它以紋身的形式出現，引發了完全不同的反應。它真的深入人心：每個人都想知道它的意思。

那麼它意味著什麼呢？我們的論文是我們撰寫的一系列有關「瞬子」新方法量子場論的第一部分，這些是具有顯著特性的場配置。儘管量子場論成功地準確描述了基本粒子之間的相互作用，但許多重要的現象仍然理解得不充分。例如，根據標準模型，質子和中子由三個夸克組成，這些夸克無法分離。在物理學中，這種現象被稱為禁閉。我們仍然缺乏對其恰當的理論解釋，許多物理學家相信瞬子是解決這個謎團的關鍵。然而，在傳統的量子場論方法中，瞬子是難以捉摸的。

我們提出了一種新穎的量子場論方法，希望能幫助我們更好地理解瞬子的強大效應。上述公式表達了一種驚人的等式，該等式在我們的一個理論中提供了兩種計算關聯函數的方法。[16]我們當時並不知道這個公式會很快被用作愛的公式。

我們的特效藝術家吉蘿德（Oriane Giraud）喜歡這個公式，但她說它太複雜，不能用作紋身。我簡化了符號，這是在我們電影中的樣子：

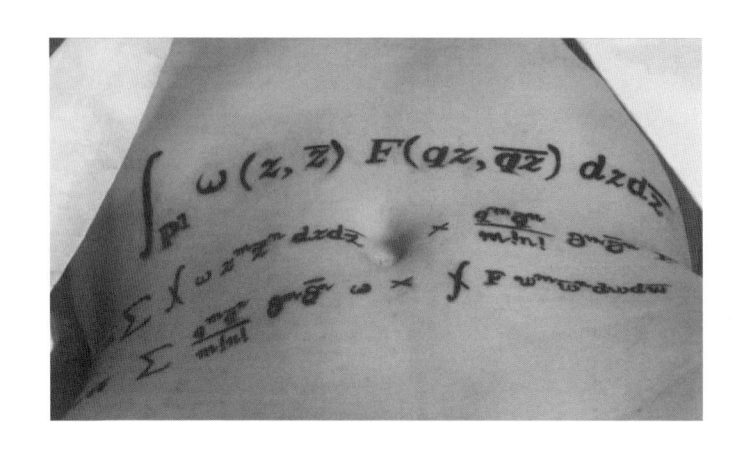

電影中的紋身場景旨在代表進行數學研究所涉及的激情。當數學家在製作紋身時，他完全將自己隔絕於世界之外。對他來說，這個公式真的成了一個生死攸關的問題。

拍攝這個場景花了我們很多時間。對我和飾演真理子的寮國女演員凱雪・因斯辛梅（Kayshonne Insixieng May）來說，這既是心理上也是身體上的消耗。我們在拍攝的最後一天接近午夜時完成了這個場景。一起經歷了這一切，對我們大約三十人的劇組來說，這是流露情感的時刻。

這部電影於2010年4月首映，由巴黎數學科學基金會贊助，地點在巴黎最好的劇院之一的馬克斯—林德全景（Max Linder Panorama）劇院，獲得了成功。關於這部電影的首批文章開始出現。《世界報》（Le Monde）稱《愛與數學之祭》為「一部令人驚歎的短片」，並稱其「提供了不尋常的數學家的浪漫願景」。[17]

第十八章　尋找愛情的公式　335

《新科學家》寫道：[18]

> 這部電影非常美觀⋯⋯如果弗倫克爾的目標是吸引更多人了解數學，他可以為完成了一項出色的工作而自豪。這個愛的公式實際上是他在2006年一篇關於量子場論的論文〈超越拓撲理論的瞬子I〉中發布的方程的簡化版本，很快將被更廣泛的觀眾看到——即使不能理解。

法國流行雜誌《切線超導》說：[19]「這部電影將吸引那些認為數學是藝術和詩歌的絕對對立面的人。」文章附帶的插頁中，萊赫寧寫道：

> 在愛德華·弗倫克爾的數學研究中，對稱和對偶性非常重要。它們與朗蘭茲綱領有關，該計劃旨在建立數字理論和某些群表示之間的橋梁。這個非常抽象的主題實際上有應用，例如在密碼學中⋯⋯如果對弗倫克爾來說，對偶性這麼重要，人們可能會問他是否看到愛與數學之間的對偶性，正如他的電影標題所暗示的那樣。他對這個問題的回答很明確。對他來說，數學研究就像是一個愛情故事。

從那以後，這部電影在法國、西班牙和加利福尼亞的電影節上放映過；在巴黎、京都、馬德里、聖塔芭芭拉、畢爾包、威尼斯⋯⋯這些放映和隨之而來的宣傳讓我有機會看到「兩種文化」

之間的一些差異。起初,這對我來說是文化衝擊。我的數學只能被少數人完全理解;起初全世界不超過十幾個人理解。此外,由於每個數學公式都代表了一個客觀的真理,因此本質上只有一種方法來解釋這個真理。因此,我的數學工作對於每個讀過它的人來說感同身受。相比之下,我們的電影是為廣大觀眾製作的:成千上萬的人看過。而且,當然,他們都以自己的方式詮釋。

我從中學到的是,觀眾總是藝術項目的一部分;到頭來,一切都在旁觀者的眼中。創作者對觀眾的感知沒有控制力。但當然,這是我們可以受益的東西,因為當我們分享我們的觀點時,我們都會得到豐富的啟發。

在我們的電影中,我們試圖通過以藝術家的敏感性談論數學來創造兩種文化的綜合。在電影開始時,真理子在給數學家寫一首情詩。[20]當他在電影結尾處紋上公式時,這是他回應的方式:對他來說,這個公式是他愛的表達。它可以承載與詩歌相同的激情和情感充電,所以這是我們展示數學和詩歌之間平行關係的方式。對數學家來說,這是他的愛的禮物,他創作的產物、激情和想像力。這就像他在給她寫一封情書——記得年輕的伽羅瓦在死前一夜寫下他的方程式。

在我們設想的神話世界中,她是數學真理的化身,因此她的名字是Mariko,日文中的「真理」,這也是為什麼在掛在牆上的畫上書寫了「真理」(istina)這個詞。數學家對她的愛象徵著他對數學和真理的愛,為此他犧牲了自己。但她必須生存下來並攜帶他的公式,就像他們的孩子一樣。數學真理是永恆的。

數學能成為愛的語言嗎?一些觀眾對「愛的公式」這個想法感到不安。例如,有人在看完電影後對我說:「邏輯和情感並不總是和諧相處。這就是為什麼我們說愛是盲目的。所以愛的公式怎麼可能奏效呢?」的確,我們的感情和情感常常看起來是非理性的(儘管認知科學家會告訴你,這種表面上的非理性的一些方面其實可以用數學來描述)。因此,我並不相信有一個公式能夠描述或解釋愛情。當我談到愛與數學之間的聯繫時,我並不是說愛可以被簡化為數學。而是,我的觀點是,數學比我們大多數人意識到的要豐富得多。其中之一是,數學給我們提供了理性的基礎和額外的能力,去愛彼此和我們周圍的世界。一個數學公式並不能解釋愛,但可以承載愛的能量。

正如詩人法柏所寫:[21]

讓我不復易愛⋯⋯
讓我輾轉反側。

數學把我們從一種情況轉移到另一種情況,這是其深刻而主要未被開發的精神功能所在。

愛因斯坦寫道:[22]「每一個認真從事科學追求的人都會堅信某種精神體現在宇宙的律法中——一種遠遠超越人類的精神,在這種精神面前,我們必須感到謙卑。」而牛頓則這樣表達他的感受:[23]「對我自己來說,我似乎只像一個在海邊玩耍的男孩,不時發現一塊更光滑的卵石或一個更漂亮的貝殼,而真理的偉大海

洋全都在我面前尚未發現。」

我的夢想是有一天我們都能覺醒到這一隱藏的現實。我們可能會因此放下分歧,專注於將我們聯繫在一起的深刻真理。到那時,我們都將像在海邊玩耍的孩子,驚歎於我們一起發現、分享和珍惜的絢麗美麗與和諧。

尾聲

我的飛機正降落在波士頓的洛根機場。現在是2012年1月。我正前往參加美國數學學會（AMS）和美國數學協會的年度聯合會議，受邀發表2012年美國數學學會演講。這些演講自1896年以來每年舉行。

看到過去的演講者名單和他們的演講主題，就像重溫過去一個世紀的數學歷史：馮・諾伊曼、陳省身（Shiing-Shen Chern）、阿蒂亞、博特、朗蘭茲、威騰以及許多其他偉大的數學家。我感到榮幸和謙卑，能成為這一傳統的一部分。

回到波士頓喚起了許多回憶。1989年9月，我第一次降落在洛根機場，當時我是來到哈佛——借用那部著名電影的標題《從俄羅斯來的數學家》（*From Russia with Math*）。當時我二十一歲，還不知道會遇到什麼，未來將如何。三個月後，在那動盪的時期迅速成長，我回到洛根送別我的導師費金，他要回莫斯科，我在想何時能再次見到他。事實上，我們的數學合作和友誼繼續，並且蓬勃發展。

我在哈佛的停留比我預期的長得多：第二年獲得博士學位，被選入哈佛學會，並在任期結束時被任命為哈佛大學的副教授。然後，在我到達波士頓五年之後，我在洛根焦急地等待我的父母和妹妹的家人到來，與我一起定居美國。自那以來，他們一直住在波士頓地區，但在1997年我離開了波士頓，因為加州大學柏克

萊分校給了我一個無法拒絕的邀請。

我仍然定期訪問波士頓看望家人。事實上，我父母的住所離海因斯會議中心只有幾個街區，年度數學聯合會議就在那裡舉行，所以他們將有機會第一次親眼看到我發表演講。這是一個美麗的禮物——能夠與我的家人分享這一經歷。「歡迎回家！」

這次聯合會議有超過七千名註冊參加者——很可能是有史以來最大的數學聚會。許多人來聽我的演講，在一個巨大的宴會廳舉行。我的父母、妹妹和姪女坐在前排。演講的內容是我與朗蘭茲和吳寶珠的最新合作成果。這是我們三年合作的結果，我們試圖進一步發展朗蘭茲綱領的想法。[1]

「如果我們要拍一部關於朗蘭茲綱領的電影呢？」我問觀眾。「那麼，任何編劇都會告訴你，我們必須解決這些問題：賭注是什麼？角色是誰？故事情節是什麼？有哪些衝突？它們是如何解決的？」

觀眾都在微笑。我談到了韋伊和他的「羅塞塔石碑」。我們在數學世界的不同大陸上展開旅程，探索它們之間神祕的聯繫。

每一次遙控器的點擊都會顯示我的演講的下一張幻燈片，投射到四個巨大的屏幕上。每張幻燈片描述了我們永無止境的知識追求中的一小步。我們在思考真理和美的永恆問題。隨著我們對數學——這個隱藏的魔法宇宙——的了解越來越多，我們越意識到我們知道的多麼少，前方有多少更多的謎團。我們的旅程還在繼續。

致謝

　　我要感謝國防高等研究計劃署和國家科學基金會對我在這本書中描述的一些研究的支持。本書在我擔任加州大學柏克萊分校米勒科學基礎研究所榮任米勒教授期間所完成。

　　我要感謝我的編輯凱萊赫和基礎書籍出版社的計畫編輯梅麗莎‧維羅內西（Melissa Veronesi）對我的專業指導。

　　在撰寫這本書的過程中，我從以下人士討論成果之中受益匪淺：薩拉‧貝爾施特爾（Sara Bershtel）、勞勃‧布拉澤爾（Robert Brazell）、大衛‧艾森巴德（David Eisenbud）、馬克‧傑拉德（Marc Gerald）、金雅子（Masako King）、蘇珊‧拉賓納（Susan Rabiner）、莎夏‧拉斯金（Sasha Raskin）、菲利伯特‧肖格特（Philibert Schogt）、瑪吉特‧施瓦布（Margit Schwab）、艾瑞克‧溫斯坦（Eric Weinstein）、大衛‧亞茲（David Yezzi）。

　　我要感謝亞歷克斯‧弗里德蘭（Alex Freedland）、班‧格拉斯（Ben Glass）、克勞德‧勒韋斯克（Claude Levesque）、凱萬‧馬沙耶赫（Kayvan Mashayekh），以及科琳‧特朗（Corinne Trang）在本書的各階段之部分閱讀內容，並提供有益的建議。我感謝安德里亞‧楊（Andrea Young）拍攝第十五章中使用的「杯子戲法」的照片。

　　特別感謝湯瑪斯‧法伯（Thomas Farber）提供的諸多見解和專業建議，並感謝瑪麗‧萊維克（Marie Levek）閱讀原稿並提

出探究性問題，幫助我在許多地方改進了文字表達。我的父親弗拉基米爾·弗倫克爾（Vladimir Frenkel）閱讀了這本書的許多原稿，他的回饋無價。

我希望在我講述的故事中，我對我的老師、導師、指導教授，以及其他幫助過我的人表示感激。

最重要的是，我要感謝我的母親和父親，莉迪亞·弗倫克爾（Lidia Frenkel）、弗拉基米爾·弗倫克爾，他們的愛和支持使我榮獲了所有的成就。我將這本書獻給他們。

註釋

給臺灣讀者的話

[1] 譯者按：「整合自我」作者使用的英文為 undivided Self。直譯為「不分裂的自我」，在心理學語境中，常用翻譯為「整合自我」、「統整自我」；在哲學或靈性語境中，常用翻譯為「完整自我」或「圓滿自我」。指內在統一、心靈一致；這是一種不分裂的自我狀態，其行動與信念協調一致，沒有自我矛盾之義。

作者序

[1] 譯按：原引自 Edward Frenkel, *Don't Let Economists and Politicians Hack Your Math*, Slate, February 8, 2013, http://slate.me/128ygaM；原網頁已經無法連結，請連結 https://slate.com/technology/2013/02/should-algebra-be-in-curriculum-why-math-protects-us-from-the-unscrupulous.html

第一章　神祕的野獸

[1] 圖片來源：Physics World, http://www.hk-phy.org/index2.html
[2] 圖片來源：Arpad Horvath

第二章　對稱的本質

[1] 在這個討論中，我們使用「物體的對稱性」這個詞來表示保持物體不變的特定變換，例如桌子的旋轉。我們不說「物體的對稱性」來表示物體對稱的屬性。

[2] 如果我們使用順時針旋轉，我們求得的旋轉集合是相同的：順時針旋轉90度等同於逆時針旋轉270度等。數學家通常習慣考慮逆時針旋轉，但這只是選擇問題。

[3] 這看起來可能是多餘的，但我們並不是拘泥形式。為了保持一致性，我們必須包括它。我們說過，對稱性是任何保持我們物體不變的變換，而恆等變換就是這樣的一種變換。為了避免混淆，我想強調的是，在這個討論中我們只關心給定對稱性的最終結果。我們在過程中對物體做了什麼並不重要；只有物體所有點的最終位置才重要。例如，如果我們將桌子旋轉360度，則桌子的每個點最終都在最初的位置。因此，對我們來說，旋轉360度與不旋轉完全相同。出於同樣的原因，逆時針旋轉90度，等同於順時針旋轉270度。再舉一個例子，假設我們將桌子在地板上朝某個方向滑動10英尺，然後再滑回10英尺，或者將桌子移到另一個房間然後再移回來。只要最終在相同的位置，並且其每個點最終

在最初的位置，認為與恆等對稱相同。
4. 對稱性的組合滿足的重要屬性，稱為結合律：給定三個對稱性S、S'和S''，將它們以兩種不同順序進行組合：$(S \circ S') \circ S''$和$S \circ (S' \circ S'')$，給出相同的結果。此一特性在群的正式定義中作為附加公理包含在內。我們在本書主體中沒有提及，因為我們考慮的群顯然滿足此一特性。
5. 當我們談到方桌的對稱性時，我們發現將四個對稱性與桌子的四個角對應起來很方便。然而，這種對應取決於選擇某一個角作為恆等對稱。一旦選擇了這個角，我們確實可以將每個對稱性與該對稱性將選定角轉換到的角對應起來。其不利之處，如果我們選擇不同的角來表示恆等對稱，我們會得到不同的對應。因此，最好區分桌子的對稱性和桌子的點。
6. See Sean Carroll, *The Particle at the End of the Universe: How the Hunt for the Higgs Boson Leads Us to the Edge of a New World*, Dutton, 2012.
7. 數學家費利克斯・克萊因（Felix Klein）在1872年提出他的極具影響力的愛爾蘭根綱領（Erlangen Program）時，使用了形狀由其對稱性質決定的想法。他宣稱，任何幾何的顯著特徵都由對稱群決定。例如，在歐幾里得幾何中，對稱群由保持距離的所有歐幾里得空間變換組成。這些變換是旋轉和平移的組合。非歐幾里得幾何對應於其他對稱群。這使我們能夠通過分類相關對稱群，來分類可能的幾何。
8. 這並不是說數學陳述的所有方面都不受解釋影響；例如，對於給定陳述的重要性、應用的廣泛性、對數學發展的影響等問題，可以進行討論。但如果陳述在邏輯上是一致的，那麼陳述的含義——究竟說什麼——是無法解釋的（一旦我們選擇了陳述所在的公理系統，陳述的邏輯一致性也不能討論）。
9. 請注意，每次旋轉也會產生任何圓形物體的對稱性，例如圓桌。因此，原則上，可以通過圓桌的對稱性，而不是平面的對稱性來表示旋轉群。然而，在數學中，「表現」這個術語專門用於描述給定群體產生n維空間的對稱性。這些對稱性必須是數學家所說的線性變換，這個概念在第十四章的註釋2中解釋。
10. 對於旋轉群的任何元素g，用S_g表示對應的n維空間的對稱性。對於任何g，它必須是線性變換，並且必須滿足以下特性：首先，對於群體的任何一對元素g和h，對稱性$S_{g \cdot h}$必須等於對稱性S_g和S_h的組合。其次，對應於群體的恆等元的對稱性，必須是平面的恆等對稱性。
11. 後來，人們發現還有三個夸克，分別是「魅夸克」（charm）、「頂夸克」（top）和「底夸克」（bottom），以及相對應的反夸克（anti-quarks）。

第三章　第五道題

1. 這是米哈伊爾・戈巴契夫在蘇聯上台的前一年，在他啟動改革之前的幾年。1984年的極權蘇維埃政權，從很多方面來說，都是喬治・歐威爾（George Orwell）的《1984》（*Nineteen Eighty-Four*）這本書中所預見且令人難忘的翻版。

² 在瑪麗娜‧羅莎（Marina Rosha）還有一個小型半官方猶太會堂。隨著更多猶太會堂和社區中心在莫斯科及其他城市開放，情況在改革後有所改善。
³ Mark Saul, *Kerosinka: An episode in the history of Soviet mathematics*, Notices of the American Mathematical Society, vol. 46, November 1999, pp. 1217-1220. 可在此網頁閱讀：http://www.ams.org/notices/199910/fea-saul.pdf
⁴ George G. Szpiro, *Bella Abramovna Subbotovskaya and the "Jewish People's University,"* Notices of the American Mathematical Society, vol. 54, November 2007, pp. 1326-1330. 可在此網頁閱讀：http://www.ams.org/notices/200710/tx071001326p.pdf
⁵ Alexander Shen, *Entrance examinations to the Mekh-Mat*, Mathematical Intelligencer, vol. 16, No. 4, 1994, pp. 6-10列出了一些在莫斯科國立大學入學考試中給猶太學生的問題。這篇文章重印在M. Shifman (ed.), *You Failed Your Math Test, Comrade Einstein*, World Scientific, 2005（可在此網頁閱讀：http://www.ftpi.umn.edu/shifman/ComradeEinstein.pdf）。另見該書中其他有關莫斯科國立大學入學的文章，特別是瓦爾迪（I. Vardi）和韋爾希克（A. Vershik）的文章。
另一個問題列表編輯在T. Khovanova and A. Radul, *Jewish Problems*，可在此閱讀：http://arxiv.org/abs/1110.1556
⁶ 喬治‧斯皮羅，同上。

第四章　石油天然氣學院

¹ 當時，該校被稱為古布金石油化學和天然氣工業研究所〔以蘇聯石油和天然氣部部長古布金（I.M. Gubkin）的名字命名〕。我在那裡讀書之後，更名為古布金石油天然氣學院，後來，更名為古布金石油天然氣大學。
² 馬克‧索爾，同上。

第五章　解決方案的主軸

¹ 猶太人民大學的故事以及貝拉‧穆奇尼克‧蘇博托夫斯卡婭死亡的情況在D‧富克斯和其他人撰寫的文章中都有記載，見D. B. Fuchs and others in M. Shifman (ed.), *You Failed Your Math Test, Comrade Einstein*, World Scientific, 2005. 另見喬治‧斯皮羅，前述著作。
² 如果我們將恆等辮放在另一條辮子上並移除中間的板子，縮短線後我們將恢復原來的辮子。這意味著辮子b和恆等辮子的和是相同的辮子b。
³ 這是辮子和其鏡像之和長的樣子：

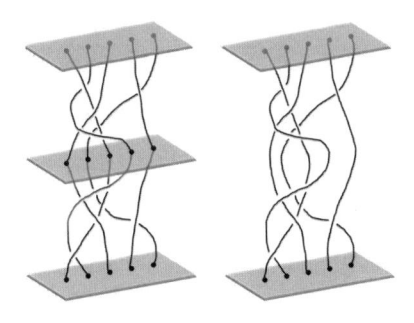

現在，在上圖右側所示的辮子中，我們將從最右邊的「釘孔」開始和結束的線向右拉，顯示了下圖中的左邊辮子。然後，我們對這條辮子上從第三個釘孔開始和結束的線做同樣的動作，顯示下圖中的右邊辮子。

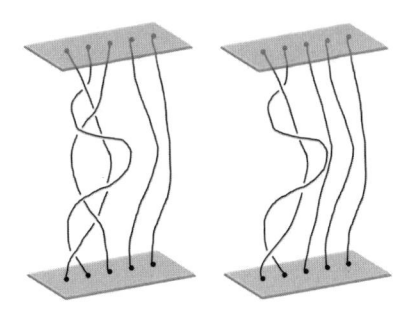

接下來，我們將從第二個釘孔開始和結束的線向左拉。其顯示的辮子中，第一條和第二條線之間似乎有重疊。但這是一種錯覺：通過將第二條線向右拉，我們泯除了這種重疊錯覺。這些移動顯示在下一張圖片中。下圖右側的結果辮子只是我們上面看到的恆等辮子。更確切地說，要求取恆等辮子，我們需要拉直線，但這是符合我們的規則（我們還應該縮短線，讓我們的辮子的高度與原始辮子相同）。請注意，在任何步驟中我們都沒有剪斷或縫合線，或讓一條線穿過另一條線。

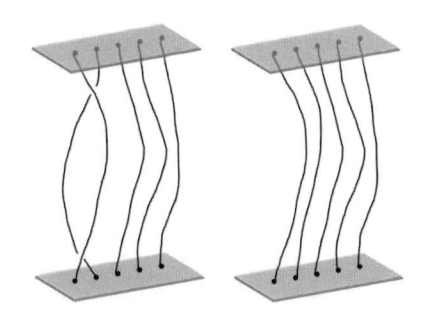

⁴ 這是一個討論「定義」和「定理」之間區別的好機會。在第二章中，我們提出了群的定義。亦即，群是一種賦予運算的集合（根據情況不同，稱為組合、加法或乘法），滿足以下性質（或公理）：集合中有一個恆等元（identity element）（如第二章中解釋）；集合的每個元素都有一個逆元素；操作滿足第二章註釋4中描述的結合律。一旦我們提出了此定義，群的概念就一勞永逸地確定了。我們不能對其進行任何修改。現在，給定一個集合，我們可以嘗試賦予其群的結構。這意味著在這個集合上建構運算，並證明該運算滿足上述所有性質。在本章中，我們取所有具有n條線的辮子的集合（我們如正文中所述，將通過調整線所得的辮子，識別為相同），並通過正文中描述的規則建構任意兩個辮子的加法運算。我們的定理是指明該運算滿足上述所有性質。這個定理的證明包括直接驗證這些性質。我們已經檢查了前述兩個性質（分別見上文註釋2和3），最後一個性質（結合律）自動由兩個辮子的加法運算結構得出。

⁵ 因為我們的一條規則是線不允許自己纏繞，唯一的一條線只能從頂板上的唯一釘孔垂直向下到達底板上的釘子。當然，可以沿著一條複雜的路徑，例如蜿蜒的山路或曲折的街道，但如果需要，我們可以縮短，使線垂直向下。換句話說，群B_1只包含一個元素，即恆等元（它也是其自身的逆元和與自身相加的結果）。

⁶ 用數學術語來說，我們說「辮群B_2同構於整數群」。這意味著這兩個群之間存在一對一的對應關係——亦即，我們將每個辮子分配一個重疊數量——以使辮子的加法（如上所述）對應到整數的基本加法（usual addition）。實際上，將兩個辮子疊加在一起，我們會得到一個新辮子，其中的重疊數量等於分配給原始兩個辮子的數量之和。此外，沒有重疊的恆等辮子對應於整數0，取反辮子對應於取整數的負數。

⁷ 參見See David Garber, *Braid group cryptography*, in *Braids: Introductory Lectures on Braids, Configurations and Their Applications*, eds. A. Jon Berrick, e.a., pp. 329-403, World Scientific 2010. 可在此網頁閱讀：http://arxiv.org/pdf/0711.3941v2.pdf

⁸ 參見Graham P. Collins, *Computing with Quantum Knots*, Scientific American, April

2006, pp. 57-63.
[9] De Witt Sumners, Claus Ernst, Sylvia J. Spengler, and Nicholas R. Cozzarelli, *Analysis of the mechanism of DNA recombination using tangles*, Quarterly Reviews of Biophysics, vol. 28, August 1995, pp. 253-313. Mariel Vazquez and De Witt Sumners, *Tangle analysis of Gin recombination*, Mathematical Proceedings of the Cambridge Philosophical Society, vol. 136, 2004, pp. 565-582.
[10] 更精確的說法，我們將在第九章中討論，即辮群B_n是平面上n個不同無序點的空間的基本群。這裡有一個有用的解釋，關於在平面上的n個不同無序點的集合以n次多項式的形式。考慮一個首一（monic）二次多項式$x^2+a_1x+a_0$，其中a_0和a_1是複數〔「首一」（monic）意味著此處x^2前的係數等於於1〕。它有兩個根，這是複數，反過來，這些根唯一地確定了一個首一二次多項式。複數可以表示為平面上的點（見第九章），所以具有兩個不同根的首一二次多項式就等同於平面上的一對不同點。同樣地，一個次單項式多項式，其次數為n，$x^n+a_{n-1}x^{n-1}+...+a_1x+a_0$，具有$n$個不同的複根，相當於平面上$n$個不同點的集合——其根。我們固定這樣的一個多項式：$(x-1)(x-2)...(x-n)$，其根為1, 2, 3, ..., n。在所有這樣多項式的空間中的一條路徑，從多項式$(x-1)(x-2)...(x-n)$開始和結束，可以被視為有n條線的辮子，每條線是特定根的軌跡。因此，我們發現辮群B_n是具有不同根的n次多項式空間的基本群（見第十四章）。
[11] 對於兩條線之間的每次重疊，如果從左下來的線在從右下來的線下方，我們賦予+1；如果相反，我們賦予-1。請考慮這條辮子為例：

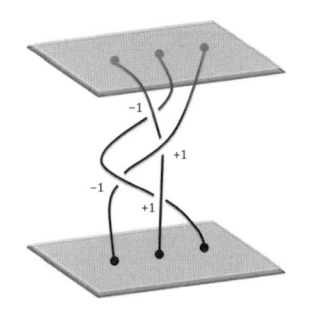

同樣地，當我們對所有成對重疊的數字（+1和-1）進行總結時，我們會得到給定辮子的總重疊數。如果我們調整線頭，我們將始終增加或消除相同數量的+1重疊和-1重疊，因此總重疊數將保持不變。這意味著總重疊數是明確定義的：當我們調整辮子時，不會改變。
[12] 請注意，由兩個辮子的相加求得的辮子的總重疊數，將等於這兩個辮子的總重疊數的總和。因此，兩個總重疊數為0的辮子的相加，將再次成為總重疊數為0的辮子。交換子之子群B_n由所有這樣的辮子組成。在某種精確的意義上，是

辮群B_n中最大的非阿貝爾部分。

[13] 貝蒂數的概念起源於拓撲學，這是數學研究幾何形狀的顯著性質。給定幾何形狀的貝蒂數，例如圓或球，形成一系列數字，$b_0, b_1, b_2, \ldots$，每個數字可以是0或自然數。例如，對於平坦空間，例如線、平面等，$b_0=1$，所有其他貝蒂數都等於0。一般來說，b_0是幾何形狀的連通組件數量。對於圓，$b_0=1$，$b_1=1$，其餘貝蒂數為0。第一個貝蒂數b_1等於1的事實，反映了存在複雜的一維部分。對於球體，$b_0=0$，$b_1=0$，$b_2=1$，其他貝蒂數全部等於0。這裡，b_2反映了存在複雜的二維部分。

辮群B_n的貝蒂數定義為具有n個不同根的n次多項式空間的貝蒂數。交換子子群B'_n的貝蒂數是緊密相關空間的貝蒂數，由具有n個不同根且附加屬性是其判別式（所有根對之間差的乘積的平方）取固定非零值（例如，我們可以說這個值為1）的n次多項式組成。例如，多項式$x^2+a_1x+a_0$的判別式等於$a_1^2-4a_0$，對所有n也有類似的公式。

根據定義，當且僅當多項式具有多重根時，其判別式等於零。因此，判別式給出了從具有n個不同根的所有n次多項式空間，到無0點（without the point 0）的複平面的映射。因此，我們取得了該空間在不含原點的複平面上的「纖維化」。B'_n的貝蒂數反映了這些纖維中任何一個的拓撲結構（拓撲上，它們是相同的），而B_n的貝蒂數反映了整個空間的拓撲結構。理解纖維的拓撲結構的願望促使瓦爾琴科最初向我建議這個問題。關於貝蒂數及其相關的同調和上同調概念的更多資訊，您可以參考以下入門教科書：

William Fulton, *Algebraic Topology: A First Course*, Springer, 1995; Allen Hatcher, *Algebraic Topology*, Cambridge University Press, 2001.

第六章　數學家的學徒生涯

[1] 有人猜測費馬在書寫那段在書頁頁邊的註解時，可能是在虛張聲勢。我不這麼認為；我認為他只是犯了一個誠實的錯誤。不管怎樣，我們應該感謝他——他在書頁頁邊的那個小註解，確實對數學的發展產生了積極的影響。

[2] 更精確地說，我證明了對於n的每個因數d，qth貝蒂數（其中$q=n(d-2)/d$）等於$\varphi(d)$，而對於$n-1$的每個因數d，qth貝蒂數（其中$q=(n-1)(d-2)/d$）等於$\varphi(d)$。B'_n的所有其他貝蒂數都等於0。

[3] 1985年，戈巴契夫（Mikhail Gorbachev）上台，不久之後，他發起了改革政策。據我所知，我所經歷的那種在力學與數學系入學考試中的系統性猶太申請者之歧視，在1990年左右結束。

[4] S. Zdravkovska and P. Duren, *Golden Years of Moscow Mathematics,* American Mathematical Society, 1993, p. 221.

[5] 數學家尤利・伊利亞申科（Yuly Ilyashenko, 1943-）在標題為〈力學與數學系的黑色20年〉（Mekh-Mat in the interview entitled The black 20 years at Mekh-Mat,）的採訪中爭辯說，這一事件是力學與數學系建立反猶太政策的催化劑，該採訪於2009年7月28日發布在Polit.ru網站上：http://www.polit.ru/article/2009/07/28/

ilyashenko2。

譯按：Polit.ru網站本文〈力學與數學系的黑色20年〉2009年7月28日俄文版原網頁已經無法連結。伊利亞申科於1965年畢業於莫斯科國立大學力學和數學系，曾任莫斯科國立大學力學和數學系教授、康乃爾大學教授，2000年起也曾在莫斯科獨立大學擔任校長。〈力學與數學系的黑色20年〉2009年7月28日俄文版已經重新刊載於https://web.archive.org/web/20110616051804/http://www.polit.ru/science/2009/07/28/ilyashenko2.html。

6 問題是要找到多少種方式可以將一個具有$4n$邊的正多邊形的邊成對黏合，以取得屬於n屬性的黎曼曲面。在第九章中，我們將討論當我們識別多邊形的對邊時的一種特定方式。

7 Edward Frenkel, *Cohomology of the commutator subgroup of the braid group*, Functional Analysis and Applications, vol. 22, 1988, pp. 248-250.

第七章　大一統理論

1 譯按：2010年朗蘭茲在不列顛哥倫比亞大學的數學通訊中的採訪完整版原網頁已經無法連結，請連結https://ems.press/content/serial-article-files/10428。

2 假設存在自然數m和n，使得$\sqrt{2}=m/n$。我們可以假設m和n是互質的，即除了1之外，沒有共同的整數因數。否則，我們會有$m=dm'$和$n=dn'$，然後$\sqrt{2}=m'/n'$。如果需要，這個過程可以重複，直到我們求得互質的兩個數。因此，讓我們假設$\sqrt{2}=m/n$，其中m和n是互質的。平方等式兩邊，我們求得$2=m^2/n^2$。雙方乘以n^2，我們求得$m^2=2n^2$。這意味著m是偶數，因為如果它是奇數，那麼m^2也是奇數，這將與此公式矛盾。如果m是偶數，那麼$m=2p$對於某個自然數p。將此代入先前的公式，我們求得$4p^2=2n^2$，因此$n^2=2p^2$。通過類似的論證，我們可以說n也必須是偶數。因此，m和n都必須是偶數，這與我們的假設m和n是互質的相矛盾。因此，這樣的m和n不存在。這是一個「矛盾證明」的好例子。我們從一個與我們要證明的相反的陳述開始（在我們的例子中，我們從2是有理數的陳述開始，這與我們要證明的相反）。如果這個陳述導致一個錯誤的陳述（在我們的例子中，這意味著m和n都是偶數，即使我們假設它們是互質的），那麼我們可以得出開始的陳述也是錯誤的。因此，我們想要證明的陳述（2不是有理數）是正確的。我們將在第八章再次使用這個方法，首先，當我們討論費馬大定理的證明時，然後在註釋7中再次使用，當我們給出歐幾里德證明有無限多質數的證明時。

3 例如，讓我們乘這兩個數字：$\frac{1}{2}+\sqrt{2}$和$3-\sqrt{2}$。我們簡單地打開括號：

$$\left(\frac{1}{2}+\sqrt{2}\right)(3-\sqrt{2})=\frac{1}{2}\cdot 3-\frac{1}{2}\cdot\sqrt{2}+\sqrt{2}\cdot 3-\sqrt{2}\cdot\sqrt{2}$$

但是$\sqrt{2}\cdot\sqrt{2}=2$，所以通過蒐集項，我們求得如下答案：

$$\frac{3}{2} - \frac{1}{2}\sqrt{2} + 3\sqrt{2} - 2 = -\frac{1}{2} + \frac{5}{2}\sqrt{2}$$

這是一個相同形式的數字,所以確實屬於我們的新數字系統。

4. 請注意,這裡和下面我使用減號(minus sign)、(破折號、dash)來表示負數,而不是連字號(hyphen)。這符合標準的數學符號。事實上,兩者之間並沒有真正的差異,因為-N=0-N。

5. 我們只考慮我們的數字系統的對稱性,這些對稱性與加法和乘法的計算相兼容,並且0變成0,1變成1,加法反元素對應到加法反元素,而乘法反元素對應到乘法反元素。但如果1變成1,那麼2=1+1必須變成1+1=2。同樣,所有自然數必須保留,其負數和乘法的反元素也是如此。因此,所有有理數都被這樣的對稱性保留。

6. 很容易檢查這個對稱性確實與加法、減法、乘法和除法的計算相容。讓我們對加法計算進行這樣的檢查。考慮我們的新數字系統中的兩個不同的數字:

$$x+y\sqrt{2} \text{ 和 } x'+y'\sqrt{2}$$

其中x、y、x'、y'是有理數。我們將它們相加:

$$(x+y\sqrt{2})+(x'+y'\sqrt{2})=(x+x')+(y+y')\sqrt{2}$$

我們可以對它們中的每一個應用我們的對稱性。然後我們求得:

$$x-y\sqrt{2} \text{ 和 } x'-y'\sqrt{2}$$

現在我們將它們相加:

$$(x-y\sqrt{2})+(x'-y'\sqrt{2})=(x+x')-(y+y')\sqrt{2}$$

我們求得數字,等於運用我們的對稱性於原始和所求得的數字。

$$(x+x')+(y+y')\sqrt{2} \quad \rightarrow \quad (x+x')-(y+y')\sqrt{2}$$

換句話說,我們可以對每個數字個別應用對稱性,然後將它們相加。或者我們可以先將它們相加,然後應用對稱性。結果將是相同的。這就是我們所說的對稱性與加法計算兼容(compatible)的意思。同樣,我們可以檢查我們的對稱性與減法、乘法和除法的計算兼容。

7. 例如,在通過將$\sqrt{2}$加入有理數求得的數域的情況下,伽羅瓦群由兩個對稱性組成:恆等(identity)和交換$\sqrt{2}$和$-\sqrt{2}$的對稱性。將恆等(identity)標記為I,

將交換$\sqrt{2}$和$-\sqrt{2}$的對稱性標記為S。讓我們明確地寫下這些對稱性的組合：

$$I \circ I = I, \quad I \circ S = S, \quad S \circ I = S$$

最有趣的：

$$S \circ S = I$$

事實上，如果我們交換$\sqrt{2}$和$-\sqrt{2}$，然後再次這樣做，最終結果將是恆等的：

$$x + y\sqrt{2} \ \mapsto \ x - y\sqrt{2} \ \mapsto \ x - (-y\sqrt{2}) = x + y\sqrt{2}$$

我們現在已經完全描述了這個數域的伽羅瓦群：由兩個元素I和S組成，其組合由上面的公式給出。

[8] 幾年前，阿貝爾表示有五次方程不能用開根號的根式（radical）解決〔拉格朗日（Joseph-Louis Lagrange）和魯菲尼（Paolo Ruffini）也進行了重要貢獻〕。然而，伽羅瓦的證明更為一般性和更具概念性。關於伽羅瓦群和解決多項式方程式的豐富歷史的更多資訊，請參見Mario Livio, *The Equation That Couldn't Be Solved*, Simon & Schuster, 2005.

[9] 一般性考慮，具有有理係a, b, c的二次方程式$ax^2+bx+c=0$。其解x_1和x_2由公式給出

$$x_1 = \frac{-b + \sqrt{b^2 - 4ac}}{2a} \quad \text{和} \quad x_2 = \frac{-b - \sqrt{b^2 - 4ac}}{2a}$$

如果判別式b^2-4ac不是有理數的平方，則這些解不是有理數。因此，如果我們將x_1和x_2加入到有理數中，我們會得到新的數域。這個數域的對稱群也由兩個元素組成：恆等和交換這兩個解的對稱性，即x_1和x_2。換句話說，這個對稱性交換了$\sqrt{b^2-4ac}$和$-\sqrt{b^2-4ac}$。

但我們不需要寫下這些解的顯式公式來描述這個伽羅瓦群。事實上，由於多項式的次數是二，因此我們知道有兩個解，所以讓我們用x_1和x_2標記它們。然後我們有

$$ax^2+bx+c=a(x-x_1)(x-x_2)。$$

打開括號，我們發現$x_1 + x_2 = -\frac{b}{a}$，因此$x_2 = -\frac{b}{a} - x_1$。我們還有$(x_1)^2 = -\frac{c+bx_1}{a}$，因為$x_1$是上述方程的解。因此，如果判別式不是有理數的平方，則

註釋 353

通過將x_1和x_2加入到有理數中求得的數域,由所有形式的數字$α+βx_1$組成,其中$α$和$β$是兩個有理數。在交換x_1和x_2的對稱性下,數$α+βx_1$變成

$$α + βx_2 = \left(α - β\frac{b}{a}\right) - βx_1$$

這個對稱性與加法等計算相兼容,因為x_1和x_2都解決了具有有理係數的相同方程式。我們得到該數域的伽羅瓦群由恆等和交換x_1和x_2的對稱性組成。我再次強調,我們沒有使用任何關於如何用a, b, c表示x_1和x_2的知識。

10 為了說明這一點,我們考慮,例如,方程式$x^3=2$。其解是2的立方根$\sqrt[3]{2}$。還有兩個解,它們是複數:$\sqrt[3]{2}ω$和$\sqrt[3]{2}ω^2$,其中

$$ω = \frac{1}{2} + \frac{\sqrt{3}}{2}\sqrt{-1}$$

(見第九章中對複數的討論)。這包含這三個解的最小數域,還應該包含它們的平方:$\sqrt[3]{4}=(\sqrt[3]{2})^2$、$\sqrt[3]{4}ω$和$\sqrt[3]{4}ω^2$,以及它的比率:$ω$和$ω^2$。所以看來要建構這個數域,我們必須將八個數添加到有理數中。然而,我們有一個關係:

$$1+ω+ω^2=0$$

它允許我們用1和$ω$表示$ω^2$:

$$ω^2=-1-ω$$

因此,我們還有

$$\sqrt[3]{2}ω^2 = -\sqrt[3]{2}-\sqrt[3]{2}ω, \quad \sqrt[3]{4}ω^2 = -\sqrt[3]{4}-\sqrt[3]{4}ω$$

因此,要取得我們的數域,我們只需要將五個數添加到有理數中:$ω$、$\sqrt[3]{2}$、$\sqrt[3]{2}ω$、$\sqrt[3]{4}$和$\sqrt[3]{4}ω$。因此這個數域的一般元素,被稱為方程式$x^3=2$的分裂場,是由六個項的組合:有理數加上一個有理數乘以$ω$加上一個有理數乘以$\sqrt[3]{2}$等。與方程式$x^2=2$的分裂場相比,它的元素有兩個項:有理數加上一個有理數乘以$\sqrt{2}$。

我們在上面看到,方程式$x^2=2$的分裂場的伽羅瓦群的元素交換這個方程式的兩個解,$\sqrt{2}$和$-\sqrt{2}$。有兩個這樣的置換:交換這兩個解的一個和恆等置換。

為了說明這一點,考慮例如方程式$x^3=2$。其中一個解是2的立方根$\sqrt[3]{2}$。還有兩

個解是複數：$^3\sqrt{2}\,\omega$ 和 $^3\sqrt{2}\,\omega^2$，其中 $\omega = \frac{1}{2} + \frac{\sqrt{3}}{2}\sqrt{-1}$（見第九章中關於複數的討論）。包含這三個解的最小數域應該還包含它們的平方：

$$^3\sqrt{2}\,\omega^2 = -^3\sqrt{2} - ^3\sqrt{2}\,\omega, \qquad ^3\sqrt{4}\,\omega^2 = -^3\sqrt{4} - ^3\sqrt{4}\,\omega$$

$^3\sqrt{4}\,\omega$ 和 $^3\sqrt{4}\,\omega^2$ 以及它們的比值：ω 和 ω^2。因此，看起來要建構這個數域，我們需要將八個數字加入有理數中。但是，我們有一個關係：$1 + \omega + \omega^2 = 0$，這使我們可以用1和$\omega$ 表示 ω^2：$\omega^2 = -1 - \omega$。因此，我們還有$^3\sqrt{2}\,\omega^2 = -^3\sqrt{2} - ^3\sqrt{2}\,\omega$，$^3\sqrt{4}\,\omega^2 = -^3\sqrt{4} - ^3\sqrt{4}\,\omega$，因此，要取得我們的數域，我們只需要將五個數字加入有理數中：ω、$^3\sqrt{2}$、$^3\sqrt{2}\,\omega$、$^3\sqrt{4}$和$^3\sqrt{2}$。因此，這個數域的一般元素，被稱為方程式$x^3=2$的分裂域，將是六項的組合：一個有理數加上一個有理數乘以ω，加上一個有理數乘以$^3\sqrt{2}$，依此類推。將其與方程式$x^2=2$的分裂域進行比較，該分裂域的元素有兩項：一個有理數加上一個有理數乘以$\sqrt{2}$。

我們在上面看到，方程式$x^2=2$的分裂域的伽羅瓦群的元素互換了該方程式的兩個解，$\sqrt{2}$和$-\sqrt{2}$。有兩種這樣的置換：一種是交換這兩個解的，另一種是恆等。同樣，對於任何具有有理係數的其他方程式，我們將其分裂域定義為將所有解加入有理數所得的域。

同樣，對於任何具有有理係數的其他方程式，我們將其分裂域定義為通過將所有解，添加到有理數而取得的域。根據上面的註釋 5 的相同論點，這個數域的任何與加法和乘法計算兼容的對稱性，都會保留有理數。因此，在這樣的對稱性下，這個方程式的任何解必須變為另一個解。因此，我們求得了這些解的置換。在方程式$x^3 = 2$的情況下，上面列出了三個解。在每個置換下，第一個解$^3\sqrt{2}$，可以變為三個解中的任一一個；第二個解$^3\sqrt{2}\,\omega$，可以變為其餘兩個解中的一個；第三個解$^3\sqrt{2}\,\omega^2$，必須變為剩餘的一個解（置換必須是一對一的，才能有逆運算）。因此，這三個解有$3 \cdot 2 = 6$種可能的置換。這些置換形成了一個群，事實證明，這個群與方程式$x^3 = 2$的分裂域的伽羅瓦群一一對應。因此，我們得到了伽羅瓦群的顯式描述，形式為解的置換。在上述計算中，我們使用了方程式解的顯式公式。但是，對於具有有理係數的任意三次方程式，可以用類似的論點，而不需要用係數公式來表示它的解。結果如下：我們用x_1、x_2和x_3表示方程式的解。假設它們都是無理數。然而，很容易看出，方程式的判別式，定義為$(x_1 - x_2)^2(x_1 - x_3)^2(x_2 - x_3)^2$，總是有理數。事實證明，如果它的平方根不是有理數，則方程式的分裂域的伽羅瓦群是這些解的所有置換的群（它由六個元素組成）。如果判別式的平方根是有理數，則伽羅瓦群由三個置換組成：恆等置換、循環置換$x_1 \to x_2 \to x_3 \to x_1$及其逆運算。

[11] 例如，不難看出，對於典型的五次方程式（即$n=5$的方程式），我們有五個解，伽羅瓦群是這五個數的所有置換的群。置換是一對一地重新排列這些數字，如下圖所示。在這樣的置換下，解x_1可以變為五個解中的任何一個解（可能變為它自己），所以我們有五種選擇，然後x_2必須變為剩下的四個解中的一

個，x_3變為剩下的三個解中的一個，依此類推。因此，總共有5·4·3·2·1=120種置換，所以伽羅瓦群由120個元素組成。

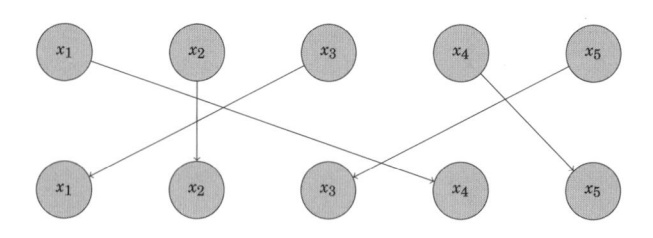

```
    x₁      x₂      x₃      x₄      x₅


    x₁      x₂      x₃      x₄      x₅
```

（n個元素集合的置換群，也稱為n個字母上的對稱群，由$n!=n\cdot(n-1)\cdots 2\cdot 1$個元素組成。）與二次、三次和四次方程式的伽羅瓦群不同，它不是可解群。因此，根據伽羅瓦的論點，我們不能用根式來表示一般五次方程式的解。

[12] 現在可以在普林斯頓高等研究院的網站上下載：http://publications.ias.edu/sites/default/files/weil1.pdf。

[13] 譯按：原引自普林斯頓高等研究院數字收藏中的圖像：http://cdm.itg.ias.edu/cdm/compoundobject/collection/coll12/id/1682/rec/1；原網頁已經無法連結，請連結https://sunsite.ubc.ca/DigitalMathArchive/Langlands/pdf/langlands-hc-ps.pdf

第八章　神奇數字

[1] Robert Langlands, *Is there beauty in mathematical theories?*, in *The Many Faces of Beauty*, ed. Vittorio Hosle, University of Notre Dame Press, 2013，網路版本請見：http://publications.ias.edu/sites/default/files/ND.pdf。

[2] 關於猜想的更多內容，請參閱這篇見解深刻的文章：Barry Mazur, *Conjecture*, Synthese, vol. 111, 1997, pp. 197-210。

[3] 關於費馬大定理的歷史，請參閱Simon Singh, *Fermat's Enigma: The Epic Quest to Solve the World's Greatest Mathematical Problem*, Anchor, 1998。

[4] 參見Andrew Wiles, *Modular elliptic curves and Fermat's last theorem*, Annals of Mathematics, vol. 141, 1995, pp. 443-551; Richard Taylor and Andrew Wiles, *Ring-theoretic properties of certain Hecke algebras*, Annals of Mathematics, vol. 141, 1995, 553-572. 他們在最典型的情況（所謂的半穩定情況）下證明了志村—谷山—韋伊猜想，這已足以解決費馬大定理。幾年後，布勒伊（C. Breuil）、康拉德（B. Conrad）、戴蒙（F. Diamond）和泰勒（R. Taylor）證明了這個猜想的其餘情況。因為現在已被證明，所以更適合將志村—谷山—韋伊猜想稱為定理。事實上，許多數學家現在稱它為「模性定理」。但舊習難改，有些人（比如我）仍然使用它的舊名稱。諷刺的是，費馬大定理一直被稱為定理，儘管它實際上是一個猜想。無疑，最初這是出於對費馬聲稱他找到了證明的尊重。

5　如果N不是質數，那麼我們可以寫N=xy，其中x和y是在1到N-1之間的自然數。然後x在模N下沒有乘法逆元。換句話說，在1到N-1之間不存在一個自然數z，使得

$$xz=1 \quad 模N$$

確實，如果這個等式成立，我們將兩邊同乘以y，我們將求得

$$xyz=y \quad 模N$$

但是，xy=N，所以左邊是Nz，這意味著y能被N整除。但是y不能在1和N-1之間。

6　歸因於歐幾里得的證明如下，我們應用了「反證法」，這種方法我們在本章討論費馬大定理的證明時已經使用過。

假設只有有限多個質數：p_1、p_2、……、p_N。考慮通過將它們的乘積加1取得的數字A；即設$A=p_1p_2...p_N+1$。我聲稱它是一個質數。我們通過反證法證明這一點：如果它不是質數，那麼它可以被1和它自身以外的自然數整除。因此，A必能被其中一個質數整除——比如說，被p_i整除。但是如果A能被p_i整除，那麼A=0（模p_i），而根據A的定義，A=1（模p_i）。

當我們求得矛盾時，這意味著A除了1和它本身以外，無法被任何其他自然數整除。因此，A本身是一個質數。但由於A明顯大於任意數p_1、p_2、……、p_N，這就與我們的假設——p_1、p_2、……、p_N是唯一的質數矛盾。因此，我們最初聲明有有限的質數是錯誤的。因此，質數是無限多的。

7　讓我們闡述一下：在特定的數字系統中，數a的乘法逆元是一個數b，使得a·b=1。例如，在有理數系統中，有理數$\frac{3}{4}$的乘法逆元是$\frac{4}{3}$。在我們現在考慮的數字系統中，1和p-1之間的自然數a的逆元是同樣範圍內的另一個自然數b，使得

$$a·b=1 \quad 模p$$

不論我們考慮哪個數字系統，數0（加法單位元）從來沒有乘法逆元，這就是為什麼我們將其排除在外。

8　這裡是證明。我們選擇一個在1和p-1之間的自然數a，其中p是一個質數。我們將a與這個範圍內的所有其他數b相乘，然後取結果的模p。我們將編制一個包含兩列的表格：第一列是數字b，第二列是數字a·b模p。例如，如果p=5且a=2，這個表格如下所示：

1	2
2	4
3	1
4	3

我們立刻看到，每個數字1、2、3、4在右列中恰好出現一次。當我們乘以2時，我們求得了相同的數字集，但它們以某種方式排列。特別地，數字1出現在第三行。這意味著當我們用2乘以3時，我們求得1模5。換句話說，如果我們在模5運算中，3是2的逆元。同樣的現象在一般情況下也成立：如果我們為任何質數p和列表1、2、……、p-1中的任何數字a編制類似上面的表格，那麼每個數字1、2、……、p-1將在右列中恰好出現一次。

我們再次使用反證法來證明這一點：假設情況並非如此。那麼集合1、2、……、p-1中的一個數字n必須在右列至少出現兩次。這意味著有兩個數字c_1和c_2（假設$c_1>c_2$）使得

$$a \cdot c_1 = a \cdot c_2 = n \quad 模 p$$

但隨之而來的是

$$a \cdot c_1 - a \cdot c_2 = a \cdot (c_1 - c_2) = 0 \quad 模 p$$

這個公式意味著$a \cdot (c_1-c_2)$能被p整除。但這是不可能的，因為p是質數，並且a和c_1-c_2都來自集合$\{1, 2, ..., p-1\}$。我們得出結論，在表格的右列中，每個數字1、2、……、p-1最多出現一次。但由於這些數字恰好有p-1個，而我們的表格也有p-1行，唯一可能的情況是每個數字恰好出現一次。但這樣一來，數字1必須在右列某處出現，並且恰好一次。設b為左列中的對應數字。那麼我們求得

$$a \cdot b = 1 \quad 模 p$$

以上完成證明。

[9] 例如，我們可以在由5個元素組成的有限域中將4除以3：

$$4/3 = 4 \cdot 3^{-1} = 4 \cdot 2 = 8 \quad 模 5$$
$$= 3 \quad 模 5$$

（這裡我們使用了2是3的模5乘法逆元此一事實）。

[10] 我們注意到，對於任何絕對值小於1的數字a，我們有

$$1+a+a^2+a^3+a^4+\ldots=1/(1-a)$$

這很容易通過將雙方乘以$(1-a)$來證明。使用這個等式，並$(q+q^2)$記為a，我們可以將斐波那契數的生成函數重寫為

$$\frac{q}{1-q-q^2}$$

接下來，將$1-q-q^2$寫成線性因子的乘積，我們發現

$$\frac{q}{1-q-q^2} = \frac{1}{\sqrt{5}}\left(\left(1-\frac{1+\sqrt{5}}{2}q\right)^{-1} - \left(1-\frac{1-\sqrt{5}}{2}q\right)^{-1}\right)$$

再次使用上述等式，$a = \frac{1\pm\sqrt{5}}{2}q$，我們發現生成函數中$q^n$前的係數（即$F_n$）等於

$$F_n = \frac{1}{\sqrt{5}}\left(\left(\frac{1+\sqrt{5}}{2}\right)^n - \left(\frac{1-\sqrt{5}}{2}\right)^n\right)$$

因此，我們求得了第n個斐波那契數的閉合公式，這獨立於前面的數字。請注意，出現在這個公式中的數字$\frac{1+\sqrt{5}}{2}$，被稱為黃金分割比。根據上述公式，F_n/F_{n-1}的比值趨向於黃金分割比，隨著n變得更大。關於黃金分割比和斐波那契數的更多內容，請參閱Mario Livio, *The Golden Ratio*, Broadway, 2003.

[11] 我遵循Richard Taylor, *Modular arithmetic: driven by inherent beauty and human curiosity*, The Letter of the Institute for Advanced Study, Summer 2012, pp. 6-8. 中給出的這個結果的表述。我感謝黎貝的有用評論。根據Andre Weil's book *Dirichlet Series and Automorphic Forms*, Springer-Verlag, 1971，我們在本章討論的三次方程式是由約翰・泰特（John Tate）引入的，賡續了勞勃・弗里克（Robert Fricke）的運算。

[12] 這個群是稱為$SL_2(\mathbb{Z})$群的「同餘子群」之一，該群由整數係數且行列式為1的2×2矩陣組成，即整數的數組

$$\begin{pmatrix} a & b \\ c & d \end{pmatrix}$$

使得$ad-bc=1$。矩陣的乘法由標準公式給出：

$$\begin{pmatrix} a & b \\ c & d \end{pmatrix} \cdot \begin{pmatrix} a' & b' \\ c' & d' \end{pmatrix} = \begin{pmatrix} aa'+bc' & ab'+bd' \\ ca'+dc' & cb'+dd' \end{pmatrix}$$

現在,單位圓盤內的任何複數q都可以寫成$e^{2\pi\tau\sqrt{-1}}$,其中y>0(見第十五章的註釋12)。數字q由τ唯一確定,反之亦然。因此,我們可以通過描述群$SL_2(\mathbb{Z})$對q的對應作用來描述群對q的作用。後者由以下公式給出:

$$\begin{pmatrix} a & b \\ c & d \end{pmatrix} \cdot \tau = \frac{a\tau+b}{c\tau+d}$$

群$SL_2(\mathbb{Z})$(更精確地說,它的商群由由單位矩陣I和矩陣$-I$組成的兩元素子群構成)是賦予特殊非歐幾里得度量的圓盤的對稱群,稱為龐加萊(Poincaré)圓盤模型。我們的函數是「權重2」的模形式,這意味著如果我們通過將函數乘以因子$(c\tau+d)^2$來修正這個作用,它在$SL_2(\mathbb{Z})$的同餘子群對圓盤的上述作用下是不變的。請參見以下範例:Henri Darmon, *A proof of the full Shimura-Taniyama-Weil conjecture is announced*, Notices of the American Mathematical Society, vol. 46, December 1999, pp. 1397-1401. 網路版本詳參:http://www.ams.org/notices/199911/comm-darmon.pdf。

[13] 這幅畫由拉斯·馬德森(Lars Madsen)創作,並經其同意允許出版。感謝伊恩·阿戈爾(Ian Agol)向我指出這一點,並進行有益的討論。

[14] 參見以下範例:Neal Koblitz, *Elliptic curve cryptosystems*, Mathematics of Computation, vol. 49, 1987, pp. 203-209; I. Blake, G. Seroussi, and N. Smart, *Elliptic Curves in Cryptography*, Cambridge University Press, 1999.

[15] 一般而言,對於除有限多質數p之外的所有質數p,這都成立。此外,還有一對附加的不變量與三次方程式(所謂的導數)和模形式(所謂的級別)相關,這些不變量也在此對應下保留。例如,在我們考慮的三次方程式的情況下,它們都等於11。我還注意到,這裡出現的每個模形式都有零常數項,q前的係數b_1等於1,所有其他係數b_n($n>1$)由對應於質數p的b_p決定。

[16] 具體而言,如果a、b、c解費馬方程式$a^n+b^n=c^n$,其中n是一個奇質數,那麼按照伊夫·埃勒古阿克(Yves Hellegouarch)和格哈德·弗雷(Gerhard Frey),考慮三次方程式$y^2=x(x-a^n)(x+b^n)$。根據弗雷的建議,以及讓—皮埃爾·塞爾(Jean-Pierre Serre)計算的部分結果,黎貝證明了這個方程式不能滿足志村—谷山—韋伊猜想。和$n=4$的情況(實際上是費馬本人證明的)相同,這意味著費馬大定理。確實,任何整數$n>2$都可以寫成$n=mk$的形式,其中m是4或奇質數。因此,對於這樣的m,費馬方程式沒有解意味著對於所有$n>2$,都無法解。

[17] Goro Shimura, *Yutaka Taniyama and his time. Very personal recollections*, Bulletin

of London Mathematical Society, vol. 21, 1989, p. 193.
18. 同上，第190頁。
19. 見以下文章中關於該猜想的豐富歷史的腳註1：Serge Lang, *Some history of the Shimura-Taniyama conjecture*, Notices of the American Mathematical Society, vol. 42, 1995, pp. 1301-1307. 網路版本請見：http://www.ams.org/notices/199511/forum.pdf

第九章　羅塞塔石碑

1. *The Economist*, August 20, 1998, p. 70.
2. 本書中的黎曼曲面圖片是使用Mathematica®軟件創建的，代碼由史丹・瓦根（Stan Wagon）慷慨提供。詳細資訊見他的書籍：Stan Wagon, *Mathematica® in Action: Problem Solving Through Visualization and Computation*, Springer-Verlag, 2010.
3. 我的編輯告訴我，他家附近的德國酒吧裡的椒鹽捲餅，是虧格三（genus-3）類型（而且很好吃）。
4. 這不是一個精確的定義，但它為實數提供了正確的直覺。要獲得精確的定義，我們應該將每個實數視為收斂的有理數序列，也稱為柯西（Cauchy）序列的極限；例如，2的無窮小數擴展的截取產生了這樣的序列。
5. 為了做到這一點，在圓上標記一個點，將圓放在直線上，使這個標記點接觸直線上的0點。然後將圓向右滾動，直到圓上的標記點再次接觸直線（這將在圓繞圈一周後發生）。圓和直線之間的這個接觸點將是對應於π的點。
6. 複數（及其他數字系統）的幾何在馬祖爾的書籍中有精彩的講解：Barry Mazur, *Imagining Numbers*, Picador, 2004.
7. 更精確地說，我們求得了沒有一個點的甜甜圈表面。這個額外的點對應於「無限解」，當x和y趨向於無窮大時。
8. 要取得g種數的黎曼曲面，我們應該在方程式的右邊放一個x的$2g+1$次多項式。
9. 代數與幾何之間的這一聯繫是笛卡兒的一個深刻見解，首次描述於他的書《方法論》（*Discours de la Méthode*）的附錄〈幾何學〉（La Geometrie），出版於1637年。這是貝爾（E. T. Bell）對笛卡兒方法的描述：「現在來了他的方法的真正力量。我們從任何所需或建議的複雜程度的方程式開始，並幾何地解釋它們的代數和分析屬性⋯⋯從此以後，代數和分析將成為我們探索『空間』及其『幾何』的未經測繪的海域的領航員。」（E. T. Bell, *Men of Mathematics*, Touchstone, 1986, p. 54）然而請注意，笛卡兒的方法適用於實數方程式的解，而在本章中我們對有限域和複數的解感興趣。
10. 例如，我們在第八章中了解到三次方程式$y^2+y=x^3-x^2$在模5下有四個解。所以幼稚地說，有限域5元素上的對應曲線有四個點。但事實上有更多的結構，因為我們還可以考慮值為5元素有限域的各種擴展的解；例如，通過附加方程式$x^2=2$的解（我們在第十四章的註釋8中討論這個）。這些擴展域有5^n元素，其中$n=2, 3, 4, \ldots$，因此我們求得了值，為這些有限域的層次結構的解。對應於三

次方程式的曲線被稱為「橢圓曲線」。
[11] *The Bhagavad-Gita*, Krishna's Counsel in Time of War, translated by Barbara Stoler Miller, Bantam Classic, 1986. 值得注意的是，韋伊在1930年代初在印度度過了兩年，並且他自己承認受到了印度教的影響。
[12] 參見Noel Sheth, *Hindu Avatāra and Christian Incarnation: A comparison*, Philosophy East and West, vol. 52, No. 1, pp. 98-125.
[13] Andre Weil, *Collected Papers*, vol. I, Springer-Verlag, 1979, p. 251 (my translation).
[14] 同上，第253頁。這個想法是，給定有限域上的曲線，我們考慮所謂的有理函數。這些函數是兩個多項式的比值（注意，在分母中出現零的曲線的每個點處，這樣的函數都有一個「極點」，即其值未定）。事實證明，給定曲線上的所有有理函數集合在其性質上類似於有理數集合，或一個更通用的數域，就像我們在第八章中討論的那樣。為了更精確地解釋這一點，我們考慮黎曼曲面上的有理函數；這個類比仍然有效。例如，考慮球面。使用立體投影，我們可以將球面視為一個點和複平面的聯合（我們可以將額外的點視為表示無窮大）。用$t=r+s\sqrt{-1}$來表示複平面上的座標。那麼，每個具有複系數的多項式$P(t)$都是平面上的一個函數。這些多項式是數論中出現的整數的類比。球面上的有理函數是沒有公因子的兩個多項式$P(t)/Q(t)$的比值。這些有理函數是有理數的類比，即沒有公因子的整數的比值m/n。同樣，黎曼曲面上一個更通用的有理函數類比於一個更通用的數域的元素。這個類比的力量在於，對於關於數域的許多結果，將有類似的結果適用於有限域上曲線上的有理函數，反之亦然。有時，對其中之一發現和／或證明特定陳述更容易。然後類比會告訴我們，另一個陳述也必須是真實的。這一直是韋伊和其他數學家用來產生新結果的工具之一。
[15] 同上，第253頁。這裡我使用的翻譯版本：Martin H. Krieger in Notices of the American Mathematical Society, vol. 52, 2005, p. 340.
[16] 有三種韋伊猜想，由伯納德・德沃克（Bernard Dwork）、亞歷山大・格羅滕迪克（Alexander Grothendieck），以及皮埃爾・德利涅（Pierre Deligne）證明。
[17] 這個定義有點冗餘。為了解釋這一點，考慮下圖中的兩條路徑，一條實線和一條虛線。顯然，它們之一可以在不斷裂的情況下，連續變形為另一條。聲稱兩條可以這樣變形為相等的封閉路徑（closed path）是合理和精簡的。如果我們這樣做，我們將大大減少群中的元素數量。這條規則實際上類似於我們在第五章中使用的辮群定義中的規則。在第五章，我們也聲稱兩條辮子可以在不剪切和縫製線的情況下變形（或「調整」）為相等。

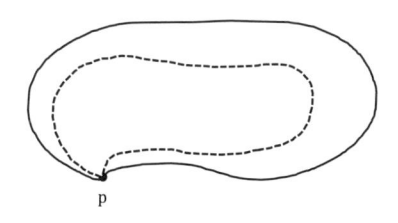

所以我們將黎曼曲面的基本群定義為其元素是從點P開始和結束的閉合路徑的群，附加條件是我們識別那些可以連續變形為彼此的路徑。請注意，如果我們的黎曼曲面是連通的，這是我們在整個過程中默認的情況，那麼參考點P的選擇是無關緊要的：分配給不同參考點P的基本群將一一對應（更準確地說，它們將是「同構」的）。

18 恆等元將是「恆定路徑」，永遠不會離開標記點P。事實上，將每條閉合路徑視為粒子的軌跡，從同一點P開始和結束是有益的。恆定路徑是粒子僅停留在點P的軌跡。顯然，如果我們將任何路徑添加到恆定路徑中，如正文所述，我們將回到原始路徑。給定路徑的逆路徑將是相同的路徑，但反向行駛。要檢查它確實是逆路徑，讓我們添加一條路徑及其逆路徑。我們求得了一條新路徑，這條路徑沿相同路線行駛兩次，但方向相反。我們可以將這條新的「雙重」路徑連續變形為恆定路徑。首先，我們稍微調整兩條路徑中的一條。結果路徑可以收縮到一點，如下圖所示。

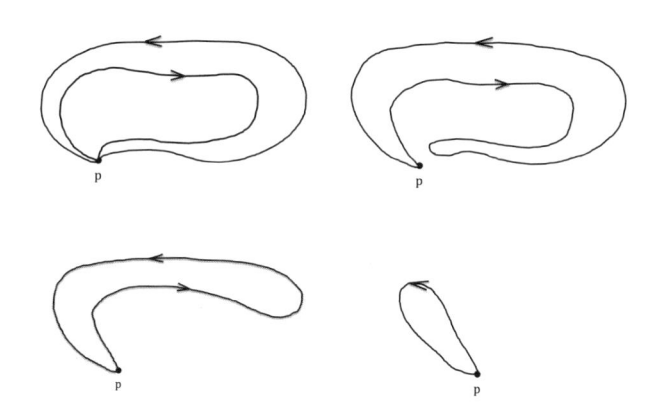

19 或者，正如我們在第五章的註釋10中討論，辮群B_n可以解釋為具有n個不同根的n次單項多項式空間的基本群。我們選擇多項式$(x-1)(x-2)...(x-n)$作為參考點P，其根為1, 2, ..., n（這些是辮子的「釘孔」）。

[20] 要看到這兩條路徑互相交換,我們觀察到圓環面可以通過將正方形(具有4個頂點的多邊形)的對邊黏合來取得。當我們將兩條水平邊a_1和a'_1黏合在一起時,我們求得了一個圓柱體。將圓柱體兩端的圓圈(正方形的另兩條垂直邊a_2和a'_2在第一次黏合後變成的)黏合在一起,我們求得了一個圓環面。現在我們看到邊a_1和a_2成為圓環面上的兩條獨立的閉合路徑。注意,在圓環面上,所有四個角表示同一點,因此這兩條路徑閉合——它們在圓環面上的同一點P開始和結束。此外,$a_1=a'_1$,因為我們已經將它們黏合在一起,同樣$a_2=a'_2$。

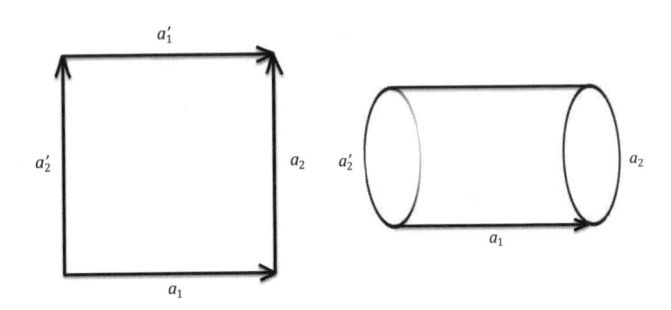

在正方形上,如果我們先走a_1路徑,然後走a_2路徑,這將把我們從一個角帶到另一個對角。結果路徑是a_1+a_2。但我們也可以沿另一條路徑在這些角落之間行走:先走a'_2,然後走a'_1,這與a_1相同。結果路徑是$a'_2+a'_1$。在黏合正方形的對邊之後,a'_1變成a_1,a'_2變成a_2。因此$a'_2+a'_1=a_2+a_1$。現在觀察到,$a'_1+a'_2$和a_2+a_1都可以變形成對角線路徑,即連接兩個對角的直線,如下圖所示(虛線箭頭顯示如何變形每條路徑)。

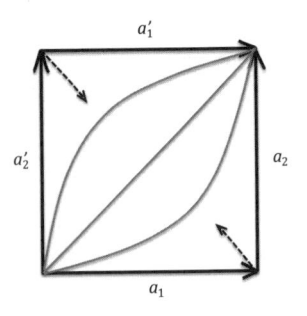

這意味著路徑a_1+a_2和a_2+a_1導致圓環面基本群中的相同元素。我們已經證明了

$$a_1+a_2=a_2+a_1$$

這意味著圓環面的基本群具有簡單的結構：我們可以將其元素表示為 $M\cdot a_1+N\cdot a_2$，其中 a_1 和 a_2 是第166頁圖中的圓環面上的兩個圓圈，M 和 N 是整數。基本群中的加法與這些表達式的通常加法一致。

[21] 描述正 g 數（即具有 g 個孔洞）黎曼曲面的基本群的最簡單方法，是實現我們可以通過黏合多邊形的對邊來取得——但是現在有 $4g$ 個頂點。例如，讓我們將八邊形（具有八個頂點的多邊形）的對邊黏合在一起。在這種情況下，有四對對邊，我們識別每對中的邊。這種黏合的結果比圓環面的情況更難以想像，但已知我們取得了屬於二次數的黎曼曲面（丹麥捲餅的表面）。這可以用來描述一般黎曼曲面的基本群，類似於我們描述圓環面基本群的方式。就像圓環面的情況一樣，我們通過沿著多邊形的 $2g$ 條連續邊走的路徑在屬於 g 的黎曼曲面的基本群中建構了 $2g$ 個元素（其餘的 $2g$ 條邊中的每一條將與這些邊之一對應）。我們用 a_1、a_2、...、a_{2g} 來表示它們。它們將生成我們黎曼曲面的基本群，這意味著這個群的任何元素都可以通過將這些路徑相加來取得，可能是多次。例如，對於 $g=2$，我們有以下元素：$a_3+2a_1+3a_2+a_3$。（但請注意，我們不能將其重寫為 $2a_3+2a_1+3a_2$，因為 a_3 不與 a_2 和 a_1 交換，因此我們不能將最右邊的 a_3 移到左邊）。與圓環面的情況相同，通過用兩種不同方式表示連接多邊形兩個對角的路徑，我們求得它們之間的關係，這概括了圓環面情況下的交換關係：

$$a_1+a_2+...+a_{2g_J}+a_{2g}=a_{2g}+a_{2g_J}+...+a_2+a_1$$

這實際上是這些元素之間的唯一關係，因此我們取得了基本群的簡潔描述：由 a_1、a_2、……、a_{2g} 生成，受這種關係的約束。

[22] 更精確地說，考慮我們黎曼曲面上的所有有理函數，如上面的註釋14所述，它們類似於有理數。相關的伽羅瓦群定義為通過將多項式方程式的解（例如 $x^2=2$）添加到有理數來求得的數域的對稱群。同樣，我們可以將多項式方程式的解添加到黎曼曲面 X 上的有理函數之中。事實證明，當我們這樣做時，我們求得了另外一個黎曼曲面 X 上的有理函數，這是 X 的「覆蓋」；也就是說，我們有一個映射 $X'{\to}X$，具有有限纖維。在這種情況下，伽羅瓦群由 X 的那些對稱組成，這些對稱保持 X 的所有點不變。換句話說，這些對稱作用在映射 $X'{\to}X$ 的纖維上。

現在觀察到，如果我們在黎曼曲面 X 上有一條閉合路徑，從 X 上的某個點 P 開始和結束，我們可以帶 X 的纖維上的每個點「尾隨」這條路徑。當我們回來時，我們通常會在 P 上的纖維中求得一個不同的點，因此我們取得了這個纖維的變換。這是單值現象，將在第十五章中更詳細地討論。這個纖維的變換可以追溯到伽羅瓦群的元素。因此，我們求得了基本群和伽羅瓦群之間的聯繫。

第十章 參與循環

1. 「特殊」一詞是指那些保持方向的正交變換——這些正是球體的旋轉。如一種不保持方向（因此不屬於$SO(3)$）的正交變換的例子，是關於其中一種座標平面的反射。群$SO(3)$與我們在第二章中討論的關於夸克的$SU(3)$群密切相關（三維空間的特殊酉群）。群$SU(3)$的定義類似於$SO(3)$；我們用複數三維空間代替實數三維空間。

2. 看到圓是一維的另一種方式，是回想一下它可以被認為是方程式$x^2+y^2=1$的實數解集，正如我們在第九章中討論的那樣。所以圓是平面上受一個方程式約束的點集。因此，其維度是平面的維度，即為2減去方程式的數量，即為1。

3. 此文出現在杜尚的筆記書《不定式》（A l'Infinitif），引自Gerald Holton, *Henri Poincare, Marcel Duchamp and innovation in science and art*, Leonardo, vol. 34, 2001, p. 130.

4. Linda Dalrymple Henderson, *The Fourth Dimension and Non-Euclidean Geometry in Modern Art*, MIT Press, 2013, p. 493.

5. Gerald Holton, ibid., p. 134.

6. Charles Darwin, *Autobiographies*, Penguin Classics, 2002, p. 30.

7. 有關更多詳細資訊，請參見例如Shing-Tung Yau and Steve Nadis, *The Shape of Inner Space*, Basic Books, 2010.

8. 事實證明，該組的維數等於$n(n-1)/2$。換句話說，要描述這個群的元素，我們需要$n(n-1)/2$個獨立座標（在$n=3$的情況下，我們需要$3(3-1)/2=3$個座標，正如我們在正文中所見）。

9. 從數學上講，每個環可以看作是從圓到三維空間的特定「映射」的圖像，即將圓上的每個點φ映射到三維空間中的點$f(\varphi)$的規則。我們只考慮「光滑」的地圖。粗略地說，這意味著環沒有任何尖角或拐角，因此看起來像正文中的圖片。更一般地說，從流形S到流形M的映射是一種規則，將S中的每個點s分配到M中的點，稱為s的圖像。

10. 參見Brian Greene, *The Elegant Universe*, Vintage Books, 2003.

11. 更確切地說，$SO(3)$中的環是$SO(3)$元素集合$\{f(\varphi)\}$，由角度φ（圓上的座標）參數化。給定第二個環，這是一個集合$\{g(\varphi)\}$，讓我們為每個φ組合兩個旋轉，$f(\varphi)\circ g(\varphi)$。然後我們求得一個新集合$\{f(\varphi)\circ g(\varphi)\}$，這是$SO(3)$中的另一個環。因此，對於$SO(3)$中的每對環，我們會生成第三個環。這是循環群中的乘法法則。環群的恆等元是集中於$SO(3)$恆等元的環，即對所有φ來說，$f(\varphi)$是$SO(3)$的恆等元。環$\{f(\varphi)\}$的反循環是環$\{f(\varphi)^{-1}\}$。很容易檢查該組的所有公理是否成立。因此，$SO(3)$的環空間確實是一個群。

12. 要做到這一點，讓我們考慮一個更簡單的例子：平面環空間。平面有兩個座標，x和y。因此，平面上的環與具有座標$x(\varphi)$和$y(\varphi)$的平面上的點集合相同，每個角度φ介於0到360度之間。（例如，公式$x(\varphi)=\cos(\varphi)$、$y(\varphi)=\sin(\varphi)$描述了一個特定的環：以原點為中心的半徑為1的圓）。因此，要指定這樣的環，我們需要指定一對數字的無限集合$(x(\varphi), y(\varphi))$，每個角度φ一對。這就是為什麼平

面的環空間是無限維的。出於同樣的原因,任何有限維流形的環空間也是無限維的。

[13] 轉引自R. E. Langer, *Rene Descartes*, The American Mathematical Monthly, vol. 44, No. 8, October 1937, p. 508.

[14] 切平面是在所有通過該點的平面中最接近球體的平面,僅在這一點上觸及球體,而如果我們稍微移動這個平面(使其仍然通過球體上的同一固定點),我們將求得一個在更多點上與球體相交的平面。

[15] 根據定義,給定李群的李代數是平坦空間(例如線、平面等),是所有通過李群中對應於恆等點的其他平坦空間中,最接近該李群的平坦空間。

[16] 一般圓沒有特殊點。但是圓群確實如此:它是這個群的恆等元,亦是圓的一個特殊點。必須將其指定為一個群。

[17] 這是向量空間的更精確定義:一旦我們在n維平坦空間中選擇了一個座標系統,我們就會將這個空間的點與n元組的實數$(x_1, x_2, ..., x_n)$識別出來,其中x_i是一個點的座標。特別是,有一個特殊點$(0, 0, ..., 0)$,所有座標都等於0。這是起源。現在將這個空間中的一個點$(x_1, x_2, ..., x_n)$固定下來。我們定義空間的對稱性,它將任何其他點$(z_1, z_2, ..., z_n)$發送到$(z_1+x_1, z_2+x_2, ..., z_n+x_n)$。幾何上,我們可以將這種對稱性視為我們$n$維空間在連接原點和點$(x_1, x_2, ..., x_n)$的指向間隔方向上的位移。這種對稱性稱為向量,通常由這個指向的間隔表示。我們用$\langle x_1, x_2, ..., x_n \rangle$表示這個向量。$n$維平坦空間的點和向量之間是一對一對應的。由於這個原因,具有固定座標系的平坦空間可以被視為向量空間。因此,我們稱它為向量空間。用向量,而不是採用點思考的優點,是我們有兩個自然的向量運算。第一個是向量加法運算,使向量空間成為一個群。如第二章所述,對稱可以組成,因此組成一個群。上一段中描述的位移對稱的組合給出了向量加法規則:

$$\langle x_1, x_2, ..., x_n \rangle + \langle y_1, y_2, ..., y_n \rangle = \langle y_1+x_1, y_2+x_2, ..., y_n+x_n \rangle$$

向量群中的恆等元是向量$\langle 0, 0, ..., 0 \rangle$。向量$\langle x_1, x_2, ..., x_n \rangle$的加法逆是向量$\langle -x_1, -x_2, ..., -x_n \rangle$。

第二個是將向量乘以實數的運算。向量$\langle x_1, x_2, ..., x_n \rangle$乘以實數$k$的結果是向量$\langle kx_1, kx_2, ..., kx_n \rangle$。

因此,向量空間具有兩個結構:加法,滿足群的性質,和數字的乘法。這些結構必須滿足自然屬性。

現在,任何切空間都是向量空間,因此任何李代數都是向量空間。上面描述的是實數向量空間的概念。事實上,向量的座標是實數,因此我們可以將向量乘以實數。如果我們用複數替換這些說明中的實數,我們就求得了複數向量空間的概念。

[18] 李代數上的運算通常用方括號表示,因此如果a和b表示李代數中的兩個向量(這是向量空間,如前一個註釋中解釋的那樣),則這種運算的結果表示為$[\vec{a}, \vec{b}]$。它滿足以下性質:$[\vec{a}, \vec{b}] = -[\vec{b}, \vec{a}]$, $[\vec{a}+\vec{b}, c] = [\vec{a}, c]+[\vec{b}, c]$。對於任何數字$k$,

$[k\vec{a},\vec{b}] = k[\vec{a},\vec{b}]$,以及所謂的雅可比(Jacobi)恆等式:

$$[[\vec{a},\vec{b}],\vec{c}] + [[\vec{b},\vec{c}],\vec{a}] + [[\vec{c},\vec{a}],\vec{b}] = 0$$

[19] 三維空間中兩個向量$\vec{a}$和$\vec{b}$的叉積是垂直於包含$\vec{a}$和$\vec{b}$的平面向量,表示為$\vec{a} \times \vec{b}$,其長度等於$\vec{a}$和$\vec{b}$的長度與它們之間的角度的正弦的乘積,並且使向量$\vec{a}$、$\vec{b}$和$\vec{a} \times \vec{b}$的三元組具有正方向(這可以用所謂的右手法則表示)。

[20] 例如,李群SO(3)的李代數是三維向量空間。因此,SO(3)的環群的李代數由這個三維空間中的所有環組成。三維空間中的叉積為這些環提供了李代數結構。因此,給定兩個環,我們生成第三個環,即使很難用語言描述它。

[21] 更準確地說,卡茨—穆迪代數是環群李代數由一維空間擴展而來的結果。有關詳細資訊,請參見Victor Kac, *Infinite-dimensional Lie Algebras*, Third Edition, Cambridge University Press, 1990.

[22] 具有維拉宿代數對稱性的模型被稱為共形場論,由俄羅斯物理學家亞歷山大·貝拉文(Alexander Belavin)、亞歷山大·波利亞科夫(Alexander Polyakov),以及亞歷山大·扎莫洛奇科夫(Alexander Zamolodchikov)在1984年首次提出。他們的開創性工作依賴於費金、富克斯,以及卡茨取得的結果。

[23] 這些模型中最著名的是韋斯—祖米諾—威騰(Wess-Zumino-Witten)模型。有關更多詳細資訊,請參見Edward Frenkel and David Ben-Zvi, *Vertex Algebras*, Second Edition, American Mathematical Society, 2004.

[24] 這些「量子場」與我們在前幾章中討論的「數域」或「有限域」無關。這是令人困惑的數學術語的另外一種例子,但在其他語言中尚未混淆:例如,法語使用「champs」一詞來表示量子場,使用「corps」來表示數域和有限域。

第十一章　征服頂峰

[1] 這是一種精確的結構:假設我們有一個SO(3)環群的元素,這是一個由SO(3)元素組成的集合$\{g(\phi)\}$,由角度ϕ(圓上的座標)參數化。另一方面,球體的環空間的元素是由ϕ參數化的球體的點的集合$\{f(\phi)\}$。給定這樣的$\{g(\phi)\}$和$\{f(\phi)\}$,我們構造另一個球體的環空間元素,作為集合$\{g(\phi)(f(\phi))\}$。這意味著我們將旋轉$g(\phi)$應用到球體的點$f(\phi)$,對每個ϕ獨立進行。因此,我們看到SO(3)環群的每個元素都產生球體環空間的對稱性。

[2] 旗流形的一個點是一個集合:固定n維空間中的一條線,一個包含該線的平面,包含該平面的三維空間,依此類推,直到包含所有這些的$(n-1)$維超平面。對比一下我最初研究的射影空間:射影空間的一個點只是n維空間中的一條線,僅此而已。在最簡單的情況下,$n=2$,我們的固定空間是二維的,所以我們唯一的選擇就是一條線(只有一個平面,即空間本身)。因此,在這種情況下,旗流形與射影空間相同,事實證明它與球體重合。重要的是要注意,這裡我們在複空間(而不是實空間)中考慮線、平面等,並且僅考慮那些通過我們固定的n維空間的原點的。下一個例子是$n=3$,所以我們有一個三維空間。

在這種情況下，射影空間由這個三維空間中的所有直線組成，但旗流形由成對組成：一條線和一個包含它的平面（只有一個三維空間）。因此，在這種情況下，射影空間和旗流形之間存在差異。我們可以把線當作旗杆，平面當作旗幟。因此得名「旗流形」。

3　Boris Feigin and Edward Frenkel, *A family of representations of affine Lie algebras*, Russian Mathematical Surveys, vol. 43, No. 5, 1988, pp. 221-222.

第十二章　知識樹

1　Mark Saul, *Kerosinka: An episode in the history of Soviet mathematics*, Notices of the American Mathematical Society, vol. 46, November 1999, pp. 1217-1220.
2　我後來得知，蓋爾范德與心臟病醫生合作（出於與庫普金與泌尿科醫生合作的相同原因），也成功地使用這種方法進行醫學研究。

第十三章　哈佛的召喚

1　瑟根諾娃（Vera Serganova）是第四位獲得哈佛獎學金的得主，她在春季到來。

第十四章　捆綁智慧

1　向量空間的精確定義在第十章的註釋17中提出。
2　在向量空間範疇的情況下，從向量空間V_1到向量空間V_2的態射是所謂的從V_1到V_2的線性變換。這些是從V_1到V_2的映射f，使得對於V_1中的任意兩個向量$\vec{a}$和$\vec{b}$，$f(\vec{a}+\vec{b}) = f(\vec{a}) + f(\vec{b})$，以及對於$V_1$中的任意向量$a$和數字$k$，$f(k \cdot \vec{a}) = k \cdot f(\vec{a})$。特別是，從給定向量空間$V$到其自身的態射是從$V$到其自身的線性變換。$V$的對稱群由那些具有反向的態射組成。
3　參見範例Benjamin C. Pierce, *Basic Category Theory for Computer Scientists*, MIT Press, 1991. Joseph Goguen, *A categorical manifesto*, Mathematical Structures in Computer Science, vol. 1, 1991, 49-67. Steve Awodey, *Category Theory*, Oxford University Press, 2010.
4　參見範例，http://www.haskell.org/haskellwiki/Category_theory 和其中的引用。
5　參見範例Masaki Kashiwara and Pierre Schapira, *Sheaves on Manifolds*, Springer-Verlag, 2010.
6　如果從群論的角度來看，模質數的算術具有簡單的解釋。考慮有限域的非零元素：1, 2, ..., p-1。它們形成一個乘法群。實際上，乘法的單位元素是數字1：如果我們將任何元素a乘以1，我們會得到a。並且每個元素都有逆，如第八章的註釋8中所述：對於{1, 2, ..., p-1}中的任何a，都有一個元素b，使得$a \cdot b = 1$（模p）。

這個群有p-1個元素。對於具有N個元素的任何有限群G，存在普遍事實：該群的每個元素a的N次冪等於單位元素（我們將其表示為1）

$$a^N=1$$

為了證明這一點，考慮群G中的以下元素：1, a, a², ...。因為群G是有限的，所以這些元素不可能都是不同的。必須有重複。設k為最小自然數，使得a^k等於1或a^j，其中j=1, ..., k-1。假設後者是這樣。設a^{-1}表示a的倒數，使得$a \cdot a^{-1}=1$，取其j次冪$(a^{-1})^j$。將方程式$a^k=a^j$的兩邊乘以$(a^{-1})^j$。在右邊。每次遇到$a \cdot a^{-1}$時，我們將其替換為1。乘以1不會改變結果，所以我們總是可以從乘積中移除1。然後我們看到每個a^{-1}都會取消一個a。因此，左側將等於a^{k-j}，右側將等於1。我們求得$a^{k-j}=1$。但是k-j小於k，這與我們選擇的k相矛盾。因此，我們列表中的第一次重複必須具有形式$a^k=1$，以便元素1, a, a², ..., a^{k-1}全部不同。這意味著它們形成了由k個元素組成的群：{1, a, a², ..., a^{k-1}}。它是我們最初的N元素群G的子群，因為它是G的元素的子集，因此子集中的任何兩個元素的乘積結果再次是子集的元素，這個子集包含G的單位元素，並且這個子集包含每個元素的逆元素。

現在，已知任何子群的元素數量是整除該群的元素數量，此陳述稱為拉格朗日定理，將留給你去證明（或者你可以google一下）。將拉格朗日定理應用於具有k個元素的子群{1, a, a², ..., a^{k-1}}，我們發現k必須整除N，即群G的元素數量。因此，N=km 對於某個自然數m。但是由於$a^k=1$，我們求得

$$a^N=(a^k) \cdot (a^k) \cdot ... \cdot (a^k)=1 \cdot 1 \cdot ... \cdot 1=1$$

這是我們想要證明的。

讓我們回到乘法群{1, 2, ..., p-1}。它有p-1個元素。這是我們的群G，所以我們的N等於p-1。在這種情況下應用一般結果，我們發現對於{1, 2, ..., p-1}中的所有a，$a^{p-1}=1$（模p）。但是然後

$$a^p=a \cdot a^{p-1}=a \cdot 1 = a \quad 模p$$

很容易看出最後一個公式實際上對於任何整數a都成立，如果我們規定

$$x=y \quad 模p$$

每當x-y=rp對於某個整數r。

這就是費馬小定理的陳述。費馬在給他的朋友的一封信中首先陳述了這一點。他寫道：「我會寄給你一個證明，但我怕太長了。」

[7] 到目前為止，我們已經考慮了質數p的模運算。然而，事實證明，對於任何自然數n的模運算，存在類似於費馬小定理的陳述。為了解釋是什麼，我需要回憶我們在第六章中與辮群一起討論的歐拉函數φ。（在我的辮群計畫中，我發現辮群的貝蒂數用這個函數表示）。我回憶說，φ(n)是與n相對質的1到n-1之

370 愛與數學：從童年夢想到解密宇宙，一場穿越理性與情感的心靈旅程

間的自然數的數量；也就是說，與n沒有公共除數（除了1）。例如，如果n是質數，則1到$n-1$之間的所有數字都與n相對質，因此$\varphi(n)=n-1$。
現在，我們在前一個註釋中證明的公式$a^{p-1}=1$（模p）的類似公式是：

$$a^{\varphi(n)}=1 \quad 模n$$

這對於任何與n相對質的自然數n和任何自然數a都成立，其證明方式與以前完全相同：我們取1到$n-1$之間所有與n相對為質數的自然數集，有$\varphi(n)$個。很容易看出它們形成了一個關於乘法運算的群。因此，根據拉格朗日定理，該群的任何元素的$\varphi(n)$次方等於單位元素。

例如，考慮n是兩個質數的乘積的情況。即，$n=pq$，其中p和q是兩個不同的質數。在這種情況下，與n互為質數的數字要麼能被p整除，要麼能被q整除。前者的形式為pi，其中$i=1, ..., q-1$（有$q-1$個），後者的形式為qj，其中$j=1, ..., p-1$（有$p-1$個）。因此我們發現

$$\varphi(n)=(n-1)-(q-1)-(p-1)=(p-1)(q-1)$$

因此，我們有

$$a^{(p-1)(q-1)}=1 \quad 模pq$$

對於任何不被p和q整除的數字a。而且很容易看出，公式

$$a^{1+m(p-1)(q-1)}=a \quad 模pq$$

對於任何自然數a和任何整數m都成立。

這個等式是最廣泛使用的加密算法之一，稱為RSA算法，以羅納德・李維斯特（Ron Rivest）、阿迪・薩莫爾（Adi Shamir）、倫納德・阿德曼（Leonard Adleman）命名，他們在1977年描述了基礎。這個想法是我們選擇兩個質數p和q（有各種生成它們的算法），並讓n成為乘積pq。數字n是公開的，但質數p和q不是。接下來，我們選擇一個與$(p-1)(q-1)$互為質數的數字e。這個數字也是公開的。

加密過程將任何數字a（如信用卡號）轉換為a^e（模n）：

$$a \rightarrow b = a^e \quad 模n$$

事實證明，有一種有效的方法可以從a^e中重構a。即，我們找到1到$(p-1)(q-1)$之間的數字d，使得

$$d \cdot e = 1 \quad 模(p-1)(q-1)$$

換句話說，

$$de = 1 + m(p-1)(q-1)$$

對於某個自然數 m。然後

$$a^{d \cdot e} \quad 模 n = a^{1+m(p-1)(q-1)} \quad 模 n$$
$$= a \quad 模 n$$

根據上述公式。

因此，給定 $b = a^e$，我們可以恢復原始數字 a 如下：

$$b \to b^d \quad 模 n$$

讓我們總結一下：我們公開數字 n 和 e，但保密 d。加密是由公式給出的

$$a \to b = a^e \quad 模 n$$

任何人都可以這樣做，因為 e 和 n 是公開可用的。解密是由公式給出的

$$b \to b^d \quad 模 n$$

應用於 a^e，它給我們原始數字 a。但只有知道 d 的人才能做到這一點。這是一個很好的加密方案，原因是：為了找到 d 重構編碼的數字，我們必須知道 $(p-1)(q-1)$ 的值。為此，我們需要知道 p 和 q 是什麼，即 n 的兩個質數因子。這些是保密的。對於足夠大的 n，使用已知的質因數分解方法，即使在強大電腦網路上，也可能需要幾個月才能找到 p 和 q。例如，在2009年，一組研究人員使用數百台並行電腦能夠將一個232位數分解為質數；這花了兩年時間（見http://eprint.iacr.org/2010/006.pdf）。但如果有人能夠提出一種更有效的方法來將自然數「分解」為質數（例如，使用量子電腦），那麼他將有一種工具來破解這個加密方案。這就是為什麼大量研究指向將數字分解為質數。

8　在有理數的情況下，我們看到形式為 $x^2 = 2$ 的方程式在有理數中可能沒有解，在這種情況下，我們可以通過添加這些解來創建新的數字系統，例如 $\sqrt{2}$ 和 $-\sqrt{2}$。然後我們看到翻轉 $\sqrt{2}$ 和 $-\sqrt{2}$ 是這個新數字系統的對稱性。

同樣，我們可以考慮變量 x 的多項式方程式，例如 $x^2 = 2$ 或 $x^3 - x = 1$，作為有限域 $\{0, 1, 2, ..., p-1\}$ 中的方程式。然後我們可能會問，這個方程式是否可以在這個有限域內解決 x。如果它沒有解，那麼我們可以將解加入有限域，就像我們將

√2和-√2加入有理數一樣。這樣我們就創建了新的有限域。例如，如果$p=7$，方程式$x^2=2$有兩個解，3和4，因為

$$3^2=9=2 \quad 模7, \quad 4^2=16=2 \quad 模7$$

注意，4相對於模7算術是-3，因為3+4=0（模7）。所以方程式$x^2=2$的這兩個解是彼此的相反數，就像√2和-√2是彼此的相反數一樣。這並不奇怪：方程式$x^2=2$的兩個解將始終是彼此的相反數，因為如果$a^2=2$，則$(-a)^2=(-1)^2a^2=2$也是如此。這意味著如果$p\neq 2$，有限域{1, 2, ..., p-1}中將始終有兩個元素平方相等，並且它們將是彼此的相反數（如果$p\neq 2$，則p必定是奇數，然後$-a$不能等於a，否則p等於$2a$）。因此，有限域{1, 2, ..., p-1}的非零元素中只有一半是平方數。

〔著名的高斯倒數律（Gauss reciprocity law）描述了哪些數字n是模p的平方數，哪些不是。這超出了本書的範圍，但我們可以說答案僅取決於p模$4n$的值。例如，我們已經知道$n=2$是模$p=7$的平方數。在這種情況下，$4n=8$。因此，它也將是任何等於7模8（7 modulo 8）的質數p的平方數，不管多大。這是一個令人驚訝的結果！〕

如果$p=5$，則$1^2=1$，$2^2=4$，$3^2=4$和$4^2=1$（模5）。所以1和5是模5的平方數，但2和4不是。特別地，我們看到方程式$x^2=2$在有限域{0, 1, 2, 3, 4}中沒有解，正如有理數的情況一樣。因此，我們可以通過加入$x^2=2$的解來創建擴展有限域{0, 1, 2, 3, 4}的新數字系統。讓我們再次將它們表示為√2和-√2（但我們必須記住，這些不是之前加入有理數的相同數字）。

我們求得了一個由形式為

$$a+b\sqrt{2}$$

的數字組成的新有限域，其中a和b位於{0, 1, 2, 3, 4}中。由於我們有兩個參數a和b取值0、1、2、3或4，我們發現這個新的數字系統有5·5=25個元素。一般地說，有限域{0, 1, ..., p-1}的任何有限擴展對於某個自然數m有p^m個元素。

現在假設我們將所有一元多項式方程式的所有解加入有限域{0, 1, 2, ..., p-1}。然後我們求得一個稱為有限域的代數閉體（algebraic closure）的新數字系統。原始有限域有p個元素。事實證明，其代數閉體有無限多個元素。我們的下一個問題是，這個代數閉體的伽羅瓦群是什麼。這些是這個代數閉體的對稱性，保留加法和乘法的運算並將原始域的p個元素傳送（send）到它們自己。

如果我們從有理數域開始並取其代數閉體，則對應的伽羅瓦群非常複雜。事實上，朗蘭茲綱領部分是為了描述這個伽羅瓦群及其在調和分析中的表示。

相比之下，有限域{0, 1, 2, ..., p-1}的代數閉體的伽羅瓦群結果非常簡單。即，我們已經知道其中一個對稱性：稱為弗羅貝尼烏斯對稱，這是升至第p次方的運算：$a \to a^p$。根據費馬小定理，弗羅比尼烏斯保留了p個元素的原有限域的所

註釋 373

有元素，也保留了代數閉體中的加法和乘法：

$$(a+b)^p = a^p + b^p, (ab)^p = a^p b^p$$

因此，弗羅比尼烏斯屬於有限域代數閉體的伽羅瓦群。我們將弗羅比尼烏斯記為F。顯然，弗羅比尼烏斯的任何整數次方F^n也是伽羅瓦群的元素。例如，F^2是將元素提升到p^2次方的計算，即$a \to a^{p^2} = (a^p)^p$。這些對稱F^n，其中n遍布所有整數，形成了一個稱為韋伊群（Weil group）的伽羅瓦子群，以紀念韋伊。伽羅瓦群本身是韋伊群的完備；除了F的整數次方，它還包含某些F^n在n趨向於∞的極限。但在適當的意義上，弗羅比尼烏斯生成了伽羅瓦群。

下面是弗羅比尼烏斯如何作用於有限域代數閉體中元素的一個例子。考慮$p=5$的情況和上述形式的代數閉體中的元素

$$a + b\sqrt{2}$$

其中a和b為0、1、2、3或4。這個數字系統具有交換$\sqrt{2}$和$-\sqrt{2}$的對稱性：

$$a + b\sqrt{2} \quad \mapsto \quad a - b\sqrt{2}$$

將$\sqrt{2}$毗連加入有理數的情況並行計算，令人驚訝的是（在有理數的情況下沒有類似現象），這種翻轉對稱實際上等同於弗羅比尼烏斯。實際上，將弗羅比尼烏斯應用於$\sqrt{2}$意味著將其提升到5次方，我們發現

$$(\sqrt{2})^5 = (\sqrt{2})^2 \cdot (\sqrt{2})^2 \cdot \sqrt{2} = 2 \cdot 2 \cdot \sqrt{2} = 4 \cdot \sqrt{2} = -\sqrt{2}$$

因為$4 = -1$（模5）。由此可見，對於$p=5$，弗羅比尼烏斯將$a + b\sqrt{2}$映射為$a + b\sqrt{2}$。對於任何質數p，當方程式$x^2 = 2$在有限域$\{0, 1, 2, ..., p-1\}$中無解時，這一規律也適用。

[9] n維向量空間的不對稱性，更準確地稱為線性變換（見註釋2），可以表示為矩陣，即數字a_{ij}的平方陣列，其中i和j從1到n，n是向量空間的維數。然後，矩陣的跡數是對角元素的和，即所有a_{ii}的和，其中i從1到n。

[10] 在當前背景下，回溯意味著找到對於給定函數f層，使得在我們的流形上的每個點s處，弗羅比尼烏斯在s處纖維上之跡數，等於f在s處之值。任何給定的數字，都可以實現為向量空間對稱之跡數。其困難在於將這些向量空間組合成滿足層性質的一致集合。

第十五章　精湛的舞蹈

[1] 伽羅瓦群在群H中的表示是一種規則，將伽羅瓦群中的每個元素分配給H中的每一個元素。其應滿足條件，亦即如果a、b是伽羅瓦群中的兩個元素，而

$f(a)$、$f(b)$是分配給它們的H中的元素，則伽羅瓦群中的乘積ab應分配給H中的乘積$f(a)f(b)$。這更確切地稱為伽羅瓦群到H的同態（homomorphism）。

[2] 更精確地說，回想起第十章的註釋17中的n維向量空間的概念。正如我們在第二章中討論的，給定群的n維表示是一種規則，將該群的每個元素g分配給n維向量空間的對稱S_g。該規則必須滿足以下特性：對於群中的任意兩個元素g和h及其在群中的乘積gh，對稱S_{gh}等於S_g和S_h的組合。還要求對於每個元素g，我們有$S_g(\vec{a}+\vec{b})=S_g(\vec{a})+S_g(\vec{b})$和$S_g(k\cdot\vec{a})=k\cdot S_a(\vec{a})$對於任何向量$\vec{a},\vec{b}$和數字$k$（這種對稱稱為線性變換；參見第十四章的註釋2）。

所有n維向量空間的可逆線性變換之群，稱為一般線性群，記為$GL(n)$。因此，根據前面段落中的定義，給定群Γ的n維表示等同於Γ在$GL(n)$中的表示（或Γ到$GL(n)$的同態，見註釋1）。

例如，在第十章中我們談到了$SO(3)$群的三維表示。$SO(3)$群的每個元素都是球體的一個旋轉，我們將其對應的三維向量空間的旋轉分配給包含球體的三維向量空間（結果證明這是一種線性變換）。這給了我們$SO(3)$在$GL(3)$中的表示或者等同從$SO(3)$到$GL(3)$的同態。直觀地，我們可以將旋轉視為對三維向量空間的「作用」，將該空間中的每個向量旋轉到另一個向量。

在朗蘭茲關係（也稱為朗蘭茲對應）的其中一側，我們考慮伽羅瓦群的n維表示。另一側，我們有自同構函數，可以用來建構另一群$GL(n)$的所謂自同構表示，不過不是在實數上，而是在所謂的阿黛爾（adèles）群上。我不打算解釋這些是什麼，但下圖概略地顯示了朗蘭茲關係的樣子：

| 伽羅瓦群的n維表示 | $\longleftrightarrow$ | 群$GL(n)$的自同構表示 |

例如，伽羅瓦群的二維表示與$GL(2)$群的自同構表示相關，這些自同構表示可以從第九章中討論的模形式建構。這種關係的推廣是通過將群$GL(n)$替換為一般性的李群來實現的。然後，在關係的右側，我們有G的自同構表示，而不是$GL(n)$。在關係的左側，我們有伽羅瓦群在朗蘭茲對偶群^LG中的表示，而不是$GL(n)$（或等同於從伽羅瓦群到^LG的同態）。更多細節，請參見比如我的綜述文章Edward Frenkel, *Lectures on the Langlands Program and conformal field theory*, in *Frontiers in Number Theory, Physics and Geometry II*, eds. P. Cartier, e.a., pp. 387-536, Springer-Verlag, 2007，可以網路下載：http://arxiv.org/pdf/hep-th/0512172.pdf。

[3] 請參閱頻道：http://www.youtube.com/watch?v=CYBqIRM8GiY。

[4] 這種舞蹈叫做比納蘇安（Binasuan）。請參見這個頻道：http://www.youtube.com/watch?v=N2TOOz_eaTY。

[5] 關於這條路徑的結構和解釋，為什麼如果我們沿這條路徑走兩次，我們會得到一條無關緊要的路徑，請參見Louis H. Kaufmann, *Knots and Physics*, Third

註釋 375

Edition, pp. 419-420, World Scientific, 2001.

6 換句話說，$SO(3)$的基本群由兩個元素組成：一個是恆等元，另一個是這條路徑，其平方是恆等元。

7 這個群的數學名稱是$SU(2)$。它由二維複向量空間（complex vector space）的「特殊單位」變換組成。這個群是第二章中討論的與夸克相關的$SU(3)$群的「堂兄弟」，由三維複向量空間的特殊單位變換組成。

8 更準確地說，我們構造的封閉路徑（對應於杯子的第一次完整旋轉）從$SO(3)$群到其雙重覆蓋群$SU(2)$的提升將是一條路徑，該路徑在$SU(2)$的不同點開始和結束（兩者都投影到$SO(3)$的同一點），因此它不是$SU(2)$中的封閉路徑。

9 一般來說，這種關係更微妙，但為了簡化起見，在這本書中我們將假設對偶群的對偶群，是群本身。

10 黎曼曲面上的主G纖維叢（principal G-bundle）（或G纖維叢）是一種在黎曼曲面上的纖維叢，使得所有纖維都是G群的「複化」（complexification）的副本（其定義是用複數替換G群定義中的實數）。X上的G纖維叢模空間，更恰當地稱為堆（stack）中的點，是X上G纖維叢的等價類（equivalence classes）。為了簡化敘述，在這本書中我們不區分李群及其複化。

11 在基本群中，我們識別任何可以相互變形的兩條封閉路徑。由於在平面上不繞過移除點的任何封閉路徑都可以收縮到一點，因此基本群的複雜元素是那些繞過這個點的封閉路徑（這些路徑不能收縮——我們從平面上移除的點阻止此舉）。

顯然任何具有相同纏繞數（繞行數）（winding number）的兩條封閉路徑都可以相互變形（deformed）。所以，平面上沒有點的基本群只是整數群。請注意，這個討論讓人想起我們在第五章中討論的兩股辮群，我們也發現其與整數群相同。這並非巧合，因為平面上不同點對的空間在拓撲上等同於移除點的平面。

12 單調性取值於圓群的原因在於著名的歐拉公式：

$$e^{\theta\sqrt{-1}} = \cos(\theta) + \sin(\theta)\sqrt{-1}$$

換句話說，複數$e^{\theta\sqrt{-1}}$由單位圓上對應於角度θ的點表示，以弧度為單位測量。記住，2π弧度等同於360度（這對應於圓的完整旋轉）。因此，以弧度測量的角度θ是角度$360\cdot\theta/2\pi$度。這個公式的一個特殊情況是，當$\theta=\pi$時：

$$e^{\pi\sqrt{-1}} = -1$$

理查・費曼（Richard Feynman）稱其為「所有數學中最重要的公式之一，幾乎令人驚訝」。它在小川洋子的小說《博士熱愛的算式》（《博士の愛した数式》；*Housekeeper and the Professor*）中扮演了重要角色。另一個同樣重要的特殊情況是：$e^{2\pi\sqrt{-1}}=1$。

這意味著，在複數平面上座標為t的單位圓上，我們微分方程式解由$t=e^{\theta\sqrt{-1}}$的形式的所有點組成，其中θ在0到2π之間。當我們逆時針沿單位圓圈移動時，我們正在這些點$t=e^{\theta\sqrt{-1}}$上評估我們的解，讓角度θ從0增加到2π（以弧度計）。走完整個圓圈意味著將θ設置為2π。因此，要取得對應的解值，我們需要將$t=e^{2\pi\sqrt{-1}}$代入t^n。結果是$e^{2\pi n\sqrt{-1}}$。但原始解值是將$t=1$代入t^n，即1。因此，我們發現當我們逆時針沿單位圓走封閉路徑時，我們的解乘以$e^{2\pi n\sqrt{-1}}$。這就是沿這條路徑的單調性。

這個單調性$e^{2\pi n\sqrt{-1}}$是一個複數，可以由另一個複數平面上的單位圓上的一點表示。該點對應於角度$2\pi n$弧度或$360n$度，這就是我們想要展示的。事實上，將任何複數z乘以$e^{2\pi\sqrt{-1}}$，在幾何上相當於將平面上對應於z的點旋轉$360n$度。如果n是整數，則$e^{2\pi n\sqrt{-1}}=1$，所以沒有單調性（monodromy）發生，但如果n不是整數，我們得到複雜的單調性（non-trivial monodromy）。

為了避免混淆，我要強調這裡有兩個不同的複數平面：一個是解我們的解定義的複數平面——「t平面」。另一個是我們表示單調性的平面，其與t平面無關。我們已經解釋了在t平面上，沿著繞行數為+1的閉合路徑求解的單值變換，可以被視為另一個單位圓上的一個點。同樣地，如果路徑的繞行數為ω，那麼沿這條路徑的單調性是$e^{2\pi\omega n\sqrt{-1}}$，這相當於旋轉$2\pi n\omega$弧度或$360\omega n$度。因此，單值變換會導致在圓群中表現基本群。在這種表示下，t平面上無點（without a point）的路徑，其繞行數為ω，將會旋轉$360\omega n$度。

[13] 請注意，我們從平面上移除一個點，即原點，這一點非常重要。否則，平面上的任何路徑都可以折疊（collapsed），基本群將是容易證明的（trivial），因此，單值變換將不可能發生。我們被迫移除這個點，因為如果n不是自然數或0（在這種情況下，不會有單值變換），那麼我們的解t^n在原點處是不定義的。

[14] 更準確地說，並不是^LG中的所有基本群表示都可以從運算子中取得。並且在這個圖表中，我們僅限於那些可以從運算子取得之表示。對於其他表示，這個問題仍然是開放的。

[15] Edward Frenkel, *Langlands Correspondence for Loop Groups*, Cambridge University Press, 2007. 網路版本可在此處取得：http://math.berkeley.edu/~frenkel。

第十六章　量子對偶性

[1] 你可能想知道1991年到2003年期間發生了什麼事情。在這本書中，我的主要目標是告訴你我認為朗蘭茲綱領中最有趣的方面，以及這一個領域的發現是如何產生的，而我有幸參與其中。我不是在試圖講述我到目前為止完整的生活故事。但如果你感到興趣，在那段時間裡，我把我的家人從俄羅斯帶到了美國，我搬家搬到了西部的加州柏克萊，戀愛又分手，結婚又離婚，指導了幾名博士生，環遊世界並進行講座，出版了一本書和數十篇研究論文。我一直在嘗試在不同領域揭開朗蘭茲綱領的奧祕：從幾何到可乘積系統，從量子群到物理學。我將把這段旅程的細節留待給下一本書。

[2] 參見：http://www.darpa.mil/Our_Work。

3. G.H. Hardy, *A Mathematician's Apology*, Cambridge University Press, 2009, p. 135.
4. 勞勃・賴斯本・威爾遜（R. R. Wilson）在1969年4月17日的國會證詞，摘自：http://history.fnal.gov/testimony.html。
5. 馬克士威在真空中的方程式形式為：

$$\nabla \cdot \vec{E} = 0 \quad \nabla \cdot \vec{B} = 0$$

$$\nabla \times \vec{E} = -\frac{\partial \vec{B}}{\partial t} \quad \nabla \times \vec{B} = \frac{\partial \vec{E}}{\partial t}$$

其中$\vec{E}$表示電場，$\vec{B}$表示磁場（為了簡化公式，我們選擇了一個光速等於1的單位系統）。很明顯，如果我們將

$$\vec{E} \mapsto \vec{B}, \quad \vec{B} \mapsto -\vec{E}$$

則左側的方程式將變為右側的方程式，反之亦然。因此，每個個別的方程式都改變了，但方程系統沒有改變。

6. 參見戴娜・梅森（Dayna Mason）的圖片分享的網路相簿（Flickr頁面：http://www.flickr.com/photos/daynoir）。
7. 這個規範群（gauge group）$SU(3)$不應與第二章中討論的另一個$SU(3)$群混淆，後者被蓋爾曼（Gell-Mann）等人用來分類基本粒子，稱為「味群」（flavor group）。規範群$SU(3)$與夸克的一個特性「顏色」有關。事實證明，每個夸克可以有三種不同的顏色，規範群$SU(3)$負責改變這些顏色。因此，描述夸克相互作用的規範場論被稱為量子色動力學。大衛・葛羅斯、大衛・波利策（H. David Politzer）、弗朗克・威爾切克（Frank Wilczek）因他們在量子色動力學（和其他非阿貝爾規範場論）中對所謂漸近自由（asympthotic freedom）的驚人發現而獲得了諾貝爾獎，這幫助解釋了夸克的神祕行為。
8. D.Z. Zhang, *C.N. Yang and contemporary mathematics*, Mathematical Intelligencer, vol. 15, No. 4, 1993, pp. 13-21.
9. Albert Einstein, *Geometry and Experience*, Address to the Prussian Academy of Sciences in Berlin, January 27, 1921. Translated in G. Jeffrey and W. Perrett, *Geometry and Experience in Sidelights on Relativity*, Methuen, 1923.
10. Eugene Wigner, *The unreasonable effectiveness of mathematics in the natural sciences*, Communications on Pure and Applied Mathematics, Vol. 13, 1960, pp. 1-14.
11. C. Montonen and D. Olive, *Magnetic monopoles as gauge particles?* Physics Letters B, vol. 72, 1977, pp. 117-120.
12. P. Goddard, J. Nuyts, and D. Olive, *Gauge theories and magnetic charge*, Nuclear Physics B, vol. 125, 1977, pp. 1-28.
13. S_e是G的極大圓環面的複數一維表示集合，S是極大圓環面的基本群。如果G是圓群，那麼其極大圓環面就是圓群本身，這兩個集合中的每一個都與整數集合

——對應。

第十七章　發現隱藏的聯繫

1. 空間$M(X, G)$可以通過幾種方式描述；例如，作為希欽首次研究的X上的微分方程系統解之空間（有關詳細資訊，請參見下面註釋20中的文章）。在本章中對我們有效的描述是，$M(X,G)$是黎曼曲面S的基本群在群G的複化中的表示之模空間（參見第十五章註釋10）。這意味著，這樣的表示分配給$M(X, G)$的每個點。

2. 參見希欽在菲爾茲研究所（Fields Institute）的演講頻道：http://www.fields.utoronto.ca/video-archive/2012/10/108-690。

3. 關於角色扮演，希欽引用了偉大的德國詩人歌德（Johann Wolfgang von Goethe）的話：「數學家就像法國人：無論你對他們說什麼，他們都會翻譯成自己的語言，於是馬上變成了完全不同的東西。」

4. 這裡指的是吳寶珠（Ngô Bao Châu）最近關於朗蘭茲綱領的「基本引理」證明的運算。請參見例如這篇綜述文章：David Nadler, *The geometric nature of the fundamental lemma*, Bulletin of the American Mathematical Society, vol. 49, 2012, pp. 1-50.

5. 回想一下，在σ模型中，一切都是通過對從固定黎曼曲面Σ到目標流形S的所有映射求和來計算的。在弦理論中，我們更進一步：除了對從固定Σ到S的所有映射求和，正如我們在σ模型中通常所做的那樣，我們還進一步對所有可能的黎曼曲面Σ求和（目標流形S始終保持固定——這是我們的時空）。特別是，我們對任意代數種數的黎曼曲面求和。

6. 關於超弦理論的更多資訊，請參見Brian Greene, *The Elegant Universe*, Vintage Books, 2003; *The Fabric of the Cosmos: Space, Time, and the Texture of Reality*, Vintage Books, 2005.

7. 關於卡拉比—丘流形及其在超弦理論中的作用，請參見Shing-Tung Yau and Steve Nadis, *The Shape of Inner Space*, Basic Books, 2010, Chapter 6.

8. 一個環面也有兩個連續參數：本質上是我們在本章中討論的半徑R_1和R_2，但我們將為了討論的目的而忽略。

9. 最近積極討論的一種解決方案是，這些流形中的每一個都產生自己的宇宙及其自身的物理定律。然後，這與人擇原理的一個版本結合：我們的宇宙在其中受到選擇，是因為其中的物理定律允許智能生命的存在（以便可以提出「為什麼我們的宇宙是這樣的？」這個問題）。然而，這個想法，被稱為「弦理論景觀」或「多重宇宙」，在科學和哲學基礎上都遭到了很多懷疑。

10. 通過將這些理論與超弦理論聯繫起來，利用維度簡化或研究膜，我們發現或闡明了各種維度的量子場論的許多有趣特性。在某種意義上，超弦理論用作生成和分析量子場論（主要是超對稱）的工廠。例如，這樣一來，我們得到了四維超對稱規範場論的電磁對偶的美麗解釋。因此，儘管我們還不知道超弦理論能否描述我們宇宙的物理學（仍然沒有完全理解超弦理論是什麼），已經對量子

場論產生了許多重大的見解,還導致了數學中的許多進展。
[11] 希欽模空間$M(X,G)$的維度等於群G的維度(與^LG的維度相同)和$(g-1)$的乘積,其中g表示黎曼曲面X的代數種數。
[12] 關於膜的更多資訊,請參見Lisa Randall, *Warped Passages: Unraveling the Mysteries of the Universe's Hidden Dimensions*, Harper Perennial, 2006; especially, Chapter IV.
[13] 更準確地說,$M(X,G)$上的A膜是類別的對象,我們在第十四章中討論了這個概念。$M(X,^LG)$上的B膜是另外一個類別的對象。同調鏡像對稱的陳述是,這兩個類別是等價的。
[14] Anton Kapustin and Edward Witten, *Electric-magnetic duality and the geometric Langlands Program*, Communications in Number Theory and Physics, vol. 1, 2007, pp. 1-236.
[15] 關於T-對偶的更多資訊,請參見本書第七章的註釋7丘成桐和納迪斯的著作。
[16] 關於SYZ猜想的更多資訊,請參見在註釋6中引用丘成桐和納迪斯書的第七章。
[17] 更準確地說,每個纖維是n個圓的乘積,其中n是偶數,因此它是二維環面的n維類比。還要注意的是,希欽纖維化的基底維度和每個圓形纖維的維度總是相等的。
[18] 在第十五章中,我們討論了另一種結構,其中自同構層是從卡茨—穆迪代數的表示中取得的。預計這兩個結構是相關的,但在撰寫本文時,這種關係仍然未知。
[19] Edward Frenkel and Edward Witten, *Geometric endoscopy and mirror symmetry*, Communications in Number Theory and Physics, vol. 2, 2008, pp. 113-283。網址提供:http://arxiv.org/pdf/0710.5939.pdf。
[20] Edward Frenkel, *Gauge theory and Langlands duality*, Asterisque, vol. 332, 2010, pp. 369-403。網址提供:http://arxiv.org/pdf/0906.2747.pdf。
[21] Henry David Thoreau, *A Week on the Concord and Merrimack Rivers*, Penguin Classics, 1998, p. 291.

第十八章　尋找愛情的公式

[1] C.P. Snow, *The Two Cultures*, Cambridge University Press, 1998.
[2] Thomas Farber and Edward Frenkel, *The Two-Body Problem*, Andrea Young Arts, 2012. 詳情請參見:http://thetwobodyproblem.com/。
[3] Michael Harris, *Further investigations of the mind-body problem*,即將出版的書中的一章。線上資源:http://www.math.jussieu.fr/~harris/MindBody.pdf。
[4] Henry David Thoreau, *A Week on the Concord and Merrimack Rivers*, Penguin Classics, 1998, p. 291.
[5] E.T. Bell, *Men of Mathematics*, Touchstone, 1986, p. 16.
[6] Robert Langlands, *Is there beauty in mathematical theories?*, in *The Many Faces of Beauty*, ed. Vittorio Hosle, University of Notre Dame Press, 2013。網址提供:http://publications.ias.edu/sites/default/files/ND.pdf。
[7] Yuri I. Manin, *Mathematics as Metaphor: Selected Essays*, American Mathematical

Society, 2007, p. 4.
8. 哲學家們對數學的本體論進行了幾個世紀的辯論。我在這本書中倡導的觀點通常被稱為數學柏拉圖主義。然而，請注意，柏拉圖主義有不同種類，還有其他哲學解釋。請參見例如Mark Balaguer, *Mathematical Platonism*, in *Proof and Other Dilemmas: Mathematics and Philosophy*, Bonnie Gold and Roger Simons (eds.), Mathematics Association of America, pp. 179-204，以及其中的引用。
9. Roger Penrose, *The Road to Reality*, Vintage Books, 2004, p. 15.
10. 同上，第13-14頁。
11. Kurt Godel, *Collected Works*, volume III, Oxford University Press, 1995, p. 320.
12. 同上，第323頁。
13. Roger Penrose, *Shadows of the Mind*, Oxford University Press, 1994, Section 8.47.
14. 在具有里程碑意義的戈特沙爾克控訴本森（Gottschalk v. Benson）案件中，美國最高法院裁定（引用該法院之前的案件）：「科學真理或其數學表達式不是可專利的發明……抽象的原則是一種基本真理；一種原始原因；一種動機；這些不能被專利，因為沒有人能對其擁有專有權……發現一個先前未知的自然現象的人，沒有法律認可的對其壟斷權。」
15. Edward Frenkel, Andrey Losev, and Nikita Nekrasov, *Instantons beyond topological theory I*, Journal of the Institute of Mathematics of Jussieu, vol. 10, 2011, 463-565；文章中的註釋解釋了公式（5.7）在《愛與數學之祭》中扮演的「愛的公式」的角色。
16. 我們考慮在球面（此處記為P_1）上的超對稱量子力學模型以及兩個可觀測量F和ω的相關函數。該相關函數在我們的理論中定義為公式左側出現的積分。然而，我們的理論還預測了它的不同表達式：公式右側出現的「中間態」求和。我們的理論的一致性要求兩邊相等。實際上，它們確實相等；這就是我們公式所說的。
17. *Le Monde Magazine*, April 10, 2010, p. 64.
18. Laura Spinney, *Erotic equations: Love meets mathematics on film*, New Scientist, April 13, 2010，網址提供：http://ritesofloveandmath.com。
19. Herve Lehning, *La dualite entre l'amour et les maths*, Tangente Sup, vol. 55, May-June 2010, pp. 6-8，網址提供：http://ritesofloveandmath.com。
20. 我們使用了20世紀上半葉偉大的俄羅斯詩人安娜・阿赫瑪托娃（Anna Akhmatova）的詩〈獻給眾人〉（To the Many）。
21. Norma Farber, *A Desperate Thing*, The Plowshare Press Incorporated, 1973, p. 21.
22. 愛因斯坦給菲利斯・賴特的信，1936年1月24日，引用自Walter Isaacson, *Einstein: His Life and Universe*, Simon & Schuster, 2007, p. 388.
23. David Brewster, *Memoirs of the Life, Writings, and Discoveries of Sir Isaac Newton*, vol. 2, Adamant Media Corporation, 2001 (reprint of a 1855 edition by Thomas Constable and Co.), p. 407.

尾聲

[1] Edward Frenkel, Robert Langlands, and Ngo Bao Chau, *Formule des Traces et Fonctorialite: le Debut d'un Programme*, Annales des Sciences Mathematiques du Quebec 34 (2010) 199-243，網址提供：http://arxiv.org/pdf/1003.4578.pdf；Edward Frenkel, *Langlands Program, trace formulas, and their geometrization*, Bulletin of AMS, vol. 50 (2013) 1-55，網址提供：http://arxiv.org/pdf/1202.2110.pdf。

數學名詞解釋

- **阿貝爾群Abelian group**：一種群，其中任意兩個元素的乘法順序不影響結果。例如，圓群。
- **自同態函數Automorphic function**：在調和分析中出現的一種特殊函數。
- **自同態層Automorphic sheaf**：在韋伊的羅塞塔石右列的幾何朗蘭茲對應中，自同態函數的替代品。
- **範疇Category**：由物件和物件之間的「態射」組成的代數結構。例如，向量空間形成一個範疇，流形上的層也是如此。
- **圓Circle**：可以描述為平面上距離某一點等距的所有點集合的流形。
- **圓群Circle group**：任意圓形物體（如圓桌）的旋轉群。它是一個具有特殊點（該群的單位元素）的圓。圓群是最簡單的李群例子。
- **複數Complex number**：形如$a+bi$的數，其中a和b是兩個實數。
- **兩個對稱性的組合Composition (of two symmetries)**：通過依次應用兩個對稱性取得的給定物體的對稱性。
- **對應Correspondence**：兩種不同類型物件之間的關係，或將一種類型的物件分配給另一種類型物件的規則。例如，單對單對應。
- **三次方程式Cubic equation**：形如$P(y)=Q(x)$的方程式，其中

$P(y)$是二次多項式，$Q(x)$是三次多項式。本書中詳細研究的例子是方程式$y^2+y=x^3-x^2$。

- **有限域上的曲線Curve over a finite field**：由兩變量代數方程式（如三次方程式）在p個元素的有限域及其所有擴展中的解所組成的代數物件。
- **維度Dimension**：描述給定物體的點所需的座標數。例如，直線和圓的一維，平面和球體的二維。
- **對偶性Duality**：根據規定的參數和物件交換，在兩個模型（或理論）之間的等價。
- **費馬大定理Fermat's Last Theorem**：當n大於3時，對於任何自然數n，沒有自然數x、y、z滿足$x^n+y^n=z^n$。
- **纖維化Fibration**：假設我們有兩個流形M和B，並且從M到B有一個映射。對於B中的任意點，我們有M中映射到該點的點集，稱為該點上的「纖維」。如果所有這些纖維可以彼此識別（並且B中的每個點都有一個其M中原像可以識別為U和纖維的乘積的鄰域U），則M被稱為基底B上的纖維化（或纖維叢）。
- **有限域Finite field**：由0到$p-1$之間的自然數（其中p是質數）或其擴展組成的集合，該擴展是通過加入一元多項式的解求得的。
- **函數Function**：將一個數分配給特定集合或流形的每個點的規則。
- **基本群Fundamental group**：給定流形上所有連續封閉路徑的群，這些路徑起始於給定點並終止於給定點。

- **伽羅瓦群Galois group**：保留加法和乘法運算的數域對稱群。
- **規範群Gauge group**：在給定規範場論中出現的李群，尤其是決定該理論中的粒子及其相互作用。
- **規範場論Gauge theory**：描述某些場和相互作用的特定類型的物理模型。對於任何李群，稱為規範群，均有此類理論。例如，對應圓群的規範場論是電磁學理論。
- **群Group**：具有一種運算的集合（該運算可變地稱為組合、加法或乘法），該運算為任意一對元素分配該集合的一個元素。例如，整數集合的加法運算。此運算必須滿足以下屬性：存在單位元素、存在每個元素的逆元素和結合律。
- **調和分析Harmonic analysis**：數學的一個分支，研究函數以諧波（例如正弦和餘弦函數）形式的分解。
- **希欽模空間Hitchin moduli space**：一個空間（或流形），其點是給定黎曼曲面在給定李群中的基本群的表示。
- **整數Integer**：自然數、0或自然數的負數。
- **卡茨－穆迪代數Kac-Moody algebra**：給定李群的環群的李代數，通過額外的線延拓而得。
- **朗蘭茲對偶群Langlands dual group**：通過特別的程序分配給任意給定李群G的李群。記作^LG。
- **朗蘭茲關係（或朗蘭茲對應）Langlands relation (or Langlands correspondence)**：將自同態函數（或自同態表示）分配給伽羅瓦群的表示的規則。
- **李代數Lie algebra**：李群在該群的單位元素處的切空間。

- **李群Lie group**：也是流形的群，使得群中的運算產生光滑映射。
- **迴路Loop**：如圓的閉曲線。
- **流形Manifold**：平滑的幾何形狀，如圓、球或甜甜圈的表面。
- **從一個集合（或流形）M到另一個集合（或流形）N的映射Map**：將N的一個點分配給M的每個點的規則（有時稱為映射）。
- **模形式Modular form**：滿足單位圓盤上特殊變換特性的函數，該變換特性是模群的子群的對稱群。
- **自然數Natural number**：數字1或通過多次加1取得的任何數字。
- **非阿貝爾群Non-abelian group**：一般情況下，兩個元素的乘法取決於其相乘的順序的群。例如，群$SO(3)$。
- **數域Number field**：通過將一有限集合的一元多項式的解加入有理數得到的數系統。
- **單變量多項式Polynomial**：形如$a_n x^n + a_{n-1} x^{n-1} + ... + a_1 x + a_0$的表達式，其中$x$是變量，$a_n, a_{n-1}, ..., a_1, a_0$是數字。多變量多項式的定義類似。
- **多項式方程式Polynomial equation**：形如$P=0$的方程式，其中P是一個或多個變量的多項式。
- **質數Prime number**：僅能被其自身和1整除的自然數。
- **群的表現Representation of a group**：將向量空間的對稱性分配給特定群的每個元素的規則，以使某些自然特性得以滿足。更一般地說，在另一群H中群G的表示是將H的一個元素分配給G的每個元素的規則，以使某些自然特性得以滿足。
- **量子場論Quantum field theory**：這個術語可能指兩件事。首

先，可能是研究量子粒子和場相互作用模型的物理學分支。其次，可能是這種類型的特定模型。
- **集合Set**：物件的集合，例如給定自然數N的集合$\{0, 1, 2, ..., N-1\}$。
- **層Sheaf**：將向量空間分配給給定流形的每個點的規則，滿足某些自然特性。
- **志村─谷山─韋伊猜想Shimura-Taniyama-Weil conjecture**：聲明有一對一對應關係的三次方程式和模形式，滿足某些特性。根據這種對應關係，三次方程式的模質數解的數目等於模形式的係數。
- ***SO*(3)**：球體旋轉群。
- **球體Sphere**：可以描述為三維空間中距離某一點等距的所有點集合的流形。
- **超對稱Supersymmetry**：量子場論中交換玻色子和費米子的對稱性。
- **對稱性Symmetry**：保持給定物體性質（如形狀和位置）的變換。
- **理論Theory**：數學或物理學的特定分支（如數論）或描述物體之間關係的特定模型（如規範群為$SO(3)$的規範場論）。
- **向量空間Vector space**：給定n維平坦空間中所有向量的集合，具有向量加法和向量乘法運算，滿足自然特性。

愛與數學：從童年夢想到解密宇宙，一場穿越理性與情感的心靈旅程
Love and Math: The Heart of Hidden Reality

作　　　者　愛德華・弗倫克爾（Edward Frenkel）
譯　　　者　方偉達
責任編輯　尹懷君
封面設計　王嵩賀
圖文排版　楊家齊

出版策畫　聯利媒體股份有限公司 (TVBS Media Inc.)
　　　　　地址：114504 台北市內湖區瑞光路 451 號
　　　　　電話：02-2162-8168
　　　　　傳真：02-2162-8877
　　　　　http://www.tvbs.com.tw
總 策 畫　陳文琦、劉文硯、詹怡宜
總製作人　楊　樺
總 編 審　范立達
T 閱 讀　俞璟瑤、林芳穎、王薏婷
版權事務　蔣翠芳、朱蕙蓮
品牌行銷　戴天易、葉怡妏、黃聖涵、高嘉甫
行政業務　吳孟黛、趙良維、蕭誌偉、鄭語昕、高于晴、林承輝
英文顧問　龔向華（Dimitri Bruyas）
法律顧問　TVBS 法律事務部
發　　行　秀威資訊科技股份有限公司
　　　　　地址：114504 台北市內湖區瑞光路 76 巷 65 號 1 樓
　　　　　電話：+886-2-2796-3638
　　　　　http：//www.showwe.tw
讀者服務信箱：service@showwe.tw
網路訂購／秀威網路書店：https://store.showwe.tw

2025 年 6 月　初版一刷

定價 平裝新台幣 520 元（如有缺頁或破損，請寄回更換）
有著作權 • 侵害必究 Printed in Taiwan
ISBN：978-626-99506-2-1

Copyright © 2013 by Edward Frenkel
This edition published by arrangement with Basic Books, an imprint of Perseus Books, LLC, a subsidiary of Hachette Book Group, Inc., New York, New York, USA. All rights reserved.

國家圖書館出版品預行編目

愛與數學：從童年夢想到解密宇宙，一場穿越理性與情感的心靈旅程 / 愛德華．弗倫克爾 (Edward Frenkel) 著；方偉達譯. -- 初版. -- 臺北市：
聯利媒體股份有限公司出版：秀威資訊科技股份有限公司發行, 2025.06
　　面；　公分
譯自：Love and math : the heart of hidden reality.
ISBN 978-626-99506-2-1(平裝)

1. CST: 弗倫克爾 (Frenkel, Edward, 1968-)
2. CST: 數學　3. CST: 自傳　4. CST: 美國

785.28　　　　　　　　　　　　　114005107